Julius von Jan

Für Birte, meine große Liebe

Martin Stährmann

Julius von Jan

Ein aufrechter Pfarrer
wider die Nationalsozialisten

Edition
Evangelisches
Gemeindeblatt

Bildnachweis
Dieter Skubski: Umschlagfoto im Hintergrund
Sabine Kraemer / elk-wue.de: 6, 8
Richard von Jan: 15, 133, 157
Familie Ruf: 14, 17, 23, 34, 128, 165
Birte Stährmann: 172, 173, 174
Torsten Köster: Autorenfoto Buchrückseite

Die Deutsche Bibliothek verzeichnet diese Publikation in der Deutschen
Nationalbibliografie; detaillierte bibliografische Daten sind
im Internet über http://dnb.ddb.de abrufbar.

© 2020, Evangelischer Verlag Stuttgart GmbH, Stuttgart
Augustenstraße 124, 70197 Stuttgart,
Telefon 07 11/60 10 00, Fax 07 11/6 01 00 76
info@evanggemeindeblatt.de, www.verlag-eva.de

Gestaltung und Satz: Cornelia Fritsch, Leinfelden-Echterdingen
Lektorat: Isolde Bacher, text_dienst, Stuttgart
Reprografie: tebitron GmbH, Gerlingen
Druck: CPI – Ebner & Spiegel, Ulm
ISBN 978-3-945369-99-9

INHALT

Anstelle eines Vorworts: „Was wäre, wenn ...?"

Landesbischof Dr. h. c. Frank Otfried July bei seiner Ansprache am 20. Oktober 2019

Ansprache von Landesbischof Dr. h. c. Frank Otfried July anlässlich der Ehrung des Pfarrers Julius von Jan durch Yad Vashem und der Enthüllung des neuen Gedenkorts an der Martinskirche Oberlenningen am 20. Oktober 2019 (gekürzt)

Was wäre, wenn ...? Was wäre, wenn Julius von Jan sich im November 1938 nach nächtelangem Nachdenken entschieden hätte, doch lieber nichts zu sagen?

Eine wichtige Stimme in der evangelischen Kirche, in Deutschland hätte gefehlt. Eine Stimme, die es gewagt hat, in aller Offenheit, in aller Öffentlichkeit Einspruch zu erheben gegen die Gräueltaten der Nazis an den Jüdinnen und Juden, gegen die Zerstörung ihrer Synagogen, ihrer Läden und Häuser, den Raub ihres Eigentums, die Morde und Verhaftungen und Abtransporte. Julius von Jan aber, ein zarter, feiner Mann, hat gepredigt: „Land, Land, Land, höre des Herrn Wort!"

Was wäre, wenn ...? Diese Frage lässt sich fortführen. Was wäre, wenn nicht nur die Gemeinde in Oberlenningen, sondern auch ihr Umfeld auf die Predigt von Jans und die Worte des Jesaja wirklich gehört hätte: „Oh Land, Land, Land, höre des Herrn Wort"? Wenn sich nicht aus den Nachbarorten Schlägertrupps aufgemacht hätten, um Julius von Jan zu verprügeln und festzusetzen? Was wäre, wenn er nicht allein gewesen wäre? Wenn mehr aufgestanden wären wie er: Pfarrer, Bürgermeister, Lehrerinnen und Lehrer, Soldaten und Mütter? Wenn sie gemeinsam dem Schrecken, der Blindheit, dem Hass, der Bosheit und dem Fanatismus noch einmal Einhalt geboten hätten?

Es kam nicht so. Sie standen nicht auf. Julius von Jan wurde verhaftet, vom Staat, aber auch von unserer Kirche kleingehalten und schließlich an die mörderische Front geschickt. Das hat die Kirchenleitung später zutiefst bereut. Ich konnte 2013, am 75. Gedenktag der Bußpredigt, stellvertretend für die Landeskirche Gott für Julius von Jan danken und um ‚Vergebung (bitten) für die Fehler und das Versagen unserer Kirche und ihrer Leitung'.

Nach dem Krieg hat auch unsere Kirche deutlich gefragt: Was wäre, wenn …? – Wenn wir „mutiger bekannt, treuer gebetet, fröhlicher geglaubt und brennender geliebt" hätten? Hätte dann das Wort Gottes Gehör gefunden? Hätten Menschenleben und Menschenseelen gerettet werden können?

Was wäre, wenn …? Das ist keine Frage, die nur in die Vergangenheit führt, ja sogar in den Irrealis der Vergangenheit. Nein – diese Frage „Was wäre, wenn …?" zeigt auch: Es war nie festgeschrieben, dass es so hätte kommen müssen. Die Worte der Propheten, die Worte Gottes, die Julius von Jan laut gemacht hatte, eröffnen uns immer eine Ausweichspur.

Darum ist „Was wäre, wenn …?" auch eine Zukunftsfrage, eine Hoffnungsfrage. Sie zeigt an, dass die Geschichte nie nur einfach „ihren Gang" geht. Die Frage „Was wäre, wenn …?" und ein Gedenken wie dieses heute sind das Angebot einer Ausfahrt, eines anderen Weges: Was wäre, wenn wir ab jetzt noch deutlicher widersprächen – bei antisemitischen Bemerkungen am Stammtisch oder im Verein? Was wäre, wenn wir mehr Freundschaften pflegten zu Menschen, die in unserer Gesellschaft leicht Opfer werden von Hass und Gewalt? Was wäre, wenn jüdische Gemeinden in Deutschland jeweils Partner-Kirchengemeinden hätten? Was wäre, wenn wir das Wort Gottes zum

Richard von Jan (l.) und Landesbischof Dr. h. c. Frank Otfried July enthüllen die
Gedenktafel für Julius von Jan im Kirchgarten der Martinskirche in Oberlenningen.

Maßstab machten in unserer Gesellschaft? Wenn wir – liebevoll, ge-
winnend, aber konsequent – es unter die Menschen brächten, täglich,
gemeinsam, überall, und selbst darauf hörten?

In Oberlenningen erinnert diese Holzkanzel daran: Es ist möglich,
etwas zu tun. Es ist sogar das Gebot des Heiligen Gottes. Ich bin froh,
dass Julius von Jan die Frage „Was wäre, wenn ...?" gestellt hat. Und
dass er es gewagt hat, einen anderen Weg zu nehmen als den der
mächtigen Masse. Der Staat Israel und die Gedenkstätte Yad Vashem
haben dieses Handeln, das viel Mut und Kraft des Heiligen Geistes er-
fordert hat, anerkannt als „gerechte Tat". Inmitten aller Unmensch-
lichkeit ist Julius von Jan ein Mensch geblieben, ein hörender Mensch,
ein freier Mensch, ein Mensch im Sinne Gottes. Und somit für uns
Vorbild. Auf dass auch wir fragen: Was wäre, wenn ich anders handelte?

Möge der Heilige Gott uns zur Umkehr rufen, unsere Herzen verändern, wenn wir in Versuchung geraten, der Angst nachzugeben, dem Hass nichts entgegenzusetzen, zu schweigen, wo wir reden sollten.

…

In dieser Ansprache im Rahmen des bewegenden Gedenkens an Julius von Jan in seiner Predigtkirche in Oberlenningen ist mein tiefster Wunsch ausgesprochen, der auch den Leserinnen und Lesern dieser Biografie zugerufen sein möge:

dass wir uns als einzelne Christinnen und Christen, als Kirchenmitglieder und als ganze Landeskirche berühren lassen vom Leben, von der tiefen Frömmigkeit und der Welt-Aufmerksamkeit Julius von Jans – sowie von seinem Gehorsam gegenüber dem, was ihm von Christus her gewiss war, in Wort und mutiger Tat.

Inbegriffen ist meine Hoffnung für unser Land, unser Europa im fortschreitenden 21. Jahrhundert: dass gegen alle Tendenzen der Zerrüttung jüdisch-christlicher und humanistischer Werte, der Aushöhlung basaler Menschenrechte und der Menschenwürde, des zunehmenden Nationalismus und der neuen Feindseligkeit gegen Minderheiten Menschen in der Nachfolge Christi den Mut haben, gemeinsam und auch allein Widerspruch zu wagen, und in ihrem Leben Zeugnis geben von der Liebe Jesu Christi, die allen Menschen gleichermaßen unverlierbare Würde verleiht.

Ich bin dankbar für diese Biografie.

Landesbischof Dr. h. c. Frank Otfried July
Stuttgart, im Januar 2020

Vorangestellt:
Die Falle der Geschichte

Vieles, was im Dritten Reich geschah, ist heute unvorstellbar für uns – für uns mit der „Gnade der späten Geburt".[1] Wie hätten wir uns damals verhalten? Schnell schreibt sich die eine und der andere eine kleinere oder größere Heldenrolle zu, ist überzeugt davon, im Falle des Falles zumindest ein wenig mutig und widerständig gewesen zu sein. Und tappt wohl in die Falle der Geschichte.

Der Versuch ist lohnend, sich ein wenig in Julius von Jan, in die Menschen damals in Deutschland, ihre Prägungen, ihre Lebensumstände hineinzuversetzen. Der Erste Weltkrieg mit seinen Entbehrungen, seinen vielen Toten, Versehrten und Traumatisierten – und einer Niederlage am Ende. Mit dem Gefühl, den Deutschen würde zu Unrecht die alleinige Schuld am Krieg zugeschoben, mit dem Gefühl der Ausbeutung durch die Sieger – ein Gefühl, das von staatlicher Seite und von verschiedenen Gruppierungen aus unterschiedlichen Motiven heraus teilweise durchaus geschürt wurde. Der Zusammenbruch der staatlichen Ordnung des Kaiserreichs mit steten politischen Unruhen und Kämpfen von links und von rechts. Weitere Hungerjahre mit einer Inflation, die das mühsam gesparte Geld wertlos machte. Der Eindruck, Sitte und Moral würden sich auflösen. Später die massiv steigende Arbeitslosigkeit. Die weitverbreitete und von interessierten Kreisen eifrig beförderte und unterstützte Meinung, „die Juden" seien an vielem oder gar an allem schuld.

---

1   Der Publizist Günter Gaus verwendete den Begriff als Erster, allerdings in einem anderen Zusammenhang. 1983 und 1984 benutzte Bundeskanzler Helmut Kohl den Ausdruck. Er wollte damit klarstellen, dass Deutsche, die wie er erst in der Zeit ab 1930 geboren worden waren, in der Zeit des Nationalsozialismus zu jung waren, um Schuld auf sich zu laden.

Anfangs setzten viele Menschen ihre Hoffnungen in Hitler und die Nationalsozialisten – auch Julius von Jan. Er war ein Kind seiner Zeit, war konservativ und national gesinnt, haderte mit der deutschen Niederlage im Ersten Weltkrieg und mit dem Untergang des Kaiserreichs. Er teilte die Vorurteile gegen „die Juden" und hegte 1933 Sympathien für die neuen Machthaber in Deutschland, für den Führer Adolf Hitler. Julius von Jan war ein stiller und friedliebender Mann. Er hatte nichts an sich, das ihn in unserer Vorstellungskraft zu einem werden lassen konnte, der Widerstand leistete. Es war nicht abzusehen, dass er über sich hinauswachsen und den Nationalsozialisten die Stirn bieten würde – und damit Geschichte schreiben würde, ohne daran auch nur zu denken. Er zahlte einen hohen Preis dafür.

In die Falle der Geschichte zu tappen bedeutet, die Geschehnisse von damals mit dem Wissen und den Einstellungen von heute zu bewerten. Uns steht es im Nachhinein nicht zu, vorschnell über Julius von Jan und seine Zeitgenossen zu urteilen, ohne die Faktenlage und die politischen und gesellschaftlichen Strömungen, Tendenzen und Stimmungen jener Zeit zu berücksichtigen. Aber wir sollten die Erinnerung an jene dunkle Zeit bewahren und aus der Geschichte lernen für die Gegenwart und die Zukunft.

Aus meinem beruflichen Kontakt zur Evangelischen Julius-von-Jan-Kirchengemeinde Lenningen wuchs mein Interesse an Julius von Jan. Ich wollte mehr über diesen bescheidenen und mutigen Mann erfahren, der gegen den Strom schwamm und den Gehorsam gegen Gott über den Gehorsam gegen Hitler stellte. Mit dieser Biografie will ich die Erinnerung an ihn bewahren in einer Zeit, in der rechtes Gedankengut Aufwind hat.

Der Publizist Klaus Harpprecht, der 30 Jahre jüngere Cousin von Julius von Jan, schrieb: „Das Gedächtnis steht nicht still. Es formt sich an jedem Tag, mehr noch in den Nächten unablässig um. So lange wir atmen, ändern wir – ohne es recht wahrzunehmen – unsere Biografie."[2]

Immer weniger Zeitzeugen gibt es noch, und nicht jedes heutige Zeugnis über die damalige Zeit ist nach so vielen Jahren noch ganz zuverlässig. Doch es gibt, Gott sei Dank, viel Niedergeschriebenes aus

---

2   Schräges Licht (Harpprecht 2014), S. 17

jener Zeit, auch von Julius von Jan selbst; zur besseren Übersicht sind seine „Originaltöne" kursiv gesetzt. Dies erleichtert es, ein Bild seines Lebens zu zeichnen, das im Dritten Reich eine unvorhersehbare Wendung nimmt.

Stuttgart, im August 2020
Martin Stährmann

Prolog

„Eine Saat des Hasses"

Die Kirche in Oberlenningen ist am Mittwoch, dem 16. November 1938, brechend voll. Im Ort ist die Kunde herumgegangen, der Pfarrer werde etwas sagen zu den üblen Gewalttaten der Nationalsozialisten beim Pogrom gegen die jüdische Bevölkerung, die auch hier viele Menschen aufgewühlt haben. Julius von Jan ist bewusst, dass auch Spitzel gekommen sind, die nur darauf warten, an höherer Stelle Meldung zu machen. Vor dem Gottesdienst sammelt er sich in der Sakristei; seine Frau Martha und sein Freund Otto Mörike sind bei ihm. Er ist kreidebleich.[3]

Julius von Jan ist bereit für seine Mission. Er steigt auf die Kanzel seiner Kirche und predigt; seine Stimme ist fest und klar. Seine Predigt wird in die Geschichte eingehen. Julius von Jan wird zum Propheten, der, von Gottes Geist erfüllt, seinem Gewissen folgt und Verbrechen klar und eindeutig als solche benennt.

„Die Leidenschaften sind entfesselt, die Gebote Gottes missachtet, Gotteshäuser, die andern heilig waren, sind ungestraft niedergebrannt worden, das Eigentum der Fremden geraubt oder zerstört, Männer, die unserem deutschen Volk treu gedient haben und ihre Pflicht gewissenhaft erfüllt haben, wurden ins Konzentrationslager geworfen, bloß weil sie einer andern Rasse angehörten! Mag das Unrecht auch von oben nicht zugegeben werden – das gesunde Volksempfinden fühlt es deutlich, auch wo man nicht darüber zu sprechen wagt.

Und wir als Christen sehen, wie dieses Unrecht unser Volk vor Gott belastet und seine Strafen über Deutschland herbeiziehen muss. Denn es steht geschrieben: Irret euch nicht! Gott lässt seiner nicht spotten. Was der Mensch sät, das wird er auch ernten!

Ja, es ist eine entsetzliche Saat des Hasses, die jetzt wieder ausgesät worden ist. Welche entsetzliche Ernte wird daraus erwachsen, wenn Gott unserem Volk und uns nicht Gnade schenkt zu aufrichtiger Buße."[4]

---

3   Schräges Licht (Harpprecht 2014), S. 36
4   Bestand Richard von Jan: handschriftliche Fassung. Abschrift in LKA PA JvJ G 12 und G 14/1.

Kindheit und Jugend

„Eine innige Kindheit in einem siebenköpfigen Geschwisterkreis"

JULIUS VON JAN

Karoline und Albert von Jan um 1900

Die Eltern

Auf der Ostalb, auf dem Härtsfeld in Schweindorf nahe Neresheim, ist Albert von Jan Pfarrer. Im Sommer 1890 hat er, Jahrgang 1863, die abschließende Prüfung für den Pfarrdienst bestanden und danach „untertänigst" bei der „Königlichen Majestät" von Württemberg die Übertragung der Stelle in Schweindorf beantragt.[5] Verheiratet ist er, ebenfalls seit 1890, mit Karolina geborene Harpprecht. Sie ist 1867 in Holzgerlingen geboren worden; ihr Vater hat dort fast dreißig Jahre als Pfarrer gearbeitet. Das stattliche Schweindorfer Pfarrhaus hat man eben erbaut, als die Familie von Jan einzieht.

Ganze 344 Evangelische zählt die Kirchengemeinde im Jahr 1900, wohl ein überschaubarer Dienstauftrag für den Pfarrer.[6]

Julius von Jan – „Jus"

Am 17. April 1897 erblickt Johannes Heinrich Julius von Jan das Licht der Welt, als viertes von sieben Kindern. Sein Rufname ist Julius[7], doch genannt wird er „Jus". Auch seine Freunde nennen ihn später so – und er sich selbst auch. Im Mai 1897 wird der kleine Julius getauft.[8]

---

5   LKA Personalakte Albert von Jan: Zeugnis 23. Juni 1890 zweite theologische Dienstprüfung (ohne Nr.), Schreiben Albert von Jan 5. Aug. 1890 (Nr. 12)

6   Pfarrbericht Schweindorf 1900, Albert von Jan, LKA A 29 Nr. 4137

7   Geburtsschein Standesamt Schweindorf 24. Dez. 1919, LKA PA Julius von Jan A 2/5

8   16. Mai 1897; Auszug Taufregister vom 1. Jan. 1902, LKA PA JvJ A ohne Nr.

Das erste Kind der von Jans heißt Richard und wird 1891 geboren, gefolgt von Gertrud und Albert; nach Julius kommen noch die drei Mädchen Emma, Margarete und als Nachzüglerin 1911 Maria.[9] Julius erlebt „eine innige Kindheit in einem siebenköpfigen Geschwisterkreis", wie er später schreibt.[10]

Der Adelstitel
Der Name Jan ist abgeleitet von Johannes, hebräisch Jochanan: „Gott ist gnädig". Den Adelstitel „von" Jan verleiht der habsburgische Kaiser Joseph II. in Wien – der auch den Titel eines Herzogs zu Württemberg trug – der Familie Jan im Jahr 1786 mit einem Adelsbrief samt adeligem Wappen. Johann Gottlieb Jan erhält den Titel für treu geleistete Fürstendienste der

Julius von Jan (links im Kleid) und Gertrud, Richard und Albert (vorn) 1898

Familie von Jan im Hohenlohischen: Johann Gottlieb Jans Großvater als Stiftsprediger und Obersuperintendent in Öhringen, sein Vater als Superintendent – vergleichbar dem heutigen Dekan – in Neuenstein, Johann Gottlieb Jan selbst als Hofrat ebenfalls in Neuenstein.[11] Dem Adelsbrief nach stammt die Familie Jan ursprünglich aus Ungarn und ist Ende des 15. Jahrhunderts eingewandert, zunächst teils in die Oberpfalz, teils nach Thüringen. Später geht ein Zweig der Familie ins Hohenlohische.

„Ein Platz an der Sonne"
Das Geburtsjahr von Julius von Jan, 1897, bringt eine entscheidende politische Entwicklung in seinem Heimatland, die seine spätere Denkweise und Haltung stark beeinflussen wird.

9   Gertrud wurde 1893 geboren, Albert 1894, Emma 1902 und Margarete 1904.
10   Julius von Jan, Lebenslauf, 1960
11   Familienbuch der Familie von Jan, Albert von Jan (ohne Datum), Abschrift des von Jan'schen Adelsbriefs, Bestand Richard von Jan

Auf dem deutschen Kaiserthron sitzt Wilhelm II. aus dem Hause Hohenzollern. Die imperialistische Kolonialpolitik – die Unterwerfung und Inbesitznahme der Länder in Übersee unter den Kolonialmächten – ist in vollem Gange. Im Reichstag ruft Außenminister Bernhard von Bülow im Dezember 1897 den anderen Kolonialmächten zu: „Wir wollen niemand in den Schatten stellen, aber wir verlangen auch unseren Platz an der Sonne." Das Deutsche Reich ist eigentlich zu spät dran: Die Welt ist schon fast verteilt und die Deutschen haben nur wenige Kolonien ergattert. Doch ab 1897 machen sie ernst im Kampf um Rohstoffe und Absatzmärkte, bauen die Flotte aus. Künftige Konflikte zwischen den Kolonialmächten sind damit vorprogrammiert.

Die Familie von Jan lässt sich in Gerhausen nieder
Als Fünfjähriger erlebt Julius seinen ersten Umzug, denn 1902 zieht Albert von Jan mit seiner großen Familie nach Gerhausen bei Blaubeuren, übernimmt dort die neu geschaffene „richtige" Pfarrstelle als erster ständiger Pfarrer und bleibt dort fast dreißig Jahre lang Seelsorger, bis zu seinem Ruhestand im Herbst 1930.[12]
In Gerhausen besucht Julius von 1902 bis 1905 die Volksschule, danach bis 1911 in Blaubeuren die Lateinschule. Ein Jahr leidet er in der Volksschule „unter einem Prügelmeister"; dies wirft den einzigen Schatten auf seine sonst unbeschwerte Kindheit, die er mit seinen vielen Geschwistern genießt.[13] Aus der Kindheit erzählt hat er nie, sagt viele Jahre später sein Sohn Richard; das ist in dieser Generation oft so gewesen. So ist nur wenig über Julius von Jan aus dieser Zeit bekannt.

Ein wichtiges Ereignis für Julius: die Konfirmation
Am 2. April 1911 wird Julius konfirmiert. Sein Vater gibt ihm als Denkspruch einen Vers aus dem biblischen Buch der Offenbarung:
„Sei getreu bis in den Tod, so will ich dir die Krone des Lebens geben."[14]
Dieser Vers wird Julius von Jan durch die Höhen und Tiefen seines Lebens begleiten und ihm auch in seinen schwersten Stunden eine Hilfe sein, wie er später im Brief aus dem Gefängnis schreiben wird.

---

12   Albert von Jan war Pfarrer in Gerhausen von 1902 bis zum 20. Nov. 1930, laut LKA Personalakte Albert von Jan, Vordruck Besoldung, ohne Datum
13   Julius von Jan, Lebenslauf, 1960
14   Offenbarung 2,10; laut Brief von Julius von Jan an seine Eltern aus dem Gefängnis vom 27. Dez. 1938, LKA PA JvJ B ohne Nr.

Familientradition: Pfarrer

In den Familien und Vorfahren beider Eltern von Julius gibt es eine Reihe von Pfarrern und auch Missionaren. Viele fromme Einflüsse sind da zu sehen; Religion ist im Leben allgegenwärtig und selbstverständlich. Wie sein Vater will Julius Pfarrer werden. Diese Entscheidung muss er früh treffen, denn der Weg führt über die Aufnahme in das „niedere evangelisch-theologische Seminar". Diese vierjährige Schulzeit in zwei Internaten dient württembergischen Knaben vor allem als Vorbereitung auf das Theologiestudium in Tübingen, das sogenannte Höhere Seminar. Wer das Seminar besucht, bekommt für das Studium eine Art Stipendium mit Wohnrecht im Evangelischen Stift und Verpflegung. Als „Stadtstudent" kann man auch mit einem Abschluss auf einem Gymnasium Theologie studieren.

Karolina von Jan mit ihren Söhnen Richard, Albert und Julius von Jan (Mitte) um 1910

Die ersten beiden Schuljahre sind im Seminar im Kloster Maulbronn zu absolvieren, das dritte und das vierte Schuljahr im Seminar im Kloster Blaubeuren.

Die Aufnahmeprüfung für das evangelische Landexamen

Der Vater Albert von Jan meldet seinen Sohn, vor Kurzem 14 Jahre alt geworden, im Mai 1911 zum „evangelischen Landexamen" an, der Aufnahmeprüfung für das Seminar. Julius' Klassenlehrer der Lateinschule in Blaubeuren gibt ihm folgendes „Zeugnis".

„Sittlicher Charakter, Betragen: sehr gut.

Begabung: befriedigend bis gut.

Fleiß: sehr gut.

Leistungen: im Ganzen gut."[15]

15 „Anmeldungs-Tabelle des Schülers Julius von Jan zur Konkursprüfung für die Aufnahme in das Seminar Maulbronn", 10. Mai 1911, Staatsarchiv Ludwigsburg E 202 Bü 1129

Mitzuschicken sind ein Gesundheitsbogen und ein ärztliches Zeugnis, das zeigen soll, ob er sich für den geistlichen Beruf eignet.[16] Eine zarte Konstitution beispielsweise wäre dem anstrengenden Beruf nicht zuträglich, starkes Stottern würde das Predigen praktisch ausschließen.

Eine anspruchsvolle Prüfung in den Fächern Religion, deutscher Aufsatz, Latein, Griechisch, Französisch und Mathematik steht Julius bevor.[17] Schon seit Januar hat er sich darauf vorbereitet, mit besonderem Unterricht und mit vielen Lernstunden zu Hause. Daneben muss er für seine Konfirmation im April viel auswendig lernen – eine herausfordernde Zeit. Doch die Anstrengung lohnt sich, Julius besteht das Landexamen.

Im Seminar in Maulbronn

Im Spätsommer 1911 zieht Julius nach Maulbronn, gelegen zwischen Pforzheim und Karlsruhe. Die Internatsschule, eine der ältesten Schulen Deutschlands, ist in der berühmten Zisterzienser-Klosteranlage untergebracht. Die beiden Schuljahre dort entsprechen der zehnten und elften Klasse eines Gymnasiums, damals Unter- und Obersekunda genannt.

Im Mai 1911 erlässt das „Kultministerium des Kirchen- und Schulwesens" die „Seminar-Ordnung" für die „niederen evangelisch-theologischen Seminare".[18] Die präzisen Vorschriften vermitteln einen guten Eindruck, wie Julius von Jan die Tage seiner Internatszeit in Maulbronn und später in Blaubeuren im Allgemeinen verbringt.

Werktags steht Julius im Sommer um sechs Uhr auf, in den anderen Jahreszeiten je nach Anordnung, wäscht sich und kleidet sich vollständig an; es folgen Morgengebet und Frühstück. Soweit nicht Unterricht oder Leibesübungen angesetzt sind, hat er während des Vor-

16   „Amtsblatt des Königlich Württembergischen Ministeriums des Kirchen- und Schulwesens", 30. März 1917, „Erlass der Ministerialabteilung für die höheren Schulen, betreffend die Aufnahme in die niederen evangelisch-theologischen Seminare. Vom 23. März 1917."

17   „Amtsblatt des Königlich Württembergischen Ministeriums des Kirchen- und Schulwesens", 30. März 1917, „Erlass der Ministerialabteilung für die höheren Schulen, betreffend das evangelische und das katholische Landexamen. Vom 23. März 1917."

18   „Seminar-Ordnung für die niederen evangelisch-theologischen Seminare. Genehmigt mit Erlass des K. Ministeriums des Kirchen- und Schulwesens vom 17. Mai 1911", LKA A 32 Nr. 1

mittags und ab zwei Uhr am Nachmittag „Arbeitszeit". In dieser Zeit muss er die gestellten Aufgaben bearbeiten und sich nach deren Erledigung dem „Privatstudium" widmen. Dabei muss vollkommene Ruhe herrschen. In die „Arbeitszeit" fallen auch festgelegte Übungsstunden in Musik. Zum „planmäßigen Privatstudium" hat er jede Woche einen „Studiennachmittag" zur Verfügung. Hier muss er eigenständig Aufgaben auswählen, die später auch im Zeugnis bewertet werden.

Das Mittagessen ist um fünf nach zwölf, das Abendessen um sieben oder halb acht. Um neun Uhr versammeln sich die Zöglinge zum Abendgebet und gehen danach zu Bett; in allen Räumen muss nun Ruhe herrschen.

Zum Gottesdienst „findet gemeinsamer Kirchgang der Zöglinge mit Lehrern statt". „Den Leibesübungen, Turnen, Spielen, Baden, Schwimmen usw., ist durchschnittlich am Tag mindestens eine halbe Stunde zu widmen."

Beim Essen hat Julius „die Sitte eines gebildeten Hauses zu beachten"; er hat „mit gereinigten Händen zu erscheinen und sich einer Serviette zu bedienen". Alkohol und das Rauchen sind ihm in Maulbronn streng verboten, ebenso wie der Besuch von „Gastwirtschaften", außer in Begleitung von Angehörigen. Zur Pflicht gemacht wird ihm die „Einfachheit der Lebensweise und Sparsamkeit".

Jeder „musikalisch befähigte Zögling" soll „die Elemente eines Tasteninstruments (Klavier, Harmonium oder Orgel) oder auch eines Streichinstruments erlernen und sich im Lauf der Seminarausbildung Fertigkeiten im Spielen einfacher Choralmelodien erwerben." Julius spielt Klavier und seine geliebte Geige.

Das Lernpensum ist anspruchsvoll: Zusätzlich zu den üblichen Fächern, auch Englisch und Französisch, stehen Lateinisch, Griechisch und Hebräisch auf dem Stundenplan.

Julius lernt mit großem Eifer – und mit gutem Erfolg. Im ersten Schulhalbjahr erreicht er den fünften Platz unter den 48 Schülern seines Jahrgangs.[19] Für „Betragen", „Aufmerksamkeit" und „Fleiß" erhält er stets die Bestnoten und damit eine Auszeichnung. Am schwächsten ist er bei der „Handschrift", hier erhält er nur ein „Genügend" und damit einen „Tadel".

---

19 „Halbjährliche Zeugnisse für Julius von Jan, Zögling des evangelisch-theologischen Seminars in Maulbronn-Blaubeuren, Winterhalbjahr 1911/12" (ohne Datum), Bestand Richard von Jan

Im Seminar in Blaubeuren

Im Sommer 1913 wechselt Julius mit dem gesamten Jahrgang ins Seminar nach Blaubeuren. Es ist ebenfalls in einer Klosteranlage untergebracht. Nun ist er wieder nahe bei den Eltern, die im benachbarten Gerhausen wohnen und arbeiten. Der musikalisch begabte Julius lernt zusätzlich das Orgelspiel. Weiterhin gehört er zu den Jahrgangsbesten, erreicht 1914 den siebten Platz.[20] Für sein Geigenspiel erhält er die Bestnote, ein „Vorzüglich". Bis zum Sommer 1914 absolviert Julius die Prima, damals vergleichbar einer zwölften Klasse. Er müsste noch ein Jahr die oberste Klasse besuchen, die Oberprima, doch kommt ihm der Erste Weltkrieg dazwischen. Im Juli 1915 stellt ihm die Ministerialabteilung für die höheren Schulen im Königreich Württemberg ein „Zeugnis der Reife" aus, da er 1914 „als Kriegsfreiwilliger angenommen worden sei".[21]

Freunde fürs Leben

Im Rückblick schreibt Julius von Jan 1960 über seine Zeit in Maulbronn und Blaubeuren: *„Diese drei Jahre leuchten in schönster Erinnerung an Professoren und Repetenten, an Freundschaft und edler Begeisterung."*[22]

Bereits in Maulbronn beginnt seine Freundschaft mit Otto Mörike, die Julius von Jan ein Leben lang begleiten wird, auch in den dunklen Stunden des Dritten Reiches. Ein weiterer guter Freund ist Erich Schick, der später den Großteil seines Pfarrerlebens in der Schweiz bei der Basler Mission verbringen wird.

20 „Halbjährliche Zeugnisse für Julius von Jan, Zögling des evangelisch-theologischen Seminars in Maulbronn-Blaubeuren, Sommerhalbjahr 1914" (ohne Datum), Bestand Richard von Jan

21 „Königreich Württemberg, K. Ministerialabteilung für die höheren Schulen. Zeugnis der Reife", 5. Juli 1915, LKA PA JvJ A 2/4

22 Julius von Jan, Lebenslauf, 1960

Erster Weltkrieg und Gefangenschaft

„Am 7. August 1914 meldete ich mich als siebzehnjähriger Kriegsfreiwilliger"

JULIUS VON JAN

Der „Große Krieg"

In Europa brodelt es. Der Nationalismus wird stärker. Ein Wettrüsten ist im Gange und ein Streit um den Besitz von Kolonien. Im Sommer 1914 beginnt der Erste Weltkrieg.

Die Deutschen reagieren anfangs überwiegend mit Euphorie und Patriotismus. Die Generäle, die Politiker und die meisten Menschen glauben, der Krieg sei in wenigen Wochen zu gewinnen. Das Volk jubelt den Soldaten zu, schwenkt Fahnen; auch Julius von Jan wird als Soldat die anfängliche Kriegsbegeisterung spüren. Auf den Fahnen und den Gürteln der Soldaten steht „Gott mit uns".

Die Kirche und der Krieg

Kaiser Wilhelm II. ist deutscher Kaiser und zugleich preußischer König – und damit „von Gottes Gnaden" das Oberhaupt der evangelischen Kirche in Preußen. Auch in Württemberg gilt das Bündnis von Thron und Altar, gibt es ein „Landesherrliches Kirchenregiment": Der württembergische König Wilhelm II. ist das Oberhaupt der Landeskirche und ihr oberster Bischof. Protestantismus und Nationalismus liegen nahe beisammen.

Zu den begeisterten Massen von Patrioten gehören im August 1914 auch die meisten evangelischen Gläubigen. Die Kirchen sind voll in den ersten Kriegswochen. In den Gottesdiensten und in Kriegsbetstunden erbitten die Pfarrer und das Kirchenvolk Gottes Hilfe für einen Sieg. Wenn die Deutschen eine Schlacht siegreich beenden, läuten in vielen Kirchen die Glocken. Gefallene Soldaten gelten als Helden. In vielen Predigten geht es um den „gerechten" Krieg gegen die „Feinde" von Gott und Vaterland.

Der Soldat Julius von Jan

Julius von Jan ist ein national gesinnter Patriot. Der Vater Albert von Jan hat in der Erziehung seiner Kinder das Motto ausgegeben: „Pflicht über alles, und treu bis zum Tod!"[23]

Mit dieser Werteordnung ist Julius aufgewachsen. Am 7. August 1914 meldet er sich, erst 17 Jahre alt, als Kriegsfreiwilliger, ebenso wie wie viele andere junge Deutsche; die „Erlaubnis" wird ihm am gleichen Tag erteilt.[24] Am Tag zuvor hat ihm die Gemeinde Gerhausen ein „Leumunds-Zeugnis" ausgestellt, das ihm einen guten Ruf bescheinigt.[25]

1943, während des Zweiten Weltkriegs, verfasst Julius von Jan, parallel zu einem Bericht für die Kirchenleitung über den Fronteinsatz, einen „Erlebnisbericht über meinen Kriegsdienst 1914–1919".[26] Dort heißt es zu Beginn:

„Am 7. August 1914 meldete ich mich als siebzehnjähriger Kriegsfreiwilliger im Feld-Artillerie-Regiment 49 in Ulm an der Donau und erhielt dort meine Ausbildung als Kanonier, Fernsprecher und Meldereiter."

Die Briefe und Karten, die er während des Kriegs an seine Familie schickt, schreibt er für sich in ein Buch ab.[27] So kann er sie wieder und wieder lesen und an seine Lieben denken.

Am 7. Februar 1915 schreibt er seinen Eltern eine Postkarte mit der Überschrift „Auf der Fahrt nach Russland" aus dem Zug: „Bis jetzt ist's fein. Besonders lustig war die Fahrt gestern bis Ludwigsburg. Lied auf Lied wurde gesungen, wobei ich leider nicht mittun konnte wegen meines heiseren Halses. Alles begrüßte uns mit Hurra! Jeder Bauer, jedes Kind."

Dann schildert Julius von Jan seine ersten Etappen im Krieg, die ihn nach Osten führen, nach Polen, Russland und Serbien:

„Als überzähliger Gefreiter zog ich im Februar 1915 ins Feld, stand zunächst bei einer Munitionskolonne vor Warschau, baute Faschinenwege und Knüppeldämme[28], war beim Vormarsch von Przasnysz über Ostrolenka, Roshan, Bialystock bis Wolkowysk als radfahrender Befehlsempfänger beteiligt, ebenso am serbi-

---

23   Richard von Jan, Brief an den Pfarrer von Oberlenningen, 27. Juli 1985, LKA Pfarramt Oberlenningen 243/3

24   „Meldeschein zum freiwilligen Eintritt", 7. Aug. 1914, Bestand Richard von Jan

25   „Leumunds-Zeugnis" Gemeinde Gerhausen, 6. Aug. 1914, Bestand Richard von Jan

26   Bericht vom 11. Dez. 1943, LKA PA JvJ B 35/2 und B 36/2

27   Bestand Richard von Jan

28   Sogenannte Faschinenwege aus Reisigbündeln und Knüppeldämme bahnten und befestigten den Weg durch schwer befahrbares Gelände.

schen Feldzug Oktober bis Dezember 1915 von Belgrad bis zur Morawa."

1916 kommt der Soldat Julius von Jan in den Westen und ist nun erstmals vorn an der Front, zuerst in Belgien vor Ypern, dann in Frankreich an der Somme und bei Arras.

„Im Januar 1916 kam ich zur ersten Batterie Feld-Artillerie-Regiment 29 vor Ypern (Belgien), wo ich als Fernsprecher in der Batterie und auf B-Stellen und beim Leitungsbau erstmals ins Feuer kam. In derselben Tätigkeit war ich dann teils beim Stab der ersten Abteilung, teils bei der zweiten Batterie, wurde im Sommer 1916 Unteroffizier und erhielt das Eiserne Kreuz II. Ab Oktober 1916 stand ich an der Somme; für eine Erkundung ins Niemandsland vor Le Transloy (Januar 1917), bei der mein Hauptmann durch Maschinengewehr verwundet wurde, erhielt ich als sein einziger Begleiter

Julius von Jan 1915 als junger Soldat

die silberne Militärverdienstmedaille von Württemberg und wurde im März 1917 zum Vizewachtmeister befördert."[29]

Die Qualitäten des jungen Soldaten werden mit seiner Beförderung zum Unteroffizier gewürdigt; der Vizewachtmeister ist mit dem Vizefeldwebel vergleichbar. In einem Brief vom 20. Januar 1917 an seine Familie berichtet er, wie er seinem verletzten Hauptmann tapfer beigestanden hat:

„So kommen wir ungestört bis etwa 800 Meter vor den Feind, der auf halber Höhe uns gegenüber lauerte. Da, plötzlich ein Infanterieschuss! Galt er uns? Kein Besinnen, schon wieder pfiff einer vorbei! Wir sind entdeckt. Im Nu liegen alle vier in Granatlöchern, nicht weit entfernt voneinander. Nun, was tun? Man konnte doch nicht die Dunkelheit abwarten. Das waren noch sechs Stunden. Es blieb nichts anderes übrig, als sprungweise zurückzugehen. Die Sache schien ganz gut zu gehen. Nach dem zweiten oder dritten Sprung setzte wohlgezieltes Maschinengewehrfeuer ein. Pfeifend sausten die Kugeln vorbei oder fielen platschend neben uns auf den Boden. Aber wir mussten weiter, immer einzeln Sprung auf Sprung! Wieder sprang ich in ein Granatloch, kurz vor mir Herr Hauptmann in ein anderes. Aber im selben Augenblick hörte ich ihn etwas rufen, ohne es zu verstehen, und kurz darauf ein Stöhnen. Jetzt wurde mir's klar. Im Nu war ich bei ihm; er lag auf dem Rücken, eine Kugel hatte ihm die linke Hüfte durchschossen. Rasch verband ich ihn notdürftig, sah mich nach den Infanterie-Offizieren um, sprang ihnen nach und teilte ihnen die Sache mit. Sie versprachen für Hilfe zu sorgen. Ich solle zu Herrn Hauptmann zurückkehren. Ich verirrte mich noch etwas, aber schließlich kam ich gottlob wieder zu ihm. Er gab mir noch mehrere Aufträge, sprach mit einigen Pausen über dies und jenes, wozu ich jetzt keine Zeit habe, näher darauf einzugehen, stöhnte und fror. Ich sah immer nach Hilfe aus, aber vergeblich, nur die Maschinengewehrkugeln bestrichen das Gelände. Es blieb uns nichts anderes übrig, als ruhig im Schnee liegen zu bleiben, der allmählich schmolz, so dass es nasser und nasser, kälter und kälter wurde. Es war eine unendlich lange Zeit! Von zwölf bis fünf Uhr mussten wir aushalten. Besonders die letzten Stunden wollten gar nicht vergehen.

Da kam endlich um fünf Uhr die Rettung: Eine große Rot-Kreuz-Fahne tauchte auf, und unter ihrem Schutz schritten drei Freiwillige der 3. Batterie auf uns zu und ihnen voraus mein Schick! Das war ein eigenes Gefühl. Es wurde mir ganz weihevoll zu Mute. Doch nun kam noch ein schweres Stück Arbeit: das Zurücktragen. Immer zu zweien machten wir es auf dem schwierigen Gelände. Anfangs schossen die Kerle noch auf uns, aber glücklich vorbei. Allmählich ließ das Feuer nach. Ich trug und arbeitete mich wieder warm. Ich war mehrmals ziemlich am Ende meiner Kräfte, aber es ging doch noch. Gottlob kamen wir beim Rückzug in keine Artilleriefeuer, während die Krankenträger beim Vorgehen in einen furchtbaren Feuerüberfall geraten waren. [...]

So brachten wir also den Herrn Hauptmann glücklich zurück nach mehreren Kilometern, dann wurde er untersucht und in ein Lazarett gebracht. Der Schuss lag günstig, nichts Inneres verletzt. Herr Hauptmann geht seiner Genesung entgegen. Und für mich sorgten meine Kameraden an diesem Abend recht gut, so dass ich mich völlig erholte. Es geht mir wieder so gut wie je."[30]

Berührend ist es für Julius von Jan, dass sein Schulfreund Erich Schick an der Spitze derer ist, die seinen Hauptmann und ihn aus der bedrohlichen Lage retten.

Vermisst

Im April 1917 erhält Albert von Jan einen Brief, der die Familie bis ins Mark erschüttert. Leutnant Drescher, der Vorgesetzte von Julius von Jan, schreibt:

30   Bestand Richard von Jan

„Hochverehrter Herr Pfarrer!
Zu meinem Schmerz muss ich Ihnen mitteilen, dass Ihr Sohn Julius heute, den 9., vermisst ist. Julius sollte von Ostermontag früh die Be-obachterstelle [...] besetzen. Da der Angriff der Engländer mit Tages-anbruch einsetzte, blieb er bei einem detonierten Geschütz unserer Batterie. Nachdem die Engländer unsere vorderste Linie hinein durch-brochen hatten, ging Julius zusammen mit noch einem Vizewacht-meister und drei Kameraden der Batterie zurück, sie kamen alle bis in einen von Infanterie besetzten Graben; von dort ging ein Kanonier auf die Nachricht hin, dass die Engländer kamen, weiter zurück. Er ist der Einzige, der von diesen zurückkam. Von Julius und den anderen fehlt seitdem jede Nachricht. Es ist wahrscheinlich, dass alle gefangen wur-den, da die Engländer überraschend in den Graben eindrangen, wäh-rend sich die Grabenbesetzung zum Teil noch im Stollen befand.
Bis jetzt haben alle meine wiederholten Nachforschungen [...] nichts ergeben. Ich wäre dankbar, wenn Sie, hochverehrter Herr Pfar-rer, mir über Ihre Nachforschungen beim Genfer Roten Kreuz mittei-len würden. Zu jeder Auskunft bin ich gern bereit.
Ich selbst habe an meinem Vizewächter von Jan sehr, sehr viel ver-loren. Er war ein ruhiger und zuverlässiger Mensch, gleich beliebt bei seinen Offizieren wie bei den Kanonieren der Batterie. Wir alle hoffen zuversichtlich, dass er unverletzt in Gefangenschaft geraten ist. Und wir ihn noch nach Friedensschluss wiedersehen werden."[31]

Schon seit 1916 ist Richard vermisst, der sechs Jahre ältere Bruder von Julius. Erst irgendwann im Jahr 1917 wird sein Tod auf dem Schlachtfeld am 26. September 1916 bei einer Schlacht an der Somme (Thiepval) für die Familie zur traurigen Gewissheit werden.

In Gefangenschaft
Nach Wochen quälender Ungewissheit erhalten die Eltern in Gerhau-sen am 7. Mai 1917 einen Brief ihres Sohnes. Nun wissen sie endlich: Er lebt!
„Meine Lieben!
Wie werdet ihr die Nachricht aufgenommen haben, dass nun auch euer zwei-ter Sohn und Bruder vermisst ist! Ihr Armen! Wie viel muss ich an euch denken. Hoffentlich erhaltet ihr den Brief rasch.

---

31 Auch diesen Brief schrieb Julius von Jan in sein Buch mit den Briefen ab (Bestand Richard von Jan).

Die beiden Osterfesttage im feindlichen Feuer waren böse Tage. Am Ostermontag halb vier nachmittags geriet ich dann mit mehreren Kameraden meiner Batterie in englische Gefangenschaft, nachdem ich durch eine Handgranate leicht verwundet worden war (kleine Splitter im rechten Arm, Brust und rechten Oberschenkel). Die Sache ist aber ungefährlich; den rechten Arm kann ich allerdings nur schwer bewegen, aber auch das wird wieder gut. Mit Behandlung und Verpflegung konnte man bisher tatsächlich recht zufrieden sein.

Schade ist, dass ich gar nichts bei mir habe, als was ich auf dem Leib trage. Deshalb brauche ich einiges. Vorläufig dürft ihr jedoch kein Paket schicken an meine außenstehende Adresse, nur Briefe, denn nur sie werden nachgesandt. [...]

Grüße ans ganze Haus und alle, die nach mir fragen, besonders an
Erich Schick,
euer Julius"[32]

Im Bericht von 1943 beschreibt Julius von Jan das Geschehen kurz:
„Am 9. April 1917 wurde ich in der Schlacht bei Arras durch eine englische Handgranate, die mir den rechten Arm zerschlug und von der ich heute noch einen Splitter in den Rippen habe, zu Boden geworfen und geriet in englische Gefangenschaft. Ich lag im Gefangenenlazarett Etaples bei Boulogne und im Genesungsdepot Le Havre und kam im Mai 1917 nach England hinüber in das große Austauschlager Brocton bei Stafford."[33]

Über all das Grauen, das er im Krieg sicherlich erlebt hat, und über die Alpträume, die dieses Grauen in ihm ausgelöst haben dürften, spricht er hier nicht. Auch nicht über seine gesundheitlichen Beeinträchtigungen. Anfang 1925 wird er schreiben, er sei *„in den Nerven nicht ganz fest"*, und der Dekan wird im dazugehörigen Bericht feststellen, er sei *„manchmal gedrückt"*.[34]

Kaiser, König, Krieg – zu Ende

Immer mehr ausgehungerte Menschen sind 1918 in Deutschland kriegsmüde, sie streiken und meutern. Es kommt zur Novemberrevolution. Kaiser Wilhelm II. flieht ins Exil. Am 9. November verkündet Reichskanzler Prinz Max von Baden das Ende der Monarchie; zum neuen Reichskanzler ernennt er den Sozialdemokraten Friedrich Ebert. König Wilhelm II. dankt in Württemberg noch am selben Tag ab. Am

---

32   Bestand Richard von Jan
33   LKA PA JvJ B 35/2 und B 36/2
34   Vikariatsbericht auf 1. März 1925, einschließlich der Stellungnahme des Dekans, LKA PA JvJ B 14

Der Bericht von 1943
zum Einsatz im
Ersten Weltkrieg

11. November unterschreibt die neue deutsche Regierung einen Waffenstillstand, der aufgrund der harten Bedingungen eher eine bedingungslose Kapitulation bedeutet. Der Krieg ist zu Ende. Wohl etwa 16 Millionen Menschen haben in Europa ihr Leben verloren.

Julius von Jan befindet sich weiterhin in englischer Gefangenschaft; dort wird er schlecht behandelt und leidet Hunger. In seinen Briefen scheut er sich wohl, das klar beim Namen zu nennen, wegen einer möglichen Zensur. Im späteren Bericht nennt er Brocton „ein berüchtigtes Hungerlager" für stolze Deutsche wie ihn: „für Unteroffiziere, denen es Ehrensache war, keine freiwillige Arbeit für den Feind zu tun."[35]

35 LKA PA JvJ B 35/2 und B 36/2. Dazu ist Julius von Jan als Unteroffizier gemäß Artikel 6 der Haager Landkriegsordnung in der Fassung von 1907 allerdings auch nicht verpflichtet.

Studium und Vikariat

„Stadtvikar Julius von Jan ist ein gewissenhafter,
innerlicher Mensch"

DER DEKAN VON NEUENBÜRG

Die Weimarer Republik

Im Januar 1919 sind Wahlen zu einer verfassungsgebenden Nationalversammlung. Erstmals in der deutschen Geschichte gibt es ein Parlament, das weitgehende Entscheidungsbefugnisse hat, und erstmals
dürfen auch Frauen wählen. In der Hauptstadt Berlin toben Unruhen
und Straßenkämpfe; die Nationalversammlung tritt deshalb in Wei-
mar zusammen. Die „Weimarer Republik" beginnt – die erste deutsche Demokratie.

Rückkehr aus der Gefangenschaft

Im Herbst 1919 wird Julius von Jan nach zweieinhalb Jahren aus der
englischen Kriegsgefangenschaft entlassen. Im Bericht von 1943
schreibt er:

„Abgesehen von kurzer Unterbrechung durch Verlegung nach Yorkshire und
nach Stafford hielt ich zweieinviertel Jahre in Brocton selbst aus, kehrte am 25.
Oktober 1919 nach Deutschland zurück und wurde am 27. Oktober 1919 in Em-
den aus dem Heer entlassen."[36]

Im kurzen Lebensrückblick 1960 schildert er sein letztes Jahr als
Kriegsgefangener:

„In der Gefangenschaft ab Oktober 1918 gesegnete Erweckungszeit, die auch
mich zu seelsorgerlichen Diensten rief und mir zu fröhlicher Überwindung alles
Schweren half. Am 28. Oktober 1919 bin ich gesund zu meinen Lieben heimge-
kehrt."[37]

Die Zeit der Gefangenschaft fordert Julius viel ab aufgrund der
mangelhaften Ernährung, der Demütigung als Kriegsgefangener,
wohl auch wegen der Schmerzen aus seinen Kriegsverletzungen. Doch

---

36 LKA PA JvJ B 35/2 und B 36/2
37 Julius von Jan, Lebenslauf, 1960

diese Zeit lässt ihn Gott näherkommen, lässt seinen Glauben reifen und seinen Charakter.

Seine Lieben haben ihn all die Jahre im Krieg und in der Gefangenschaft im wahrsten Sinne des Wortes begleitet – einen Auszug aus dem Familienregister von 1911, das seine Großeltern, Eltern und Geschwister auflistet, trägt er stets bei sich.[38]

Die Kirche verliert Kaiser und König

Der Krieg ist verloren, das Kaiserreich und das Königtum sind untergegangen. Die bestehende, vertraute, geliebte Ordnung ist über den Haufen geworfen worden. Darunter leiden viele der konservativen Protestanten schwer, auch Julius von Jan; in Württemberg haben sie mit dem König auch ihr Oberhaupt verloren, ihren Bischof.

Der spätere Landesbischof Theophil Wurm wird in seinen „Lebenserinnerungen" schreiben: „So trübe Wochen hatten wir noch nie erlebt wie in der zweiten Hälfte des Jahres 1918. Als ich am 7. Dezember dieses Jahres meinen 50. Geburtstag feierte, schien es mir, als ob mein Leben umsonst gewesen wäre."[39]

Die Weimarer Reichsverfassung von 1919 schreibt die Trennung von Staat und Kirche vor. 1924 tritt die Verfassung der Kirche in Kraft; ein „Kirchenpräsident" ist ihr neues Oberhaupt. Das höchste Gremium ist der Landeskirchentag – die heutige Landessynode. Es wird per Urwahl von den Mitgliedern bestimmt; auch bei der Kirche dürfen die Frauen nun wählen.

Studium der Theologie

Bereits Mitte November 1919, kurz nach der Heimkehr, zieht Julius von Jan in das Evangelische Stift, ein Studienheim der Landeskirche, in Tübingen und kann sein Studium der Theologie beginnen. Die vorgeschriebene Gesundheitsprüfung ergibt, Julius von Jan sei in Schuhen 1 Meter 75 groß und wiege in Kleidern 70 Kilogramm; er sei gut gebaut und er sei zum geistlichen Amte geeignet.[40]

In den Akten der Universität finden sich folgende Charakterisierungen Julius von Jans: „Gesetzt und ruhig, liebenswürdig und freund-

---

38 Das Blatt legte er in sein Buch mit den Briefen während des Krieges. Bestand Richard von Jan

39 Erinnerungen aus meinem Leben (Wurm 1953), S. 66 f.

40 „Evangelisches Seminar Tübingen, Gesundheitsbogen des Seminaristen Julius von Jan", 24. Nov. 1919, LKA PA JvJ A 2/1

lich." „Im Umgang sehr angenehm und herzlich, viel Sinn für Musik und gemütvolle Geselligkeit. [...] Still seines Weges gehend."[41]

Die schlimmen Erlebnisse als Soldat im Krieg und in der Gefangenschaft werden ihn sicherlich des Nachts gelegentlich noch mit Alpträumen quälen. Als Student sitzt er nun in theologischen Vorlesungen – Julius von Jan fällt dieser abrupte Wechsel nicht leicht. In einer Semesterbeurteilung steht über ihn: „Er sucht in der Wissenschaft hauptsächlich Erbauung, [...] mischt in die wissenschaftliche Arbeit sofort religiöse Erwägungen ein."[42]

Das wissenschaftliche Arbeiten ist nicht das, wofür er Theologie studiert. Entsprechend mäßig, ja durchschnittlich sind seine Leistungen.

Im Winterhalbjahr 1919/1920 stehen auf dem Vorlesungsplan: „Kirchengeschichte I", „Einleitung in die Philosophie", „Geschichte der griechischen Philosophie" und „Psychologie". Das Sommerhalbjahr 1920 beginnt mit der „Erklärung ausgewählter Psalmen" und der „Erklärung der Reden Jesu bei Lukas". Das Winterhalbjahr 1920/1921 startet mit der „Erklärung des Propheten Jeremia"[43] – dieser Jeremia wird in Julius von Jans Leben noch eine zentrale Rolle spielen.

In den Semesterferien im Herbst 1921 bestellt die Kirche ihn auf seinen Wunsch hin bereits als Aushilfe zum Vikar. Von Ende August bis Ende September arbeitet er in Echterdingen auf den Fildern und wird von der Kirchenleitung „ermächtigt, [...] sämtliche geistlichen Amtshandlungen vorzunehmen"[44]. Im Oktober ist er drei Wochen lang bei seinem Vater in Gerhausen tätig.[45]

Von Mitte August bis Mitte Oktober 1922 arbeitet Julius von Jan in den Semesterferien als Helfer bei den „von Bodelschwinghschen Anstalten" im Bielefelder Stadtteil Bethel, einer diakonischen Einrichtung unter anderem für Menschen mit Behinderung.[46] Viele Jahre später wird er in Zeiten der Not erfolglos versuchen, dort als Pfarrer in der „Inneren Mission" zu arbeiten.

---

41   AEvST E 1, 364,1; zitiert nach: Stiftsköpfe (Wille, in: Drecoll et al. 2012), S. 366

42   AEvST E 1, 364,1; zitiert nach: Stiftsköpfe (Wille, in: Drecoll et al. 2012), S. 368

43   „Abgangszeugnis" der Universität Tübingen, 9. Mai 1923, LKA PA JvJ 2/2

44   29. Aug. bis 26. Sept. 1921; Konsistorium, 5. Aug. 1921, Bestand Richard von Jan/LKA PA JvJ B 1

45   4. bis 21. Okt. 1921; Konsistorialerlass, 5. Okt. 1921, LKA PA JvJ B 2

46   10. Aug. bis 10. Okt. 1922; JvJ, Aufstellung „Personalien" 10. Aug. 1925, JvJ PA JvJ B 17/1

Die erste Prüfung

Im Juli 1923 legt Julius von Jan die „erste evangelisch-theologische Dienstprüfung" mit „III a befriedigend" ab. Das Zeugnis bescheinigt dem „Kandidaten der Theologie" zweimal ein „Gut" in den Fächern Altes und Neues Testament. Dazu kommen dreimal „Befriedigend" – unter anderem im Fach „Predigt" – und zweimal „Genügend".[47] Im Alten Testament muss er im Buch Jeremia im Kapitel 20 die Verse 7 bis 9 aus dem Hebräischen übersetzen.[48] Es geht um die Last des Prophetenamts, die auch er später noch spüren wird.

Die Ordination – die Weihe für das geistliche Amt

Nach seiner erfolgreichen Prüfung wird der „Predigtamtskandidat" Julius von Jan am 2. September 1923 ordiniert: Im Anschluss an den Gottesdienst in Gerhausen legt ihm der Dekan die Hand auf und segnet ihn zum geistlichen Amt. Einer der beiden erforderlichen „assistierenden Geistlichen" und „Zeugen" ist sein Vater Albert von Jan, Pfarrer in Gerhausen.

Die drei Geistlichen bescheinigen durch ihre Unterschrift: Sie haben „dem Predigtamtskandidaten Julius von Jan auf das von ihm abgelegte Gelübde treuer Verwaltung des ihm von dem Herrn befohlenen Predigtamtes mit Gebet und Auflegung der Hände die kirchliche Ordination erteilt und ihn damit zum Dienst der evangelischen Kirche geweiht.

Indem wir demselben über diese an dem heutigen Tage in der evangelischen Kirche zu Gerhausen vollzogene heilige Handlung gegenwärtiges Zeugnis zu seiner Beglaubigung ausstellen, verbinden wir damit die brüderliche Ermahnung, er wolle dieser Stunde und ihres Gelübdes und Segens allezeit in Treue eingedenk bleiben, und die herzliche Fürbitte, der allmächtige Gott wolle ihm dazu um Jesu Christi willen den Beistand seines Heiligen Geistes in Gnaden verleihen."[49]

Dieses Gelübde wird Julius von Jan sehr ernst nehmen, auch in den Wirren des Dritten Reiches, im Gegensatz zu vielen anderen.

47 „Zeugnis der ersten Dienstprüfung", 31. Juli/1. Aug. 1923, LKA PA JvJ Z ohne Nr.

48 „Zeugnis der ersten Dienstprüfung", 31. Juli/1. Aug. 1923, LKA PA JvJ Z ohne Nr.

49 Ordinationsurkunde, 2. Sept. 1923, Bestand Richard von Jan

Das Vikariat – vier Stationen

Es folgt die Zeit des Vikariats, der Vorbereitung auf den Pfarrdienst. Anders als heute kommt es in jener Zeit häufig vor, dass das Vikariat in verschiedenen Kirchengemeinden absolviert wird und dass die Vikare bereits vakante Pfarrstellen eine Zeit lang vertreten und dabei viel Verantwortung übernehmen.

Für den 26-jährigen Julius von Jan ist die erste Station von September 1923 bis Anfang Januar 1924 Weil im Dorf bei Stuttgart.[50]

Von Anfang Januar bis Anfang Oktober 1924 arbeitet Julius von Jan als „Pfarrverweser" in Steinenberg auf der vakanten Pfarrstelle.[51] Dekan Paul Gölz in Schorndorf ist angetan vom jungen Vikar und schreibt über ihn:

„Von Pfarrverweser Julius von Jan kann Gutes berichtet werden. Er steht mit Freudigkeit im Amt, das ihm Herzenssache ist. Er ist fleißig und gewissenhaft. Die Vorbereitung auf die Predigt wird ihm noch schwer. Die Gemeinde schätzt aber seine Predigten als gehaltvoll, praktisch und frisch, letztens obwohl von Jan vom Manuskript noch nicht frei ist."[52]

Üblich ist in dieser Zeit, dass ein Pfarrer seine Predigt zuvor auswendig lernt.

Von Anfang Oktober 1924 bis Anfang Juni 1925 ist Julius von Jan „Stadtvikar" in Neuenbürg.[53] In seinem „Vikariatsbericht auf 1. März 1925" schreibt er in die Rubrik Gesundheit: *Im Allgemeinen gut – in den Nerven nicht ganz fest*, bei seiner frühen Kriegserfahrung kein Wunder. Zum Stichwort „Musikalische Begabung" trägt er ein: *„Hauptinstrument Violine. Daneben Orgel, Harmonium und Klavier. Begleitung des Gesangsvereins auf dem Harmonium möglich."*[54]

Der Pfarrer und Dekan Friedrich Megerlin gibt folgende Stellungnahme ab:

„Stadtvikar Julius von Jan ist ein gewissenhafter, innerlicher Mensch. Seine Predigten und Bibelstunden sind gehaltvoll und werden insbesondere von Frauen gerne gehört. [...] Schade, dass seine

50   Erlass des Konsistoriums, 27. Aug. 1923, LKA PA JvJ B 3; seit 1955 gilt die Zusammenschreibung „Weilimdorf".

51   Erlass des Konsistoriums, 28. Dez. 1923, LKA PA JvJ B 8

52   Stellungnahme, 28. März 1924 zum Vikariatsbericht auf 1. April 1924, LKA PA JvJ B 9

53   Erlass des Konsistoriums, 17. Sept. 1924, LKA PA JvJ B 11

54   Vikariatsbericht auf 1. März 1925, LKA PA JvJ B 14

Evangelische Landeskirche Württembergs

Zeugnis
der zweiten Dienstprüfung

Der Predigtamtskandidat *Julius v. Jan*, gebürtig aus *Schweindorf, Ob. Neresheim*, hat bei der zweiten evangelisch-theologischen Dienstprüfung des Jahres 1925, das Gesamtzeugnis *III a befriedigend* erhalten.

In den einzelnen Fächern hat sich der Kandidat folgende Zeugnisse erworben:

Altes Testament *gut*   Kirchenrecht —
Neues Testament *befriedigend*
Kirchen- oder Dogmengeschichte *gut*   Predigt *befriedigend*
Dogmatik *befriedigend*   Katechese *befriedigend*
Praktische Theologie —   Kirchenmusik *gut*

Stuttgart, den *27. Mai* 1925

Der Vorsitzende
des Prüfungsausschußes

Das Präsidium
des Evangelischen Oberkirchenrats

Das Zeugnis der
zweiten Dienstprüfung
1925

Gesundheit nicht ganz fest ist. Sein Arbeiten bis in die Nacht hinein ist bei seinem Gesundheitszustand ganz verfehlt. So kommt es, dass er manchmal gedrückt ist. Seine Verwendung als Bezirksjugendpfarrer hat sich bisher nicht ermöglichen lassen."

Letzte Station seines Vikariats ist von Anfang Juni bis Mitte August 1925 Deizisau bei Esslingen, wo Julius von Jan als Pfarrverweser auf der vakanten Pfarrstelle tätig ist.[55]

Die zweite Prüfung
Bereits im Frühjahr 1925 besteht von Jan die „zweite evangelisch-theologische Dienstprüfung", wieder mit der Gesamtnote „III a befriedigend", hat sich aber in einigen Fächern gesteigert im Vergleich zur ersten Prüfung von 1923. Der „Predigtamtskandidat" erreicht dreimal ein „Gut" – unter anderem im Fach Altes Testament – sowie viermal ein „Befriedigend", beispielsweise in Neues Testament und Predigt.[56]

55 Erlass des Oberkirchenrats, 30. Mai 1925, LKA PA JvJ B 15
56 „Zeugnis der zweiten Dienstprüfung", 27. Mai 1925, Bestand Richard von Jan

Erste Dienstjahre und Heirat

„Pfarrer Julius von Jan ist ein in seinen jungen Jahren
schon durch viel Ernst hindurchgeführter Mann,
dem man in seiner ganzen Haltung
den erfahrenen Ernst ansieht. "

DER DEKAN VON LANGENBURG

Martha und Julius von Jan am
6. September 1927

Unständiger Dienst
Nach dem Vikariat und der erfolgreich abgelegten Prüfung folgt für Julius von Jan die Zeit im „unständigen Dienst", eine Art Probezeit. Im August 1925 überträgt ihm die Landeskirche die Pfarrei Herrentierbach; er wird Pfarrverweser für die Kirchengemeinden Herrentierbach und Riedbach, damals im Dekanat Langenburg.[57] Das Pfarrhaus liegt in Herrentierbach. Nun hat von Jan erstmals selbst voll und ganz die Verantwortung inne.

Im März 1928 kommt Dekan Friedrich Pfäfflin zur Visitation nach Herrentierbach und Riedbach; dies ist alle paar Jahre vorgeschrieben.[58]

Der Dekan hält nach der Teilnahme an einer Sitzung des Kirchengemeinderats fest: „Der Kirchengemeinderat gibt seiner Freude Ausdruck über die Art, wie der Pfarrer auf seinem Posten wirkt."[59] Ein knappes hohenlohisch-fränkisches Lob erster Güte für den jungen Pfarrer.

57 „Ernennungs-Urkunde" vom 14. Aug. 1925, Bestand Richard von Jan
58 LKA A 29 Nr. 1989: Pfarrbericht vom 9. März 1928 für Herrentierbach
59 LKA A 29 Nr. 1989: Kirchengemeinde Herrentierbach, Auszug aus dem Protokoll des Kirchengemeinderats, 18. März 1928

Das große Glück im Leben von Julius von Jan: Martha Munz

In seinem kurzen Lebensrückblick schreibt Julius von Jan über diese Zeit:

> „Idyllisches Pfarrhaus mit großem Garten und Agnes-Günther-Laube, mitten zwischen zwei großen Bauernhöfen. Zwei Jahre betreuten mich dort meine Schwestern. 1927 verheiratete ich mich mit Martha geborene Munz, Tochter des Missionspredigers Gottlieb Munz in Stuttgart."[60]

Wichtig bei der Wahl seiner Braut ist Julius von Jan, dass sie auch eine gute Landpfarrfrau sein soll und will; seine Martha wird diese Aufgabe mit Hingabe erfüllen, soweit es ihre Gesundheit zulässt.[61]

Wie und wo die beiden sich kennengelernt haben, haben sie ihrem Sohn Richard nie erzählt. Seines Wissens hat in den Familien der beiden wohl die Meinung vorgeherrscht, sie würden gut zusammenpassen, und so wird ein klein wenig „nachgeholfen".

Seine „Marthl", wie er sie nennt, ist zwei Jahre jünger als er, geboren am 11. Juli 1899, und stammt ursprünglich aus Elberfeld bei Wuppertal. In Bad Sebastiansweiler, einem Ortsteil von Mössingen südlich von Tübingen, arbeitet sie als Wirtschafterin im „Christlichen Erholungsheim", dessen Träger seit 1924 die Basler Mission ist.

Vor der Heirat muss ein Pfarrer die Genehmigung dafür bei der Kirchenleitung, dem Oberkirchenrat, einholen. Diese beantragt der 30-jährige Julius von Jan im Juni 1927[62], und er schickt ein „pfarramtliches Zeugnis"[63] mit, das die Eignung von Martha Munz als künftige Pfarrfrau bestätigt. Pfarrer Jonathan Kettner in Belsen, ebenfalls ein Ortsteil von Mössingen, kennt Martha selbst nicht persönlich, aber ihren Vater gut, und er weiß aus „zuverlässigster Quelle", dass sie bei der Arbeit geschätzt ist. Daher ist er überzeugt, „dass man Herrn Pfarrer von Jan zu seiner künftigen Gemahlin und der Gemeinde Herrentierbach zu ihrer künftigen ‚Frau Pfarrer' von Herzen gratulieren kann".

Für die Genehmigung gibt es bei der Kirchenleitung einen eigenen Vordruck. Pfarrer von Jan „wird die erbetene dienstliche Erlaubnis zur

---

60   Julius von Jan, Lebenslauf, 1960
61   Richard von Jan, Brief an den Pfarrer in Oberlenningen vom 27. Juli 1985, LKA Pfarramt Oberlenningen 243/3
62   23. Juni 1927, LKA PA JvJ B 18/2
63   21. Juni 1927, LKA PA JvJ B 18/1

Verehelichung mit Fräulein Martha Munz aus Stuttgart erteilt", und er erhält mit seiner Besoldung künftig einen „Frauenzuschlag".[64]

Am 6. September 1927 heiraten die beiden. Die beiden führen eine gute Ehe, gehen liebevoll und vertrauensvoll miteinander um – auch in schweren Zeiten.

Krankheit und Totgeburt

Bald ist Martha schwanger. Doch die Vorfreude erlischt jäh – im Juni 1928 kommt das erste Kind des jungen Ehepaares tot auf die Welt. Im Rückblick schreibt von Jan, dass *„die Totgeburt des ersten Kindes meine Frau an den Rand des Grabes brachte. Sie blieb mir aber erhalten als treue Gehilfin in Freud und Leid, in Arbeit und Anfechtung."*[65]

Ein schweres Nieren- und Gallenleiden ist wohl der Grund für die Totgeburt gewesen und wird Martha von Jan ihr Leben lang begleiten; häufig ist sie krank und braucht Unterstützung durch eine Haushaltshilfe. Später wird sie noch den Verlust von zwei weiteren Kindern in der Schwangerschaft und durch Totgeburt erleiden müssen.

Pfarrer von Jan bittet Anfang November 1928 die Kirchenleitung, ihm noch vor dem Winter seine erste Pfarrstelle in Brettach zu übertragen.[66] Der Arzt hat dies empfohlen, denn „die Winde der Hohenloher Ebene" sind für die noch schwache Martha von Jan „eine ständige Gefahr". Dekan Pfäfflin schreibt dazu: „Dies Gesuch lege ich mit besonderer Empfehlung vor um der Not willen, in der sich Frau Pfarrer von Jan befunden hat – sie war nahe am Sterben – und um der Notwendigkeit willen, die ein besseres Klima für sie fordert. Pfarrer Julius von Jan ist ein in seinen jungen Jahren schon durch viel Ernst hindurchgeführter Mann, dem man in seiner ganzen Haltung den erfahrenen Ernst ansieht. Als Mensch ist er außerordentlich geliebt und geschätzt in unserem Kreis. Als Pfarrer ist er in seiner Gemeinde wohl gelitten. Sein Wandel ist vorbildlich zu nennen. [...] Alles in allem genommen ein jeder Gemeinde wohl zu empfehlender Mann."[67]

---

64   LKA PA JvJ B 19

65   Julius von Jan, Lebenslauf, 1960

66   1. Nov. 1928, LKA PA JvJ B 22

67   3. Nov. 1928, LKA PA JvJ B 22

Die politische Lage spitzt sich zu

„Deutschland wird leben, so lange Gott der Herr
der Deutschen ist. Deutschland wird sterben
umso schneller, je mehr Menschen vergöttert werden."

JULIUS VON JAN

Die erste richtige Pfarrstelle – und ein größerer Haushalt

Mitte November 1928 wird Julius von Jan Pfarrer in Brettach, im Dekanat Neuenstadt am Kocher.[68] Dort leben 1022 Menschen laut der letzten Volkszählung – 1018 Evangelische und vier Katholische.[69]

Ab 1931 lebt – nach der Trennung seiner Eltern – der aus dem
Rheinland stammende sechsjährige Theo Munz mit im Haushalt, er
ist ein Neffe Martha von Jans. *„Wir suchten dir damals die Eltern zu ersetzen"*,
wird Julius von Jan Jahrzehnte später zu ihm bei einer Feier sagen.[70]
Gemeinsam mit seiner Frau ist er bereit, Verantwortung zu übernehmen und dem kleinen Jungen eine Heimat zu geben.

Der Aufstieg der NSDAP

Im Herbst 1929 verschärft sich die schon seit einiger Zeit erkennbare
Weltwirtschaftskrise dramatisch. In den USA führt eine Spekulations-
blase zu drastisch fallenden Aktienkursen. Das hat auch erhebliche
Auswirkungen auf die Wirtschaft in Deutschland. Anfang 1931 sind in
Deutschland fünf Millionen Menschen arbeitslos; die Auszahlung der
Arbeitslosenversicherung, so wird behauptet, sei aber nicht mehr fi-
nanzierbar. Viele Menschen leiden Hunger. Immer mehr verlieren das
Vertrauen in die Politik.

Die Verelendung der Massen nutzt der Nationalsozialistischen Ar-
beiterpartei Deutschlands, der NSDAP mit ihrem Führer Adolf Hitler.
Die Partei ist antikapitalistisch, sie ist antiliberal. Vor allem aber ist sie
antisemitisch. Die Hetze gegen die Juden greift alte Vorurteile auf und

68 „Ernennungs-Urkunde" vom 14. Nov. 1928, Bestand Richard von Jan

69 Pfarrbericht Brettach, Julius von Jan, 4. Juni 1929

70 Am 5. Mai 1963 bei der Taufe der Kinder von Theo Munz, Bestand Richard von Jan

stößt auf große Resonanz. Ein Sündenbock ist gefunden – für den verlorenen Krieg, für die wirtschaftliche Not, für alles Übel dieser Welt. Viele Menschen haben Sehnsucht nach einem starken Mann, der das Land aus der großen Krise führt. Aktive Mitglieder der Partei sind vor allem jüngere Männer.

Die Kirche und die Politik
Zwei Drittel der Deutschen sind evangelisch, ein Drittel ist katholisch. In Gegenden mit einer starken katholischen Kirche verfängt die nationalsozialistische Propaganda wenig; viele katholische Christen wählen „ihre" Partei, das Zentrum.

Auf der evangelischen Seite fehlt ein entsprechendes Pendant, das eine politische Beheimatung bieten könnte. Viele Evangelische sind eher national-konservativ und obrigkeitsstaatlich eingestellt, kommen nicht in der Demokratie der als „gottlos" angesehenen Weimarer Republik an, wünschen sich das Kaiserreich zurück. In den protestantisch geprägten Gegenden erhält Hitler deutlich mehr Zuspruch. Die nationalsozialistische Bewegung scheint Sittlichkeit und Moral, Christlichkeit und Zusammenhalt in der Volksgemeinschaft zu bieten. Auch Julius von Jan hegt Sympathie für sie.

1929 wird Theophil Wurm Kirchenpräsident in Württemberg. Wurm will die Kirche politisch neutral halten. In den Wahlkämpfen seit 1930 haben sich viele Geistliche für verschiedene Parteien engagiert. Nach den Wahlen im November 1932 verbietet Wurm mit einem „Maulkorberlass" den Pfarrern jeglichen Wahlkampf.

Das Ende der Weimarer Republik
Bei den Wahlen im Juli 1932 wählt über die Hälfte der Menschen radikale, demokratiefeindliche Parteien – die Nationalsozialisten und die Kommunisten. Die parlamentarische Demokratie ist praktisch am Ende. Im November 1932 muss erneut gewählt werden, weil aufgrund der schwierigen Verhältnisse im Parlament eine stabile Regierungsarbeit nicht möglich ist. In diesen Wahlen verliert die NSDAP zwar leicht, bleibt aber stärkste Partei. Reichspräsident Paul von Hindenburg ernennt am 30. Januar 1933 Adolf Hitler zum Reichskanzler. Kurze Zeit später löst er auf dessen Drängen den Reichstag erneut auf und setzt auf den 5. März Neuwahlen an.

Der schnelle Weg in die Diktatur

Ende Februar erlässt der Reichspräsident, von Hitler unter Druck gesetzt, die „Verordnung zum Schutz von Volk und Staat". Diese setzt die Bürgerrechte der Weimarer Verfassung außer Kraft und schränkt die persönlichen Freiheiten – Meinungs-, Presse-, Versammlungsfreiheit und vieles mehr – massiv ein. Die Diktatur beginnt sich mit atemberaubender Geschwindigkeit durchzusetzen.

Die Reichstagswahl am 5. März 1933 bringt den Nationalsozialisten nur 44 Prozent der Stimmen. Zusammen mit der Deutschnationalen Volkspartei können sie aber eine Regierung bilden.

Am 24. März beschließt der Reichstag das „Gesetz zur Behebung der Not von Volk und Reich". Lediglich die Abgeordneten der SPD stimmen dagegen. Das Parlament entmachtet sich mit diesem sogenannten Ermächtigungsgesetz selbst: Es ermächtigt die Regierung unter Hitler, selbst Gesetze zu verabschieden. Damit ist die Gewaltenteilung zu Ende; die Diktatur hat ihre rechtliche Grundlage.

Die Nationalsozialisten vereinheitlichen nun Politik, Gesellschaft und Kultur nach ihren Vorstellungen. Diese Gleichschaltung erreicht mit enormem Tempo bald das alltägliche Leben in den Gemeinden und Vereinen. Individualismus ist verpönt – der Einzelne ist nichts, das Volk ist alles.

Rassenpolitik – die Kirche hilft mit

Die Repressalien gegen die Juden beginnen am 1. April 1933 mit dem Boykottaufruf gegen jüdische Geschäfte, Anwaltskanzleien und Arztpraxen. Der neu eingeführte „Arierparagraf" verpflichtet die Beamten zum „Ariernachweis" – sie müssen belegen, keine jüdischen Vorfahren zu haben. Diese Regelung übernehmen auf Druck der Nationalsozialisten auch fast alle Organisationen und Verbände. Die jüdische Bevölkerung wird aus der Arbeit und der Gesellschaft immer mehr verdrängt.

Die Kirche hilft den Nationalsozialisten bei ihrer Rassenpolitik, denn: ohne die Kirche und ihre Kirchenbücher gäbe es keine „Ariernachweise"! Erst seit 1876 gibt es die Standesämter. Für die Zeit davor müssen Millionen von Menschen in Deutschland ihre Abstammung per Kirchenbuch nachweisen. Die gesamte Pfarrerschaft muss die Kirchenbücher studieren und „Ahnenpässe" ausstellen. Auch in Brettach hat Julius von Jan als gewissenhafter Pfarrer viel Arbeit damit.

Julius von Jan und die Nationalsozialisten

Julius von Jan ist den neuen Machthabern zunächst sehr zugeneigt. Hitler gilt ihm als der, der einen kommunistischen Umsturz abwehrt, das Vaterland rettet, Sitte und Moral stärkt und der Kirche wieder mehr Raum gibt. 1939 schreibt er rückblickend:

„Die Erhebung der deutschen Nation unter der starken Führung des großen Kanzlers Adolf Hitler war auch für die evangelische Kirche Deutschlands ein Erlebnis, das im Jahr 1933 voll Dank gegen Gott gefeiert und begrüßt wurde."[71]

Wie aus späteren Gerichtsakten hervorgeht, tritt Julius von Jan 1933 der Nationalsozialistischen Volkswohlfahrt bei.[72] Diese engagiert sich vor allem für die Gesundheitsfürsorge, Vorsorgeuntersuchungen und die medizinische Betreuung. Im Mittelpunkt der Fürsorge steht jedoch nicht der einzelne Mensch, sondern die Volksgemeinschaft.

Die Gerichtsakten führen weiter aus: „Im gleichen Jahr übernahm er eine SA-Patenschaft und spendete längere Zeit hindurch zur Ausrüstung eines SA-Mannes monatlich fünf Reichsmark. Außerdem nahm er einmal einen SA-Mann für zehn Tage zur Erholung bei sich auf."

Die evangelische Kirche im Dritten Reich

Hitler hat viele Anhänger unter den Evangelischen; Anfang der Dreißigerjahre gibt er sich betont kirchenfreundlich. Auch seine Feindseligkeit gegen die Juden teilen viele. Schon 1932 haben evangelische Nationalsozialisten die „Glaubensbewegung Deutsche Christen" gegründet. Sie vertreten eine nationale Religion mit einem „deutschen Jesus", wollen eine „Reichskirche" mit dem Gedankengut der Nationalsozialisten.

Die Mehrzahl der evangelischen Kirchenmitglieder begrüßt die Machtergreifung Hitlers – auch Landesbischof Wurm und die meisten Pfarrer in Württemberg. Doch sie schätzen die Nationalsozialisten grundlegend falsch ein. Deren Ideologie setzt auf eine totalitäre Weltanschauung, die keinen Raum mehr lässt für ein christliches Verständnis der Welt. Es gibt nur den uneingeschränkt herrschenden Führer Adolf Hitler, der sich zum Heilsbringer stilisiert; er will auch die Kirchen entmachten und gleichschalten. Doch 1933 gehören über

71   Mai/Juni 1939, Bestand Richard von Jan
72   Urteil des Sondergerichts, schriftliche Begründung vom 14. Dez. 1939, LKA PA JvJ G 75/2

95 Prozent der Deutschen der evangelischen oder der katholischen Kirche an. Ein massiver Widerstand der Kirchen würde der national-sozialistischen Bewegung schweren Schaden zufügen, deshalb agiert Hitler zunächst vorsichtig – aber mit dem klaren Ziel, den gesellschaft-lichen Einfluss der Kirchen zurückzudrängen.

Die 28 evangelischen Landeskirchen sind nur lose im „Deutschen Evangelischen Kirchenbund" vereint. Ziel von Hitler und den Deut-schen Christen ist es, eine „Deutsche Evangelische Kirche" zu bilden, die dann die bisher selbstständigen Landeskirchen eingliedert: „Ein Volk, ein Reich, eine Kirche." Für Juli 1933 werden reichsweite Kir-chenwahlen angesetzt, bei denen die Deutschen Christen einen gro-ßen Erfolg landen. Nur in den drei Landeskirchen Hannover, Bayern und Württemberg gehören ihnen die Bischöfe nicht an. Im Württem-berger Landeskirchentag haben die Deutschen Christen zunächst zwar eine knappe Mehrheit, können aber – aufgrund eines innerkirch-lichen Ermächtigungsgesetzes für die Kirchenleitung – keinen großen Einfluss nehmen.[73]

Theophil Wurm trägt als Kirchenpräsident nun auch den Titel Lan-desbischof, um die Autorität des Amtes zu erhöhen. Trotz aller theo-logischen Auseinandersetzungen steht er weiterhin hinter den politi-schen Zielen der Nationalsozialisten und der Deutschen Christen. Er könne „nichts finden, was irgendwie vom Wort Gottes aus beanstan-det werden könnte". Deshalb sei die Kirchenleitung bemüht, „die po-sitiven Ziele der neuen Bewegung zu fördern"[74]. Wurm will ein guter Nationalsozialist und ein guter Christ sein, wie viele andere.

Die „Bekennende Kirche" – die Anfänge

Im Sommer 1933 fordert der Theologieprofessor Karl Barth, die Kir-che solle sich wieder konzentrieren auf ihr eigentliches Wesen und auf ihren Auftrag – auf Bibel und Bekenntnis.

In der größten Landeskirche, der Altpreußischen Union, beschlie-ßen die Deutschen Christen den „Arierparagrafen" auch für Kirchen-ämter. Als Reaktion darauf gründen im September 1933 einige Pfarrer um Martin Niemöller den Pfarrernotbund, der dagegen protestiert und den vom Kirchenausschluss bedrohten Pfarrern mit jüdischen Wurzeln Hilfe anbietet.

73 Vgl. Evangelische Kirche und Entnazifizierung 1945–1949. Die Last der nationalsozialis-tischen Vergangenheit (Vollnhals 1989), S. 180

74 Rede auf dem Landeskirchentag am 12. Sept. 1933, LKA Verhandlungen 1933–41 (fälschlich unter 11. Sept. 1933 aufgenommen)

Anfang 1934 gehören in Deutschland etwa 7000 Geistliche dem Pfarrernotbund an – ein Drittel aller evangelischen Pfarrer. In vielen Landeskirchen bilden sich „Bekenntnisgemeinschaften"; zusammen mit dem Pfarrernotbund sind sie die Wurzeln der Bekennenden Kirche. Diese innerkirchliche Opposition organisiert sich nun reichsweit; ein „Reichsbruderrat" übernimmt im März 1934 die Koordination.

Jesus als arischer Held

Ende September 1933 wählt die Nationalsynode der Kirchenleitungen Ludwig Müller zum Reichsbischof. Die radikalen Kräfte der Deutschen Christen fühlen sich im Aufwind; sie fordern eine „Entjudung" des Evangeliums und ein „artgemäßes" Christentum mit Jesus als arischem Helden. Den Höhepunkt bildet eine Massenveranstaltung im November in Berlin. Ein Redner poltert, das Alte Testament habe eine „Viehhändler- und Zuhältermoral" und der Apostel Paulus eine „Sündenbocktheologie", die deutsche Kirche sei davon zu reinigen.[75] Auch andere fordern die Abschaffung des Alten Testament – es sei ein „Judenbuch"[76].

Das ist für viele Gläubige zu viel, sie ziehen sich zurück, die Deutschen Christen verlieren an Zulauf und an Einfluss, auch in Württemberg im Landeskirchentag.

Der Kirchenkampf

Die Reichskirche mit Bischof Müller versucht, auch noch die letzten „intakten" Landeskirchen Bayern und Württemberg einzugliedern. Im September 1934 wird Bischof Wurm wegen angeblicher Finanzmanipulationen beurlaubt; die Vorwürfe erweisen sich später vor Gericht als haltlos. Im Oktober wird er in seinem Haus in Stuttgart unter Schutzhaft in der mildesten Form des Hausarrests gestellt. Am 21. Oktober versammeln sich über 7000 Menschen vor seinem Haus und versichern ihm ihre Treue; eine größere Demonstration des Widerstands hat es im Dritten Reich wohl nicht gegeben. Wurm erhält viele Solidaritätsbekundungen.

---

75   Nationalsozialismus (Haag), aktualisiert 15.7.2016, https://www.wkgo.de/epochen/ nationalsozialismus, Aufruf 1. Mai 2020

76   Gott und Welt in Württemberg – Eine Kirchengeschichte (Ehmer u. a. 2009), S. 191

Der Versuch der Gleichschaltung der württembergischen Kirche scheitert, als Adolf Hitler unerwartet eingreift, der eine solche Unruhe im Land nicht brauchen kann und auch um sein Ansehen im Ausland fürchtet. Ende Oktober spricht er in Berlin mit den Landesbischöfen von Bayern und Württemberg und stellt fest, dass die Anordnungen der Reichskirche keine Rechtskraft haben. Der Einfluss der Deutschen Christen schwindet. Bischof Wurm wird voll rehabilitiert. Die „Deutsche Evangelische Kirche" ist tief gespalten. Die von den Deutschen Christen geführten „Bistümer" sehen sich als Teil der Einheitskirche; in diesen sogenannten zerstörten Landeskirchen gibt es die „bekennenden Gemeinden" als Opposition. Bayern, Württemberg und inzwischen wieder Hannover gelten als sogenannte intakte Landeskirchen, in denen sich die alten Kirchenleitungen behauptet haben; wirklich intakt sind auch sie nicht mehr, passen sich an die Verhältnisse an.

Von der Begeisterung zur Gegnerschaft – Julius von Jan

Die anfängliche Begeisterung Julius von Jans für die Nationalsozialisten schlägt schnell um in eine entschlossene Gegnerschaft, als er deren wirkliche Absichten erkennt. Wie viele andere Christen auch gesteht er sich ein, dass er sich getäuscht hat mit seiner Meinung, die Nationalsozialisten seien den Kirchen wohlgesonnen. Der Nationalsozialismus selbst wird immer mehr zur Religion. Die Rasse, die Nation, der Führer ist alles; für einen Glauben an den Gott der Bibel ist kein Platz vorgesehen. Das Hakenkreuz hat mit dem Kreuz der Bibel nichts gemeinsam.

Konflikte in Brettach

Seine knapp sieben Jahre in Brettach schildert Julius von Jan im kurzen Lebensrückblick als eine Zeit „*in einer sehr lebendigen Gemeinde, die auch im Dritten Reich sich standhaft zum Evangelium hielt, als ich bereits der Gestapo ein Dorn im Auge war*"[77].

1946 schreibt er, er sei in Brettach „*als Pfarrer der Bekennenden Kirche wiederholt der Politischen Polizei vorgeführt worden (seit November 1933) wegen meines offenen Kampfes gegen die antichristliche Weltanschauung der NSDAP und gegen die Deutschen Christen sowie meines Eintretens für Männer der Bekennenden Kirche wie Pastor Niemöller und für Landesbischof Wurm. Ich wurde des-*

halb sowohl auf der Straße als in Versammlungen als am öffentlichen Anschlagbrett geschmäht, ohne deshalb meine Einstellung zu ändern."[78]

Im April 1934 schreibt das „Württembergische Politische Landespolizeiamt" an die Kirchenleitung in Stuttgart:

„Nach den hier eingegangenen Berichten und Erhebungen versuchen Pfarrer Jan und seine Frau den nationalsozialistischen Staat durch teilweise versteckte Angriffe zu bekämpfen. So hat Pfarrer Jan bei seiner Predigt am Wahlsonntag, den 12.11.1933, die Äußerung Baldur von Schirachs, er kenne keine Evangelischen noch Katholischen, er kenne nur Deutschland, aufgegriffen und darauf die Bemerkung gemacht, er bedaure, dass ein Reichsjugendführer einen solchen Standpunkt einnehme. In der Predigt am 19.11.1933 hat er sich ausgedrückt, er sei angezeigt worden, weil er gewisse Bedenken gegen den Ausspruch des Reichsjugendführers geltend gemacht habe. Der Anzeigeerstatter sei ein Verräter an der Evangelischen Kirche. Er, der Pfarrer, habe dies nur im Interesse der Evangelischen Kirche gesagt, da die Kirche in Gefahr sei, durch Bestrebungen einer deutschvölkischen Kirche, die den Siegfried vor den Heiland stellen wollte.

Pfarrer Jan soll Ausschussmitglied des aufgelösten Pfarrernotbundes gewesen sein. Mitte Februar des Jahres soll er sich in einer Predigt ausgedrückt haben, dass es betrübend sei, dass viele Pfarrer um ihres Glaubens willen ihres Dienstes enthoben wurden. Durch diese Äußerung ist mindestens bei gewissen Kreisen in Brettach der Eindruck entstanden, als wäre der Glaube in Gefahr und seien die Geistlichen um ihres Glaubens willen in Schutzhaft gekommen und ihres Dienstes enthoben worden. Den nationalsozialistischen Jugendorganisationen und der NS-Frauenschaft scheint die Frau des Pfarrers nicht besonders freundlich gegenüber zu stehen. Den Mitgliedern des Jungfrauenvereins soll sie gesagt haben, bei ihr grüße man nicht ,Heil Hitler', sondern ,Sieg-Heil'.

Durch dieses Verhalten hat sich Pfarrer Jan das Vertrauen des nationalsozialistischen Teils der Bevölkerung von Brettach verscherzt. Ein erspießliches Arbeiten ist ihm nach dem Vorgefallenen wohl nicht mehr möglich. Ich gebe deshalb anheim, insbesondere auch im Interesse der Kirche, Pfarrer Jan zu versetzen. Von der getroffenen Verfügung bitte ich mir Mitteilung zukommen zu lassen."[79]

---

78   Staatsarchiv Ludwigsburg, EL 900/18 Bü 33

79   18. Apr. 1934, LKA PA JvJ G 1

Die Kirchenleitung macht diese Mitteilungen „zum Gegenstand einer Erhebung", wie sie dem Landespolizeiamt antwortet, und bittet es um die diesem vorliegenden Berichte[80]; im Juni erinnert sie nochmals daran[81]. Ende Juli schildert die Kirchenleitung dem Dekanatamt in Neuenstadt die erhobenen Vorwürfe und „ersucht" dieses, „eine Äußerung von Herrn Pfarrer von Jan einzuholen und sich zugleich mit Beibericht über dessen politische Einstellung zu äußern".[82] Wie diese Sache konkret ausgeht, darüber ist in den Akten nichts zu finden; jedenfalls bleibt Julius von Jan Pfarrer in Brettach.

Die Bekennende Kirche und die Barmer Erklärung

Ende Mai 1934 tagt in Barmen, einem Stadtteil von Wuppertal, die erste „Bekenntnissynode" und bildet die „Bekennende Kirche". Die Synode beschließt nach einem Entwurf von Karl Barth die „Barmer Theologische Erklärung".

Das einleitende Bekenntnis zu Jesus Christus mit der darauffolgenden Verwerfung von „Irrlehren" grenzt die Bekennende Kirche ab von der Theologie der Deutschen Christen, von der Politisierung der Kirche durch die Nationalsozialisten, vom Führerprinzip auch in der Kirche, vom totalitären Staat mit einer einheitlichen Weltanschauung, von der Reichskirche als Staatsorgan sowie vom Missbrauch der christlichen Verkündigung durch andere Interessen.

Was allerdings fehlt, ist eine Solidaritätserklärung für die verfolgten Juden; zur Judenpolitik der Nationalsozialisten schweigt auch die Bekennende Kirche.

Geschichte schreibt die Erklärung allemal: Zum ersten Mal seit dem sechzehnten Jahrhundert hat sich die evangelische Kirche – außer den Deutschen Christen – wieder in einem gemeinsamen Bekenntnis zusammengefunden, und sie gründet die Bekennende Kirche als eine neue Gemeinschaft.

In Württemberg wird die Barmer Erklärung von der Kirchenleitung allerdings gar nicht offiziell bekanntgemacht.

---

80   30. Apr. 1934, LKA PA JvJ G 2
81   LKA PA JvJ G 4
82   LKA PA JvJ G 5

Nachwuchs in der Familie von Jan

Nach der Totgeburt 1928 und dem weiteren Verlust eines Kindes in der Schwangerschaft wird Martha von Jan und ihrem Mann nun endlich ein Kind geschenkt. Am 13. September 1934 bringt Martha per Kaiserschnitt einen Sohn zur Welt, der auf den Namen Richard getauft wird; Namensgeber ist der ältere Bruder von Julius von Jan, der 1916 als junger Soldat im Krieg gestorben ist. Mit Martha von Jans Neffen Theo sind sie nun zu viert.

Doch Freud und Leid liegen eng beisammen. 1934 stirbt Margarete, die jüngere Schwester Julius von Jans.

„Man muss Gott mehr gehorchen als den Menschen"

Anfang August 1934 stirbt das Staatsoberhaupt, Reichspräsident Paul von Hindenburg. Die Ämter des Reichskanzlers und des Reichspräsidenten werden verschmolzen; Hitler ist nun offiziell „Führer und Reichskanzler", vereint eine noch größere Machtfülle in seiner Person. Die Reichsregierung erlässt am 20. August ein neues Gesetz. Es verpflichtet Beamte und Soldaten, einen Diensteid auf Hitler zu leisten.

Ende September 1934 geht Julius von Jan in seiner Predigt am Erntedankfest auf den Eid ein:

„Fürchtet nur den Herrn und dienet ihm treulich.' Hier ist der Rand des Abgrunds, an dem viele unserer Brüder im Dritten Reich stolz und sicher mit erhobenem Kopf dahingehen, ohne die furchtbare Gefahr zu sehen. Sie wissen es zwar verstandesmäßig, dass ein Mensch niemals ein Herrgott ist. Aber wenn sie einen Eid auf den Führer und seine Unterführer geschworen haben, wogegen ich nichts zu sagen habe, glauben sie, mit Leib und Seele diesen Menschen verkauft zu sein. Dann überlassen sie jede Entscheidung selbst in Gewissens- und Glaubenssachen diesen Menschen. Der Führer oder irgendein kleiner Unterführer wird in ihrem praktischen Verhalten ihr Herrgott. Lieber Bruder, liebe Schwester, ich richte dich nicht. Aber wisse, das ist die Sünde gegen das erste Gebot: ,Ich bin der Herr, dein Gott, du sollst keine anderen Götter neben mir haben.' Prüfe dich, ob's nicht wahr ist, dass du deine Glaubens- und Gewissensentscheidungen im gegenwärtigen Geisteskampf abschiebst auf die, denen du Gehorsam geschworen hast, ob du nicht dein eigenes Gewissen knebelst und deinen Herrn Christus verleugnest aus götzendienerischer Furcht vor Menschen oder aus götzendienerischer Verehrung für Menschen. Ich weiß, das ist heute manchem eine Gewissensnot. Mancher möchte bekennen und schämt sich, dass er's nicht schon getan hat. Aber, sagt er, ich bin ja vereidigt. Ich muss doch tun, was mir befohlen wird. Besinn dich doch, was du

geschworen hast. Du hast geschworen zu folgen, ‚so wahr mir Gott helfe'. Meinst
du, Gott helfe dir, etwas gegen sein Wort und gegen das an Gottes Wort gebundene
Gewissen zu tun? Nein, jeder Eid, vor Gott geschworen, bindet den Befehlenden
genauso wie den Gehorchenden an Gottes Willen. Und wenn der Befehlende doch
etwas fordern sollte, was unrecht ist, dann heißt's: ‚Man muss Gott mehr gehorchen als den Menschen.' Das Gewissen bleibt frei von Menschen auch durch den
Eid. So zeigt's uns Gottes Wort. Wer euer Gewissen beherrschen will, schadet nicht
nur sich selbst und euch, sondern auch dem Vaterland. Denn das Dritte Reich ist
nicht gefährdet durch die Bekenner der Wahrheit, sondern durch die Anbeter von
Menschen und die Anbeter eines ewigen Deutschlands. Ein ewiges Deutschland
gibt es nicht. Deutschland wird leben, so lange Gott der Herr der Deutschen ist.
Deutschland wird sterben umso schneller, je mehr Menschen vergöttert werden."[83]

Der Kreisleiter der NSDAP von Neckarsulm beschwert sich Anfang
Oktober 1934 in einem Brief an die Kirchenleitung über „den Not-
bundpfarrer von Jan".[84] Er teilt mit, „dass in Brettach nun erneut wieder große Empörung und Erregung durch die Predigt entstanden ist.
Wir sind um die öffentliche Ruhe und Ordnung sehr besorgt." Er verweist auch auf eine Mitteilung der „Politischen Polizei" und erhebt
weitere Vorwürfe – nachträglich habe Julius von Jan unter anderem ab-
fällig über die Deutschen Christen und Reichsbischof Müller gesprochen. Der Landesleiter der Deutschen Christen im Gau Württemberg
fordert, „dass dieser Pfarrer sofort vom Dienst enthoben und vor das
Disziplinargericht gestellt werden muss"[85].
Die Kirchenleitung „ersucht" das Dekanatamt, „hierzu von Pfarrer
von Jan eine verantwortliche Äußerung einzuholen".[86] Julius von Jan
gibt beim Dekan Wilhelm Teufel – so heißt der rechtschaffene Mann
wirklich – in einer „Verhandlungsniederschrift" eine Erklärung ab:
„1. Ich habe nie dem Nationalsozialismus als politischer Bewegung abträg-
liche Äußerungen getan, sondern immer nur die Richtung im Nationalsozialismus abgelehnt, die eine neue Religion aus ihm machen will.
[...]
4. Von einer Störung der öffentlichen Ruhe und Ordnung ist mir nichts bekannt. Ich weiß lediglich von einer Empörung im kleinen Kreis der Gemeinde, der
der Kirche gegenüber sich schon immer gleichgültig verhalten hat und unter Be-

---

83 30. Sept. 1934, LKA PA JvJ G 7/2
84 3. Okt. 1934, LKA PA JvJ G 6/1
85 5. Okt. 1934, LKA PA JvJ G 6/2
86 9. Okt. 1934, LKA PA JvJ G 7/3

rufung auf den Nationalsozialismus auf die Gewissen der Gemeindeglieder einen Druck ausüben will."[87]

„Eine völlige Verkennung der neuen Staatsidee"

Der Dekan schickt die Niederschrift an die Kirchenleitung und stellt sich hinter den Pfarrer: „Persönlich möchte ich zu der Sache bemerken, dass Pfarrer von Jan ein tüchtiger, in seiner Gemeinde beliebter Pfarrer ist. Es dürfte daher seine Richtigkeit haben, dass der Kreis, der an seiner Predigt Anstoß genommen hat, verhältnismäßig klein ist. Soweit ich die Verhältnisse in Brettach beurteilen kann, hat Pfarrer von Jan den größten Teil der Gemeinde hinter sich. Wenn er über die Bedeutung des Eides sprach, so kam er damit dem Bedürfnis mancher Gemeindeglieder entgegen; die Schärfe mancher Formulierungen ist wohl aus der Kampfstimmung zu erklären."[88]

Bischof Wurm ist sehr verärgert über Julius von Jan und droht ihm am 18. Oktober 1934 mit harten Konsequenzen: „Die [...] Ausführungen stellen eine grobe Taktlosigkeit dar und zeugen von einer völligen Verkennung der neuen Staatsidee. Pfarrer von Jan wird zu größter Zurückhaltung ermahnt. Wiederholte Entgleisungen werden künftig disziplinär geahndet."[89]

Neue Vorwürfe

Der Kreisleiter der NSDAP hat dieses Schreiben oder ein ähnliches auch erhalten. Ende Oktober 1934 bedankt er sich bei der Kirchenleitung dafür – und fühlt sich ermuntert, mit neuen Vorwürfen nachzulegen:

„Ich erlaube mir, Ihnen mitzuteilen, dass die Zustände in Brettach immer bedenklicher werden. Am Sonntag, den 21. des Monats, hat Pfarrer von Jan auf der Kanzel verkündigt, abends acht Uhr finde eine Versammlung, betreffs Kirchenstreit, statt. Die Interessenten seien eingeladen, geläutet werde nicht. Diese Versammlung wurde im Einvernehmen mit der Außenstelle der Politischen Polizei Heilbronn durch den Bürgermeister auf unser Einwirken hin verboten.

---

87   15. Okt. 1934, LKA PA JvJ G 7/1
88   15. Okt. 1934, LKA PA JvJ G 8
89   Bestand Richard von Jan; unvollständige handschriftliche Notiz auch auf LKA PA JvJ G 8

Pfarrer von Jan hielt darauf eine Versammlung in seiner Wohnung, bei der 44 Personen anwesend waren."[90] Vielleicht hat Julius von Jan das Schreiben seines Bischofs an diesem Sonntag noch nicht gekannt. Jedenfalls bleibt er auch danach standhaft, trotz der Drohungen der Nationalsozialisten und seines Bischofs. Später ist über Julius von Jan und diese Zeit in Gerichtsakten zu lesen:

„Im württembergischen Kirchenstreit gehörte er zu den Pfarrern, die im Oktober 1934 trotz des ergangenen Verbots die Kundgebung des Landesbischofs von der Kanzel herab zur Verlesung brachten.[91] Das damals gegen ihn eingeleitete Verfahren wurde durch Beschluss vom 23. September 1935 eingestellt. Weitere Reibereien mit den Parteistellen in Brettach ergaben sich daraus, dass der Angeklagte immer wieder in der Öffentlichkeit für seinen Amtsbruder Niemöller eintreten zu müssen glaubte."[92]

Das „Ehrenkreuz für Frontkämpfer"

Das Jahr 1934 beschert Julius von Jan kurz vor Weihnachten eine Ehrung „im Namen des Führers und Reichskanzlers". Das Württembergische Oberamt Neckarsulm verleiht ihm im Dezember „auf Grund der Verordnung vom 13. Juli 1934 zur Erinnerung an den Weltkrieg 1914/18 das von dem Reichspräsidenten Generalfeldmarschall Paul von Hindenburg gestiftete Ehrenkreuz für Frontkämpfer", gestiftet anlässlich des 20. Jahrestags des Beginns des Ersten Weltkriegs, die erste staatliche Auszeichnung für Teilnehmer dieses Kriegs.[93] Ob der damalige Kriegsfreiwillige sich nun darüber freuen kann, ist nicht bekannt. Später muss Julius von Jan alle seine Ehrungen für den Ersten Weltkrieg weggeworfen haben, denn dem Sohn Richard hat er sie nicht hinterlassen.

---

90 26. Okt. 1934, LKA PA JvJ G 9

91 Bischof Wurm verfasst, nachdem er vorübergehend des Amtes enthoben worden ist, während seiner „Schutzhaft" eine „Kundgebung" an die Kirchengemeinden, die in den Gottesdiensten am 14. Oktober 1934 verlesen werden soll. Text der Kundgebung siehe: Erinnerungen aus meinem Leben (Wurm 1953), S. 111 f.

92 Urteil des Sondergerichts, schriftliche Begründung vom 14. Dez. 1939, LKA PA JvJ G 75/2

93 15. Dez. 1934, Bestand Richard von Jan

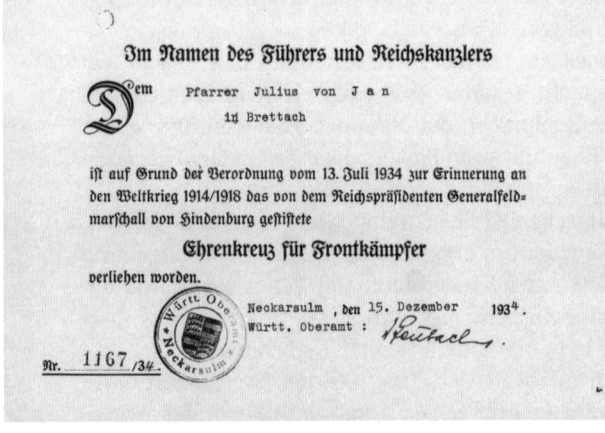

Der Kanzelparagraf und das Heimtückegesetz

Schon früher hat es der Politik nicht gefallen, wenn die Kirche sich eingemischt hat. Reichskanzler Otto von Bismarck sorgt 1871 dafür, dass der „Kanzelmissbrauch" ein Tatbestand im Reichsstrafgesetzbuch wird. Eingefügt wird der sogenannte „Kanzelparagraf" als neuer § 130a RStGB: „Ein Geistlicher oder anderer Religionsdiener, welcher in Ausübung oder in Veranlassung der Ausübung seines Berufes öffentlich vor einer Menschenmenge, oder welcher in einer Kirche oder an einem anderen zu religiösen Versammlungen bestimmten Orte vor Mehreren Angelegenheiten des Staates in einer den öffentlichen Frieden gefährdenden Weise zum Gegenstande einer Verkündigung oder Erörterung macht, wird mit Gefängnis oder Festungshaft bis zu zwei Jahren bestraft." 1876 wird auch noch das Verbreiten von entsprechenden Schriften verboten.

Im Dezember 1934 erlässt Hitler das „Gesetz gegen heimtückische Angriffe auf Staat und Partei und zum Schutz der Parteiuniformen", kurz „Heimtückegesetz" genannt. Bestraft wird demnach mit bis zu zwei Jahren Gefängnis, wer „vorsätzlich eine unwahre oder gröblich entstellte Behauptung tatsächlicher Art aufstellt oder verbreitet" (Artikel 1 § 1 Absatz 1). Doch nicht nur die Behauptung von Tatsachen ist strafbar, sondern auch die Äußerung von Werturteilen: „Wer öffentlich gehässige, hetzerische oder von niedriger Gesinnung zeugende Äußerungen über leitende Persönlichkeiten des Staates oder der NSDAP, über ihre Anordnungen oder die von ihnen geschaffenen Einrichtungen macht" (Artikel 1 § 2 Absatz 1), wird mit Gefängnis unbestimmter Dauer bestraft. „Öffentlich" sind Äußerungen schon dann, wenn der Täter „damit rechnen muss, dass die Äußerung in die Öffentlichkeit dringen werde" (Artikel 1 § 2 Absatz 2).

Dem Anzeigen, dem Denunzieren von anderen ist nun Tür und Tor geöffnet, die abschreckende Wirkung ist erreicht. Und die Deutschen denunzieren so fleißig ihre Nachbarn, ihre Vorgesetzten, ihre Ehefrauen oder wen auch immer, dass die Gestapo kaum nachkommt mit dem Ermitteln.

Für die Pfarrer ist die Lage nun brandgefährlich – gleich durch zwei Gesetze droht ihnen Gefahr, wenn sie es wagen, „politisch" zu werden.

„Ernste Zeit" in Brettach

Im Februar 1935 kommt Dekan Teufel zur Visitation nach Brettach. Er besucht den Gottesdienst und nimmt am nächsten Tag an der Sitzung des Kirchengemeinderats teil. Ein Thema dort ist die Arbeitsbelastung des Pfarrers. Der Kirchengemeinderat bedauert, dass dieser immer noch im Nachbarort Cleversulzbach die unbesetzte Pfarrstelle vertreten muss, „wodurch die Arbeit in Brettach Not leide. Es ist Pfarrer von Jan nicht möglich, Kranke und Alte so zu besuchen, wie es nötig wäre und er selber wünscht, oder die Leitung des Kindergottesdienstes regelmäßig zu übernehmen, was um der Disziplin der Kinder willen dringend erwünscht wäre." Bei der Jugendarbeit gibt es eine positive Aussage: „Die Eingliederung der Vierzehn- bis Achtzehnjährigen in die Hitlerjugend hat dem Besuch der kirchlichen Jugendvereine kaum geschadet, Söhne und Töchter kommen nach wie vor in überwiegender Mehrheit zu den Veranstaltungen der Vereine." Die Spannungen zwischen dem Pfarrer und der Partei kommen auch zur Sprache. Dekan Teufel „bedauert die Vorkommnisse in hiesiger Gemeinde (Anschlag am Schwarzen Brett gegen den Ortsgeistlichen, Verbot einer Versammlung in der Kirche), und bittet die Mitglieder des Kirchengemeinderats, wie seither so auch ferner treu zur Sache des Evangeliums zu stehen und ihrem Geistlichen auf diese Weise den festen Rückhalt zu geben, den er in dieser ernsten Zeit bedarf".[94]

Julius von Jan hat den Rückhalt seines Kirchengemeinderats und seines Vorgesetzten, des Dekans. Dennoch wird es für ihn Zeit für einen Ortswechsel.

94 „Verhandlungsniederschrift über die in Brettach anlässlich der Visitation abgehaltene Sitzung des K.G.R. am 11.2.35", LKA A 29 Nr. 685

Widerstand und Verfolgung

„Warnungen von Menschen kann ich nicht annehmen,
wenn sie im Widerspruch
zu meinem göttlichen Auftrag stehen"

JULIUS VON JAN

Bewerbung auf eine andere Stelle

Die Lage in Brettach wird immer schwieriger für Julius von Jan. Zudem will er näher bei seinen Eltern sein, die ihren Lebensabend in Blaubeuren verbringen, nachdem der Vater in den Ruhestand gegangen ist. Im April 1935 bewirbt sich Julius von Jan deshalb um die Pfarrstelle Owen bei Kirchheim und begründet dies folgendermaßen: *„Die Gründe, warum ich von Brettach fortstrebe, liegen nicht in der Gemeinde selber. Allerdings sind die Parteistellen hier so ungünstig besetzt, dass eine Zusammenarbeit mit ihnen nicht möglich ist. Aber darunter leide nicht nur ich, darunter leidet der größte Teil der Gemeinde. Dieser gemeinschaftliche Kampf ist für mich vielmehr ein Gesichtspunkt, der mich in Brettach festhält."* Jedoch hätten ihn seine „alten Eltern" in Blaubeuren gern in ihrer Nähe. Der Gesundheit seiner Frau zuliebe müsse er in eine Gegend, *„die nicht zu kalt ist. Die Lage von Owen wäre geografisch und klimatisch sehr günstig."*[95]

Der Neuenstadter Dekan Teufel schreibt der Kirchenleitung, Pfarrer von Jan sei ein tüchtiger Geistlicher, der in seiner Gemeinde sehr beliebt sei. Er predige gut, kurz, verständlich und nehme kein Blatt vor den Mund.[96] Doch die Bewerbung bleibt erfolglos.

Ende Mai 1935 bewirbt sich Julius von Jan um die Pfarrstelle Kaltental in Stuttgart und offenbart der Kirchenleitung, dass es seiner Frau weiterhin nicht gut geht: *„Eine Pfarrei, die städtischen Charakter trägt, wäre mir auch deshalb lieb, weil meine Frau aus gesundheitlichen Gründen nur wenig als Pfarrfrau tätig sein kann."*[97]

---

95 3. April 1935, LKA PA JvJ B 24
96 6. April 1935, LKA PA JvJ B 24
97 23. Mai 1935, LKA PA JvJ B 25

Dekan Teufel kommentiert: „Eine tüchtige Pfarrfrau wird freilich auch in Kaltental nötig sein."[98]

Der Wechsel nach Oberlenningen

Kurz danach erfährt Julius von Jan, dass die Pfarrstelle in Oberlenningen bei Kirchheim frei wird, nicht allzu weit weg von seinen Eltern. Mit seinem Dekan ist er sich einig, dass diese Stelle besser zu ihm passt als die in Kaltental. Seine Bewerbung im Juni 1935 führt zum Erfolg[99]; im September beginnt er mit der Arbeit.

Oberlenningen liegt am Fuß der Schwäbischen Alb, südlich von Kirchheim. Dort wird 1275 eine Pfarrkirche erwähnt, die wohl schon um das Jahr 1000 erbaut worden ist, seit 1396 St. Martin heißt und seit der Reformation die evangelische Martinskirche ist. Das stattliche Pfarrhaus, in das die Pfarrfamilie von Jan nun einzieht, ist um 1900 erbaut worden.

Die Statistik weist für Oberlenningen 1418 Personen aus; davon sind 1383 evangelisch, also fast 98 Prozent der Bevölkerung.[100] Es gibt zwei pietistische Gemeinschaften: die Hahn'sche Gemeinschaft, über deren Gründer Julius von Jan 1925 seine Prüfungsarbeit geschrieben hat, und die Liebenzeller Gemeinschaft.

Im Rückblick schreibt Julius von Jan:

„Um meinen pensionierten Eltern etwas näher zu rücken, nahm ich 1935 die Pfarrstelle Oberlenningen (Dekanat Kirchheim/Teck) an und radelte von dort des Öfteren ins Elternhaus hinüber, tat auch freudig dort meinen Dienst als Zeuge Jesu Christi mitten in und im Gegensatz zu der Welt, die in Hitler den deutschen Heiland sah."[101]

Von Oberlenningen nach Blaubeuren zu seinen Eltern muss Julius von Jan etwa 35 Kilometer mit dem Fahrrad bewältigen. Seine offensichtlich gute Kondition wird sich später in seinem Leben noch als besonders wertvoll erweisen.

In Oberlenningen tritt Julius von Jan ein schwieriges Erbe an. Otto Rheinwald ist dort Pfarrer seit 1922; nach Auseinandersetzungen mit dem Ortsgruppenleiter der NSDAP und der örtlichen Polizei stirbt er

98   25. Mai 1935, LKA PA JvJ B 25
99   7. Juni 1935, LKA PA JvJ B 25
100 Anhang zum Pfarrbericht Oberlenningen 1938, LKA Pfarramt Oberlenningen 148
101 Julius von Jan, Lebenslauf, 1960

im November 1934 an einem Herzschlag. Nach einer Vertretungszeit kommt Julius von Jan und gewinnt die Herzen vieler Menschen mit seiner bescheidenen, fröhlichen und gewinnenden Art.[102]

„Politik auf die Kanzel"

In späteren Gerichtsakten ist über von Jan zu lesen:

„Nach seiner Versetzung nach Oberlenningen traten in verstärktem Maße Schwierigkeiten auf, weil der Angeklagte es nicht lassen konnte, die Politik auf die Kanzel zu tragen und in versteckter Form gegen Staat und Partei Stellung zu nehmen. Verschiedene Versuche, seine politischen Ausführungen in seinen Predigten abzustellen, die in wohlmeinender Form nicht nur vom Ortsgruppenleiter und dessen Stellvertreter, sondern auch von dem Kirchengemeinderatsmitglied Keller, dem Fabrikanten Scheufelen und der Gemeindekrankenschwester Hermann gemacht wurden, vermochten den Angeklagten nicht zur Einsicht zu bringen."[103]

Julius von Jan wird hierauf erwidern: *„Warnungen von Menschen kann ich nicht annehmen, wenn sie im Widerspruch zu meinem göttlichen Auftrag stehen."*[104]

In einer anderen Akte heißt es später, Julius von Jan sei „fanatischer Anhänger der Bekenntnisfront". Der stellvertretende Ortsgruppenleiter der NSDAP habe schon mehrfach mündliche und schriftliche Auseinandersetzungen mit Pfarrer von Jan gehabt, wobei dieser dann die Briefe „in provozierender Weise jeweils von der Kanzel verlesen hat".[105]

Von Jan wird diesen Vorwurf jedoch zurückweisen: *„Ich habe keine Briefe des Ortsgruppenleiters von der Kanzel verlesen, sondern nur einmal in einer Predigt einen Satz aus einem Brief wiedergegeben, ohne auch nur zu sagen, dass der Brief von einem Glied meiner Gemeinde geschrieben wurde."*[106]

Einmal soll er in der Predigt berichtet haben, bei der Hochzeit eines Führers der Hitlerjugend sei das Kruzifix vom Altar weggenom-

---

102 Hede Wiedersheim aus Oberlenningen in einem Bericht um 1960, LKA Pfarramt Oberlenningen 243/1

103 Urteil des Sondergerichts, schriftliche Begründung vom 14. Dez. 1939, LKA PA JvJ G 75/2

104 Sommer/Herbst 1939, Bestand Richard von Jan

105 Oberstaatsanwalt, „Anklageschrift" gegen Julius von Jan vom 23. Mai 1939, LKA PA JvJ G 54/2

106 Sommer/Herbst 1939, Bestand Richard von Jan

men und beschädigt worden, und er soll dann gesagt haben: „Das ist der Anfang von dem, was das Dritte Reich will." Das wird Julius von Jan ebenfalls als falsch zurückweisen, das habe er nicht gesagt.

Für den Kirchenbezirk Kirchheim wird er etwa im Mai 1936 der Vertrauensmann der Bekennenden Kirche.[107] In Oberlenningen hat er, wie er später schreibt, *„immer auch in der Gemeinde einen Männerkreis, mit dem zusammen ich die Anliegen des christlichen Glaubens betend und redend vertrat"*[108].

Otto Mörike widersetzt sich ebenfalls

Otto Mörike, seit der gemeinsamen Seminarzeit eng befreundet mit Julius von Jan, tritt ebenfalls im September 1935 seine Pfarrstelle in Kirchheim an. Wie von Jan ist Mörike 1933 anfangs angetan gewesen von den neuen Machthabern und ihrem „völkischen Aufbruch", hat jedoch bald den Eindruck gewonnen, Adolf Hitler wolle sich an die Stelle Gottes setzen. Wie von Jan wird er Mitglied der Bekennenden Kirche und eckt seither immer wieder bei den Nationalsozialisten an.

Ende März 1936 betet er am Tag der Reichstagswahl im Gottesdienst, „dass Gott dem Führer die Zucht seines Geistes nicht entziehen möge". Der württembergische Kultminister Christian Mergenthaler entzieht ihm darauf „wegen dieser unerhörten Entgleisung das Recht zur Erteilung des Religionsunterrichts an allen Schulen des Landes".[109]

Die Verfolgung der Juden

Die Nationalsozialisten setzen ihre Rassenideologie Schritt für Schritt um. 1935 schafft Hitler mit den „Nürnberger Gesetzen" eine rechtliche Grundlage, um die jüdische Bevölkerung zu diskriminieren und zu verfolgen. Juden werden zu Menschen minderen Rechts. Das „Gesetz zum Schutze des deutschen Blutes und der deutschen Ehre" verbietet es Juden und Nichtjuden, einander zu heiraten; bereits geschlossene Ehen gelten als nichtig. Nur noch Menschen „deutschen und artverwandten Blutes" können Reichsbürger mit vollen Bürgerrechten

---

107 Julius von Jan, Bericht vom 18. Sept. 1946, Staatsarchiv Ludwigsburg, EL 900/18 Bü 33

108 1949, Bestand Richard von Jan

109 8. Okt. 1936; ... Du sollst dich nicht vorenthalten – Das Leben und der Widerstand von Gertrud und Otto Mörike in der Zeit des Nationalsozialismus (Scherrieble 1995), S. 24

---

sein. Die Juden dürfen nicht mehr wählen und keine öffentlichen Ämter mehr innehaben.

Der explodierte Zeppelin – *„eine Mahnung"*

Am 6. Mai 1937 kommt es in Lakehurst in den USA zu einer Katastrophe. Der Zeppelin „Hindenburg", seit 1936 in Betrieb und zu dieser Zeit das größte jemals gebaute Luftfahrzeug, explodiert bei der Landung; 36 Menschen verlieren ihr Leben.

Julius von Jan bewegt das sehr; er sieht darin eine Warnung von Gott. Im Mitteilungsblatt der Kirchengemeinde, dem „Heimatgruß aus Oberlenningen", vom Mai 1937 schreibt er:

„Es war das stolze Schiff, das die hiesigen Konfirmanden im vorigen Jahr in der Halle in Friedrichshafen besichtigen durften. [...] Das Unglück ist [...] eine Mahnung für das deutsche Volk, in der Demut sich vor Gott, dem Herrn, zu beugen und sich nicht selbst zum Herrgott zu machen.

Deshalb lehnen wir ja die politisierte deutschchristliche Kirche ab, die lehrt: wir glauben erstens an das deutsche Volk und seinen Führer, und dann auch noch, soweit es damit verträglich ist, an Gottes Wort in der Heiligen Schrift. – Wer den Herrn Christus kennt und liebt, kann nicht zwei Herren dienen, und vollends nicht so, dass der Rangordnung nach der erste Gott das deutsche Volk ist und der zweite der Vater Jesu Christi."[110]

In Württemberg erscheint die nationalsozialistische Wochenzeitschrift „Flammenzeichen", die mit übler Propaganda hetzt, verleumdet, denunziert. Im Juli 1937 nimmt sie sich Julius von Jan vor. Unter der Überschrift „Pastoraler Mahngesang" poltert sie gegen seinen Text im „Heimatgruß":

„Wir möchten nicht annehmen, der Pfarrer schiebe die ‚Hindenburg'-Katastrophe unserer angeblichen Eitelkeit zu. Er würde sich selbst den schlechtesten Dienst erweisen. Dass wir uns selbst zum Herrgott gemacht haben sollen, ist uns persönlich nicht bekannt und ist eine jener unverschämten, frechen Verleumdungen, die wieder einmal zeigt, mit welchen bauernfängerischen Mitteln man sich den Beifall der christlichen Gemeinde erzwingen will. Je plumper, desto sicherer der Erfolg. Aber auch dies geht einmal zu Ende!"[111]

Über ein Jahr später legen die Nationalsozialisten noch einmal nach. Der Kirchheimer Landrat Helmuth Maier schreibt im September

110 LKA Pfarramt Oberlenningen 103

111 LKA PA JvJ G 11

1938 an den „Herrn Pfarrer von Jan", ohne Anrede und ohne abschließende Grußformel:

„Von der Geheimen Staatspolizei Stuttgart geht mir heute folgender Erlass zu: ‚In der Nr. 5 des ‚Heimatgruß aus Oberlenningen' vom Mai 1937 hat Pfarrer von Jan auf Seite 4 eine Notiz veröffentlicht, in der in geradezu grotesker Weise die Katastrophe des Luftschiffs ‚Hindenburg' zum Ausgangspunkt einer kirchenpolitischen Betrachtung genommen wird. Ich bitte, Pfarrer von Jan wegen seiner Äußerung ernstlich zu verwarnen.'

Ich entspreche hiermit diesem Auftrag der Geheimen Staatspolizei und ersuche Sie, jede kirchenpolitische Betrachtung auf der Kanzel und anderwärts aufs Peinlichste zu vermeiden."[112]

In Gerichtsakten wird später stehen:

„Selbst die ernstlichen Warnungen des Landrats, politische und kirchenpolitische Ausführungen auf der Kanzel und anderwärts zu vermeiden, ließ der Angeklagte unbeachtet. Solche Warnungen erfolgten im Frühjahr 1937 wegen eines [...] Artikels [...] und letztmals im ausdrücklichen Auftrag der Staatspolizeileitstelle Stuttgart im September 1938."[113]

Julius von Jan wird zu diesem Punkt erwidern: *„In jener Zeit wurde in den öffentlichen Reden immer wieder betont: Der Höchstwert, für den wir uns einzusetzen haben, ist das Volk. – Das geschah in einer Weise, die dem ersten Gebot widersprach und für uns Christen unerträglich war."*[114]

Das erste der Zehn Gebote, die Gott den Menschen gab, heißt: „Ich bin der Herr, dein Gott [...]. Du sollst keine anderen Götter haben neben mir." Der Gehorsam gegen Gott hat oberste Priorität; daneben kann es keinen absoluten Herrschaftsanspruch von Menschen wie Hitler geben – das ist Julius von Jans unumstößliche Überzeugung.

Das Treuegelöbnis der Pfarrer auf den Führer

Dem Kultminister Mergenthaler ist der Religionsunterricht mit dem großen Einfluss der Kirchen ein Dorn im Auge. Zunächst schafft er 1936 die Bekenntnisschulen in Trägerschaft der Kirchen ab, denn diese Schulen unterrichten ihre Zöglinge ausdrücklich nach den Grundsätzen der jeweiligen Konfession auf der Basis des christlichen Be-

---

112 13. Sept. 1938, Bestand Richard von Jan
113 Urteil des Sondergerichts, schriftliche Begründung vom 14. Dez. 1939, LKA PA JvJ G 75/2
114 Sommer/Herbst 1939, Bestand Richard von Jan

kenntnisses. Im April 1937 ordnet Mergenthaler an, „dass Stoffe, die dem Sittlichkeitsempfinden der germanischen Rasse widersprechen, im Unterricht nicht zu behandeln sind. Gewisse Teile des alten Testaments können daher für den Unterricht nicht in Frage kommen, andere werden stark in den Hintergrund treten müssen."[115]

Auch fordert Mergenthaler von den Pfarrern, die in der Schule Religionsunterricht geben, ein Treuegelöbnis auf Adolf Hitler. Julius von Jan unterzeichnet im Juli 1937 eine Entschließung der Pfarrer des Kirchenbezirks Kirchheim, die dies ablehnt.

1939 schreibt er: „Im Sommer 1937 wurde mir (nebst 700 württembergischen Pfarrern) auch das Recht des Religionsunterrichts an der Volksschule entzogen, weil ich es ablehnte, mir vom Staat Vorschriften über die Einschränkung des alttestamentlichen Stoffes geben zu lassen."[116]

Von der Verhaftung bedroht

1946 wird Julius von Jan seine politische Verfolgung so schildern:

„In Oberlenningen wurde ich etwa ab Mai 1936 Vertrauensmann der Bekennenden Kirche des Kirchenbezirks Kirchheim, nahm als solcher an allen Landestagungen der Bekennenden Kirche in Stuttgart teil, hielt meine Gemeinde auf dem Laufenden über die fortschreitende Zerstörung der deutschen evangelischen Kirche durch die Methoden des Weltanschauungskampfes der NSDAP und hielt auch ab und zu Bekenntnisgottesdienste in anderen Gemeinden, zum Beispiel Ohmden, Schopfloch und Uhingen.

[...] Wegen verschiedener Bekenntnisgottesdienste und Predigten im Sommer 1937 plante, wie mir gesagt wurde, schon damals die Gestapo Stuttgart meine Verhaftung, die offenbar nur durch das entschiedene Eintreten des verstorbenen Herrn Kommerzialrat Scheufelen hier für mich verhindert wurde."[117]

Ebenfalls widerständig: Martin Niemöller, Dorothee und Harald Poelchau

Die „Vorläufige Leitung der Deutschen Evangelischen Kirche", von der Bekennenden Kirche gebildet, gibt immer wieder illegal Stellungnahmen zur Politik heraus. Pastor Martin Niemöller, ihr inoffizieller Leiter, wird deshalb im Juli 1937 verhaftet. Die Verhaftung trifft Julius von Jan schwer, denn mit Niemöller identifiziert und solidarisiert er sich.

---

115   Gott und Welt in Württemberg – Eine Kirchengeschichte (Ehmer u. a. 2009), S. 194
116   Mai/Juni 1939, Bestand Richard von Jan
117   Staatsarchiv Ludwigsburg, EL 900/18 Bü 33

Dorothee Poelchau, eine Cousine Julius von Jans, ist wie er gegen das nationalsozialistische Regime eingestellt. Ihr Mann Harald ist Pfarrer im Berliner Gefängnis Tegel; er betreut als Seelsorger viele zum Tod verurteilte politische Häftlinge – bis zur Hinrichtung – und ihre Angehörigen. Er schließt sich der Widerstandsgruppe „Kreisauer Kreis" an. Seine Frau und er helfen heimlich untergetauchten Juden, besorgen ihnen einen Unterschlupf und versorgen sie mit Lebensmitteln. Durch die große Entfernung hat Julius von Jan nur gelegentlich Kontakt mit seiner Cousine. Möglicherweise haben sie sich ausgetauscht über die politische Lage, über die Übergriffe der Nationalsozialisten auf die Kirche, über die verfolgten Juden.

„Gerechtes Verhalten gegen die Juden"
1957 schreibt Julius von Jan:
„Der nationalsozialistische Antisemitismus wirkte sich ja von 1933 an in immer schärferen Gesetzen und Handlungen aus, die den Juden das Leben in Deutschland unmöglich machen sollten. Ab und zu hörte ich schon 1934 von kleinen Demonstrationen in Städten, wobei Juden auf dem Marktplatz an den Pranger gestellt, verhöhnt und auch geschlagen wurden. Aber man ging zunächst vorsichtig ans Werk, um nicht allzu großes Aufsehen im Ausland zu erregen. Je stärker sich die Partei fühlte, umso härter wagte sie zuzugreifen, umso öfter wurden Juden verhaftet und verschwanden in Konzentrationslagern. Wir Pfarrer der bekennenden Kirche hatten uns immer ernster mit der Frage zu beschäftigen, ob die Kirche noch schweigen dürfe, zu gewissen Vorgängen, die weithin als große Ungerechtigkeiten empfunden wurden. Wir hatten alle Angst davor, diese empfindlichste Stelle des damaligen Regimes zu berühren."[118]

Die Nationalsozialisten und die Kirche
Die Nationalsozialisten sind mit der Eroberung der Kirchen von innen durch die Deutschen Christen mehr oder weniger gescheitert. Im Laufe des Jahres 1938 verschärfen sie den Kurs. Was schon von Anfang an absehbar gewesen ist, wird nun offensichtlich: Der Nationalsozialismus und das Christentum schließen sich aus. Der totalitäre Staat setzt immer mehr auf die radikale Bekämpfung von Christentum und Kir-

---

118 Stuttgarter Evangelisches Sonntagsblatt, 25. Aug. 1957

che. Wer sich widersetzt, wird schnell zum Staatsfeind. Dies wird auch Julius von Jan bald zu spüren bekommen. Doch die Kirche unterstützt das nationalsozialistische Regime weiterhin. Im März 1938 marschieren deutsche Truppen in Österreich ein und Adolf Hitler verkündet den „Anschluss" Österreichs an das Deutsche Reich. Landesbischof Wurm ordnet an, dass die Kirchengemeinden eine Stunde lang die Glocken läuten und damit die Einverleibung als „göttliche Fügung" begrüßen sollen, als „Befreiungstat des Führers".[119]

Die Kirche schweigt zur Diskriminierung der Juden. Doch wo sie schweigen sollte, redet sie – mit Ergebenheitsbekundungen dem Führer gegenüber. Viele im Kirchenvolk und in den Kirchenleitungen sind mit der Politik der Nationalsozialisten weitgehend einig.

Die Kirche unterstützt auch die Volksabstimmung am 10. April, bei der fast 100 Prozent für die „Wiedervereinigung Österreichs mit dem Deutschen Reich" stimmen. Am gleichen Tag gibt es Wahlen zum Reichstag, mit einer offiziellen Zustimmung zur Einheitsliste von über 99 Prozent.

Gertrud und Otto Mörike werden attackiert

In Kirchheim entscheiden sich Otto Mörike und seine Frau Gertrud dafür, statt des amtlichen Stimmzettels eine nicht mit Namen gekennzeichnete Wahlerklärung in den Umschlag zu stecken. Otto stimmt dem Anschluss Österreichs zu; sein Nein zur Politik Hitlers begründet er mit dem „Kampf gegen die Kirche und den christlichen Glauben sowie die Auflösung von Recht und Sittlichkeit". Seine Frau Gertrud geht noch weiter, stimmt bei beiden Wahlen mit Nein und begründet dies mit der Ablehnung des „NS als Weltanschauung [...], da er zum Fluch und ewigen Verderben unseres Volkes gereicht".[120]

Am Abend der „geheimen" Wahl wird schnell klar, von wem diese Nein-Stimmen kommen. Vor dem Pfarrhaus gibt es Sprechchöre: „Heraus mit dem Landesverräter!" Otto Mörike wird aus dem Haus gezerrt, verprügelt und ins Gefängnis gesteckt. Nach ein paar Tagen darf er wieder heim. Doch am 19. April holen ihn erneut grölende Nationalsozialisten ab, bespucken ihn und führen ihn durch die Straßen. Bei Freunden auf der Schwäbischen Alb findet er Unterschlupf. Die Kir-

---

119 Die Evangelische Landeskirche in Württemberg und der Nationalsozialismus, Band V: Babylonische Gefangenschaft 1937–1938 (Schäfer 1982), S. 915 f.

120 ... Du sollst dich nicht vorenthalten – Das Leben und der Widerstand von Gertrud und Otto Mörike in der Zeit des Nationalsozialismus (Scherrieble 1995), S. 28

chenleitung ordnet an, dass Mörike Vertretungsdienste außerhalb des Landkreises leistet; seine Familie in Kirchheim sieht er selten. Im August bringt Gertrud Mörike das fünfte Kind zur Welt. Im Oktober verbietet der Reichsstatthalter Mörike die Weiterarbeit in Kirchheim.[121] Das Schicksal seines engen Freundes trifft auch Julius von Jan tief.

Eine Gottesdienstliturgie und die Folgen

Ein Krieg wird immer wahrscheinlicher angesichts der Expansionsgelüste von Adolf Hitler. Die „Vorläufige Kirchenleitung" der Bekennenden Kirche plant deshalb Gebetsgottesdienste am 30. September 1938 und veröffentlicht dafür eine Liturgie mit einem Bußgebet: „Wir bekennen vor Dir die Sünden unseres Volkes. Dein Name ist in ihm verlästert, Dein Wort bekämpft, Deine Wahrheit unterdrückt worden. Öffentlich und im Geheimen ist viel Unrecht geschehen. Eltern und Herren wurden verachtet, das Leben verletzt und zerstört, die Ehe gebrochen, das Eigentum geraubt und die Ehre des Nächsten angetastet. Herr, unser Gott, wir klagen vor Dir diese unsere Sünden und unseres Volkes Sünden. Vergib uns und verschone uns mit deinen Strafen."

Unter den Nationalsozialisten löst dies große Empörung aus. Reichskirchenminister Hanns Kerrl ordnet eine sofortige Gehaltssperre für die Verfasser des Textes an. Ende Oktober 1938 setzt er die Landesbischöfe unter Druck, sich von der Liturgie scharf zu distanzieren; stundenlange Gespräche folgen. Tatsächlich unterschreiben die Bischöfe, auch Theophil Wurm, dass die Gebetsliturgie „von uns aus religiösen und vaterländischen Gründen missbilligt und für unsere Kirchen abgelehnt worden ist. Wir verurteilen die darin zum Ausdruck gekommene Haltung auf das Schärfste und trennen uns von den für diese Kundgebung verantwortlichen Persönlichkeiten."[122]

Julius von Jan ist entsetzt und tief erschüttert, als er vom Verhalten seines Bischofs erfährt: wie dieser die Leute der Bekennenden Kirche im Stich lässt, mehr noch, den Nationalsozialisten Unterstützung gibt. Bald wird er dies in einer Predigt aufgreifen.

121 Bericht von Otto Mörike, LKA Dekanatamt Kirchheim/Teck 331 c

122 29. Okt. 1938; Juden – Christen – Deutsche (Röhm/Thierfelder 1995), S. 49

Der Progrom
und die Predigt

„Die Leidenschaften sind entfesselt, die Gebote Gottes missachtet, Gotteshäuser, die andern heilig waren, sind ungestraft niedergebrannt worden, das Eigentum der Fremden geraubt oder zerstört, Männer, die unserem deutschen Volk treu gedient haben und ihre Pflicht gewissenhaft erfüllt haben, wurden ins Konzentrationslager geworfen, bloß weil sie einer andern Rasse angehörten!"

JULIUS VON JAN

Der Novemberpogrom 1938

Im Lauf des Jahres 1938 tyrannisieren die Nationalsozialisten die jüdische Bevölkerung immer mehr. Die Hauptsynagogen in München, Nürnberg und Dortmund lassen sie abreißen. Ab August muss jede Jüdin den Zusatznamen „Sara" annehmen, jeder Jude den Zusatznamen „Israel". Ab Oktober werden alle jüdischen Reisepässe mit einem großen roten „J" gekennzeichnet; eine Ausreise ist damit erschwert.

Tausende polnische, in Deutschland lebende Juden werden Ende Oktober 1938 verhaftet und nach Polen deportiert – ohne jede Vorwarnung. Ein verzweifelter junger polnischer Jude, dessen Eltern auch darunter sind, nimmt Rache dafür. Am 7. November 1938 schießt er in Paris auf einen Beamten der deutschen Botschaft, Ernst vom Rath; in Deutschland folgen vereinzelte spontane Aktionen gegen Juden und jüdische Einrichtungen als Vergeltung.

Am 9. November erliegt Ernst vom Rath seinen Verletzungen. Auf einen solchen Anlass haben die Nationalsozialisten nur gewartet. An diesem Abend tagen die NSDAP-Größen in München und gedenken des vor 15 Jahren gescheiterten Putschversuchs von Hitler. Goebbels gibt nach einem Gespräch mit Hitler den Tod des Diplomaten bekannt und hält vor den versammelten SA-Führern eine hetzerische Rede; er sagt, die NSDAP werde Aktionen gegen Juden zwar nicht organisieren, aber auch nicht behindern. Die SA-Führer verstehen auch ohne ausdrücklichen Befehl, was von ihnen erwartet wird. Sofort telefonieren sie mit ihren Mannschaften und geben ihre Befehle durch.

Noch in der Nacht ziehen in ganz Deutschland Schlägertrupps los – SA-Leute und andere Parteimitglieder, auch aus der Hitlerjugend. Der blanke Terror tobt. Tausende jüdische Menschen werden verprügelt; etwa 800 verlieren in dieser Nacht und in den Tagen danach ihr Leben. An die 1400 Synagogen werden angezündet oder demoliert, dazu Tausende von jüdischen Geschäften, Wohnhäusern und Friedhöfen.

Die Polizei und die Feuerwehr schauen zu. Fast niemand versucht, den Menschen zu helfen. Manche Gaffer applaudieren oder machen mit; viele nutzen die Chance, um zu plündern. Das Hitler-Regime deklariert die Taten als Ausdruck des „Volkszorns". Die meisten Deutschen wissen allerdings, dass organisierte Gruppen der Nationalsozialisten die Haupttäter sind. Im Ausland ist man entsetzt über die Berichte aus Deutschland.

In den folgenden Tagen werden 30 000 jüdische Männer in Konzentrationslager verschleppt; einige von ihnen werden ermordet oder sterben an den Folgen der Haft.

Am 12. November 1938 erlegt die Regierung in grotesker Umkehrung von Verfolgern und Verfolgten den Juden eine „Sühneleistung" von einer Milliarde Reichsmark auf, für „die feindliche Haltung des Judentums gegenüber dem deutschen Volk und Reich". Weitere Gesetze und Verordnungen nehmen den Juden in Deutschland vollends die Existenzgrundlage. Jüdisches Leben wird nahezu unmöglich gemacht. Die, die es können, wandern aus, verlieren aber den Großteil ihres Vermögens. Denen, die bleiben, wird noch Schlimmeres bevorstehen.

Im Nürtinger Tagblatt ist am 14. November ein „Eigenbericht der NS-Presse" zu lesen, Überschrift „Die Juden müssen raus":

„In seiner Rede [...] behandelte Reichsorganisationsleiter Dr. Ley die Judenfrage. [...] ‚Die Parole heißt heute: Die Juden müssen raus! Und diese Parole muss verwirklicht werden. Der Jude', so betonte Dr. Ley, ‚ist der Bazillus mit Menschengesicht, und deshalb ist er der gefährlichste. Mögen in diesen Tagen auch einige Fensterscheiben eingeschlagen und einige Sachwerte vernichtet worden sein, das mag bedauerlich erscheinen. Nicht zu bedauern aber ist, dass die Juden aus unserem Volke ausgetilgt werden. Wir müssen diese Brutalität aufbringen, denn es geht hier um Sein oder Nichtsein unseres Volkes und mit dem sogenannten ‚Taktgefühl der feinen Leute' kann man diesen jüdischen Parasiten nicht beikommen.'"[123]

Bei dieser extremen Verrohung der Sprache überrascht es nicht, dass den Worten schon schlimme Taten gefolgt sind und noch viel schlimmere Taten folgen werden. Wer andere Menschen als „Bazillen" und „Parasiten" bezeichnet und ihnen das Menschsein abspricht, hat längst seinen inneren Kompass verloren, weiß nicht mehr, was den Menschen zum Menschen macht.

Julius von Jan wird auch bald erfahren müssen, wozu manche Leser des „Nürtinger Tagblatts" fähig sind.

Das Schweigen der Kirche

Viele Menschen in Deutschland billigen die Gewalt gegen die Juden. Viele Menschen sind darüber entsetzt; die brennenden Synagogen entsetzen auch viele Christen. Doch fast alle schweigen. Auch die Kirchen! Keine einzige evangelische oder katholische Kirchenleitung in Deutschland protestiert.

Die Bischöfe hätten im Psalm 74 nachlesen können, wie sich ein Mensch in Israel bei Gott über die Feinde und Widersacher beklagt: „Sie verbrennen dein Heiligtum, bis auf den Grund entweihen sie die Wohnung deines Namens. Sie sprechen in ihrem Herzen: Lasst uns sie ganz unterdrücken! Sie verbrennen alle Gotteshäuser im Lande." In der Bibel hätten die Bischöfe auch eine eindeutige Handlungsanweisung gefunden: „Tue deinen Mund auf für die Stummen und für die Sache aller, die verlassen sind."[124] Doch der biblische Auftrag bleibt unerfüllt.

Bischof Wurm schreibt später über die Tage nach der Pogromnacht und über diese Jahre der nationalsozialistischen Herrschaft generell: „[...] es lag wie ein Bann über uns, es war, wie wenn einem von einer unsichtbaren Macht der Mund verschlossen wäre."[125]

Manche mutigen Frauen und Männer, die wohl etwas sagen würden, sind schon in den Konzentrationslagern, sind schon mundtot gemacht worden.

Mut zeigt allerdings die Konferenz der Landesbruderräte der Bekennenden Kirche. Sie bringt für den bevorstehenden „Buß- und Bet-

---

123 Aus dem Archiv der Nürtinger Kreiszeitung; Sperrsatz nach dem Original
124 Sprüche Salomo 31,8
125 Erinnerungen aus meinem Leben (Wurm 1953), S. 150

tag" eine Gottesdienstordnung heraus, in der es heißt: „Nimm dich der Not aller der Juden in unserer Mitte an, die um ihres Blutes willen Menschenehre und Lebensmöglichkeit verlieren. Hilf, dass keiner an ihnen rachsüchtig handle. Mache uns barmherzig, damit wir Barmherzigkeit erlangen."[126]
Offen bleibt, wie viele Pfarrer es wagen, den Text vorzulesen; viele werden wohl es nicht gewesen sein.

Visitation in Oberlenningen
Kurz nach diesen aufwühlenden Ereignissen kommt Dekan Martin Leube routinemäßig zur Visitation nach Oberlenningen. Julius von Jan muss dafür zuvor einen „Pfarrbericht" verfassen. Aus diesem wird erkennbar, dass er Gegenwind in der Gemeinde hat wegen seiner Abgrenzung von den Nationalsozialisten: In seinem „Kampf gegen die Übergriffe der Partei ins kirchliche Gebiet" habe der einflussreichste Kirchengemeinderat, Prokurist Gottlob Keller, zum Teil gegen ihn Stellung genommen. „Dass ich ihm nicht nachgab, scheint er mir verübelt zu haben, weshalb er seitdem selten in der Kirche zu sehen ist." Seit 1933 sei im Kirchengemeinderat auch ein „Parteigenosse" – ein NSDAP-Mitglied –, „der zwar kirchlich ist, dessen Spionagepflicht mich aber doch zwingt, intimere Bekenntnisangelegenheiten nicht vor dem Kirchengemeinderat zu behandeln."[127]

Der Dekan nimmt am 13. November 1938 am Sonntagsgottesdienst teil und fasst seine Eindrücke in einem Bericht zusammen. Pfarrer von Jan „ist eine tüchtige und für das Amt passende Kraft, ein Mann von gewinnender Freundlichkeit, voll Leben und Eifer für die Sache, entschieden, ein Mann von Urteil in der Behandlung der Menschen und von Umsicht im Amt, freilich auch in der Kirchenfrage stark kämpferisch (Vertrauensmann des Kirchenbezirks) und dadurch manchen Anfeindungen ausgesetzt". Die Predigt „nennt die Dinge konkret beim Namen, ein packendes Zeugnis, mit heller, klingender Stimme und freudigem Mute vorgetragen". Der Gottesdienstbesuch sei erfreulich. Abschließend schreibt der Dekan und Vorgesetzte von Julius von Jan: „Alles in allem: die Gemeinde ist den Verhältnissen entsprechend in gutem Stand. Die Pfarrfrau, eine zarte Kraft, beteiligt

---

126 Juden – Christen – Deutsche (Röhm/Thierfelder 1995), S. 48 f.
127 Pfarrbericht für den Dekan: Julius von Jan, ohne Datum, LKA A 29 Oberlenningen 3322

sich seit dem letzten Winter an der Gemeindearbeit durch Einrichtung eines Frauenkreises."[128]

Die Buße – Reue und Umkehr

Die Bibel ist voll von Geschichten, in denen Gott oder Jesus die Menschen aufruft, Buße zu tun – ihren falschen Weg zu bereuen und umzukehren. Dies ist die geistliche Grundlage des Buß- und Bettags. Ihn begeht die evangelische Kirche am Mittwoch vor dem letzten Sonntag im Kirchenjahr, also elf Tage vor dem ersten Adventssonntag.

Für den Bußtag am 16. November 1938 gäbe es viel Grund für Buße nach den schrecklichen Ausschreitungen gegen die jüdischen Mitmenschen. Die Kirchenleitung in Stuttgart hat schon vor längerer Zeit den Pfarrern den Predigttext vorgegeben: „O Land, Land, Land, höre des Herrn Wort" aus dem Buch des Propheten Jeremia.

„... dass längeres Schweigen Sünde wäre"

Im Rückblick schreibt Julius von Jan:

„Da geschah Anfang November 1938 der Mord am Deutschen Gesandtschaftsrat in Paris durch einen Juden. Damit schien der Nationalsozialismus ein moralisches Recht zu haben, sich zu rächen. Und die Rache am 9. November 1938 war furchtbar. In allen größeren Städten kam es zu den so genannten spontanen Demonstrationen, bei denen von ungezügelten Menschenhaufen die Synagogen niedergebrannt, die Geschäfte und Privatwohnungen der Juden geplündert und beraubt und die Juden in Massen verhaftet und misshandelt wurden. Ich war damals als Pfarrer in Oberlenningen bei Kirchheim unter Teck. Dort gab es keine Juden, aber bald hörte man, dass zum Beispiel in Ulm einem Rabbiner sämtliche Barthaare einzeln ausgerissen wurden, so dass er nach drei Tagen unter großen Schmerzen starb; dass in Esslingen im jüdischen Waisenhaus den Kindern, die gerade beim Essen waren, die Schüsseln mit den Speisen an die Wand geworfen wurden; dass auch ganz in unserer Nähe auf der Alb ein tüchtiger nichtarischer Arzt, der bei den Bauern sehr geschätzt war und sich im Ersten Weltkrieg im deutschen Heer ausgezeichnet hatte, ins Konzentrationslager abgeführt worden sei; und dergleichen. Welchen Christenmenschen hätten solche Schandtaten nicht erschüttern müssen! In diesen Tagen wurde es mir innerlich klar, dass längeres Schweigen Sünde wäre."[129]

---

128 14. Nov. 1938, LKA A 29 Oberlenningen 3322

129 Stuttgarter Evangelisches Sonntagsblatt, 25. Aug. 1957

Mit dem Arzt meint Julius von Jan den Schwiegersohn seines Vorgängers Otto Rheinwald. Karl Ernst Bär ist jüdischer Herkunft, bei seiner Heirat aber zum evangelischen Glauben übergetreten. Im Albdorf Böhringen, nicht weit weg von Oberlenningen, verliert der beliebte Arzt 1933 seine Zulassung, behandelt aber privat die Patienten weiter. In der „Reichspogromnacht" misshandeln ihn Nationalsozialisten und bringen ihn am Tag danach in das Konzentrationslager Dachau. Dies sorgt auch in Oberlenningen für Empörung.[130]

Dort hat es keine Ausschreitungen gegeben, auch nicht in den Städten Kirchheim und Nürtingen. Doch über die Bekennende Kirche erfährt Julius von Jan, was anderswo Schlimmes geschehen ist. Die brutale Missachtung des christlichen Gebots der Nächstenliebe treibt ihn um.

„Das Politik-predigen lassen"

Eduard Mildenberger, Pfarrer im benachbarten Schopfloch, schreibt später über diese Zeit: „Am 14. November [...] kamen die evangelischen Pfarrer des Kirchenbezirks zur monatlichen Dienstbesprechung bei Dekan Leube [...] zusammen. Ich erinnere mich, dass wir an dem Tag im kleinen Kreis – nicht alle waren dabei – die bevorstehende Bußtagspredigt miteinander besprochen haben. Klar war uns, dass wir nach diesen Vorkommnissen nicht schweigen durften. Aber: was wir sagen und wie wir das sagen dürften, könnten und wollten, das wussten wir nicht. Hilflos und verstört gingen wir auseinander."[131]

Der Dekan kritisiert später der Kirchenleitung gegenüber, dass Julius von Jan „auf die Synagogenvorgänge zu sprechen kam, obwohl ich [...] zuvor den Pfarrern den Auftrag der Kirchenleitung ausgerichtet hatte, doch ja das Politik-predigen zu lassen am Bußtag"[132].

Der Prophet hört den Ruf

Propheten gibt es in der Bibel und anderswo immer wieder. Fast immer kommen sie mit den Mächtigen ihrer Zeit in Politik und Religion in Konflikt. Denn sie zeigen Zivilcourage, nennen Missstände beim Namen, reden Klartext, wenn Menschen anders leben, als Gott es von

---

130 Anklageschrift gegen Julius von Jan vom 23. Mai 1939, LKA PA JvJ G 54/2

131 Bericht, laut Vermerk „abgeschlossen am 28. Sept. 1988", LKA PA JvJ B ohne Nr.

132 Brief vom 26. Nov. 1938, LKA PA JvJ G 13

ihnen will, benennen die Folgen dieses „gottlosen" Verhaltens. Es geht um Recht und Gerechtigkeit.

Oft zahlen die Propheten einen hohen persönlichen Preis, bleiben unverstanden und einsam, sind in ihrer Freiheit, in ihrem Leben bedroht. So ist es auch Jeremia ergangen.[133]

Die Parallelen zwischen der Zeit des Propheten Jeremia und der jetzigen Zeit sind für Julius von Jan überdeutlich, auch wenn über 2500 Jahre dazwischen liegen. Hier wie dort geht es um Herrscher, die dem Größenwahn verfallen sind, und um Volksmassen, die ihnen willig und begeistert folgen. Hier wie dort geht es um großes Unrecht, um den Verstoß gegen Gottes Gebote. Und hier wie dort gibt es staatliche oder staatsnahe Kirchenleute, die dieses Unrecht absegnen, das doch zum Himmel schreit.

Im ersten Vers von Jeremia 22 erhält der Prophet von Gott den Auftrag: „Gehe hinab in das Haus des Königs von Juda und rede dort dieses Wort [...]." Es geht um eine „politische" Predigt, dies wird Julius von Jan deutlich. Im dritten Vers liest er: „So spricht der Herr: Haltet Recht und Gerechtigkeit und errettet den Beraubten von des Frevlers Hand, und schindet nicht die Fremdlinge, Waisen und Witwen, und tut niemand Gewalt, und vergießt nicht unschuldiges Blut an dieser Stätte." Ihm wird klar, dass er nicht nur über den offiziellen Predigttext reden kann: „O Land, Land, Land, höre des Herrn Wort." Das ganze Kapitel muss er in den Blick nehmen, nur so erschließt sich der Sinn.

Der Prophet folgt dem Ruf

Julius von Jan kann sich einfühlen in die Einsamkeit von Jeremia und den Propheten vor und nach ihm, die den Menschen unbequeme Botschaften von Gott bringen. Er spürt, wie viel Kraft es kosten muss, den Mächtigen ihr böses Handeln vorzuhalten und dann mit deren Rachegelüsten konfrontiert zu werden. Der Ruf zur Buße, zur Umkehr ist auch ein eigenes Bekenntnis.

Julius von Jan hört offensichtlich Gottes Ruf an ihn. Dem vorgegebenen Predigttext kann und will er nicht ausweichen. Er entscheidet sich, dem Ruf zu folgen und eine prophetische Predigt zu halten, das Unrecht offen anzuprangern. Für ihn ist es eine Frage des Gewissens und des Gehorsams gegen Gottes Willen. Er spürt die Freiheit des Glaubens. Er lässt Vorsicht und Rücksicht fallen – und ist weitsichtig

---

133 Jeremia 11,21; 20,1–2; 38,1–13

genug zu wissen, dass er, und auch seine Familie, einen hohen Preis dafür zahlen wird. Er bringt sich in größte Gefahr, wie es vor ihm die vielen Propheten der Geschichte getan haben. Doch er weiß sich getragen von Gott und dessen Auftrag an ihn. Wieder und wieder feilt er an der Predigt, ringt um jedes Wort. Lange hat Julius von Jan mit sich gekämpft. Hat sich mit Martha, seiner Vertrauten und treuen Gefährtin, eng abgestimmt. Er weiß, dass er sie und seinen Sohn in eine Sache mit hineinzieht, die einen schlimmen Ausgang nehmen kann. Später wird er ihr in einem Brief schreiben: *„Ja, unsere gemeinsame Vorbereitung auf den Bußtag war mir auch schon oft Grund zu danken. Wie viel ist es wert, dass wir uns in dieser ganzen Sache im Innersten eins wissen dürfen.“*[134]

Auch mit seinem Freund Otto Mörike hat er sich lange beraten. Schon seit fünf Jahren ist Julius von Jan im Kampf gegen die Nationalsozialisten. Er weiß, was er tut – was er zu tun hat. Länger zu schweigen wäre Sünde, das hat er erkannt. Unmittelbar vor dem Bußtag erzählt er im Oberlenninger Mädchenkreis von seinen inneren Kämpfen. Er finde keine Ruhe, er könne nicht schweigen.[135]

Im Frühjahr 1939 fasst er seine Beweggründe in „Erinnerungen" für seinen Sohn zusammen und bringt auch hier das Einvernehmen mit seiner Frau zum Ausdruck. Am Bußtag 1938 nennt er *„das Unrecht klar beim Namen. Ich wusste wohl, dass das für mich schwere Folgen haben könnte. Aber ich war auch mit meiner lieben Frau darin einig, dass ich das Wort Gottes nicht verkürzen darf und darum am Bußtag vor Gott zu bekennen habe: Hier haben wir, das deutsche Volk, uns schwer versündigt und haben wir als Christen Gottes Gnade und Vergebung für solche Sünden zu erflehen, damit Gott sein Angesicht nicht von dem deutschen Volk wende. So habe ich diese Bußtagspredigt im Gehorsam gegen Gottes Wort gehalten, willig und bereit, wenn es sein muss, auch für mein deutsches Volk zu leiden.“*[136]

Er sieht seine Predigt also auch als einen Dienst für sein ganzes Volk. Auch damit steht er ganz in der Tradition der Propheten in der Bibel, die Gott anflehen, das Volk nicht für seine Sünden, seine Untaten zu bestrafen. 1946 schildert Julius von Jan in einem offiziellen Bericht seine Motivation:

134 Brief aus Gefängnis vom 15. Dez. 1938, Bestand Richard von Jan
135 Gemäß Interview mit der Zeitzeugin Marie Gamper, zitiert in: Julius von Jan (Baisch, etwa 1998), S. 37; LKA Pfarramt Oberlenningen 245
136 Mai/Juni 1939, Bestand Richard von Jan

„Daraufhin war es mir eine heilige Pflicht, in meiner Bußtagspredigt am 16. November 1938 offen von der schweren Schuld unseres Volkes vor Gott zu reden und in ehrlichem Schmerz über ein so erschreckendes Abgleiten des Volkes der Reformation von Gottes heiligen Geboten mit meiner Gemeinde in Buße mich zu beugen."[137]

Die Predigt am Buß- und Bettag

Die Kirche in Oberlenningen ist am Mittwoch, dem 16. November 1938, brechend voll. Im Ort ist die Kunde herumgegangen, der Pfarrer werde etwas sagen zu den üblen Gewalttaten der Nationalsozialisten beim Progrom gegen die jüdische Bevölkerung, die auch hier viele Menschen aufgewühlt haben. Julius von Jan ist bewusst, dass auch Spitzel gekommen sind, die nur darauf warten, an höherer Stelle Meldung zu machen. Vor dem Gottesdienst sammelt er sich in der Sakristei; seine Frau Martha und sein Freund Otto Mörike sind bei ihm. Er ist kreidebleich.[138]

Julius von Jan ist bereit für seine Mission. Er steigt auf die Kanzel seiner Kirche und predigt; seine Stimme ist fest und klar. Seine Predigt wird in die Geschichte eingehen. Julius von Jan wird zum Propheten, der, von Gottes Geist erfüllt, seinem Gewissen folgt und das schreckliche Geschehen klar und eindeutig beim Namen nennt.

Zunächst greift er die Vorgänge in der evangelischen Kirche auf. Die Deutschen Christen sind für ihn „Lügenprediger". Er beklagt, dass aufrechte Pfarrer wie Niemöller im Konzentrationslager oder im Gefängnis sind. Julius von Jan solidarisiert sich mit den Männern der Bekennenden Kirche, die das Bußgebet für die Gebetsgottesdienste am 30. September 1938 geschrieben haben, und er kritisiert seinen Landesbischof Wurm deutlich dafür, dass er sich gegen diese Männer gestellt hat:

„Wo ist der Mann, der im Namen Gottes und der Gerechtigkeit ruft, wie Jeremia gerufen hat: Haltet Recht und Gerechtigkeit, errettet den Beraubten von des Frevlers Hand! Schindet nicht die Fremdlinge, Waisen und Witwen, und tut niemand Gewalt und vergießt nicht unschuldiges Blut?

Gott hat uns solche Männer gesandt! Sie sind heute entweder im Konzentrationslager oder mundtot gemacht. Die aber, die in der Fürsten Häuser kommen

---

und dort noch heilige Handlungen vollziehen können, sind Lügenprediger wie die nationalen Schwärmer zu Jeremias Zeiten und können nur Heil und Sieg rufen, aber nicht des Herrn Wort verkündigen. Die Männer der Vorläufigen Kirchenleitung, von denen die Zeitungen in der letzten Woche berichteten, haben in einer Gottesdienstordnung das Gebot des Herrn klar ausgesprochen und sich wegen der erschreckenden Missachtung der göttlichen Gebote durch unser Volk vor Gott gebeugt für Kirche und Volk. Jedermann weiß, wie sie dafür als Volksschädlinge angeprangert und außer Gehalt gesetzt worden sind – und schmerzlicherweise haben es unsere Bischöfe nicht als ihre Pflicht erkannt, sich auf die Seite derer zu stellen, die des Herrn Wort gesagt haben."

Zum Pogrom gegen die Juden findet er deutliche Worte:
„Aber wer hätte gedacht, dass dieses eine Verbrechen in Paris bei uns in Deutschland so viele Verbrechen zur Folge haben könnte? Hier haben wir die Quittung bekommen auf den großen Abfall von Gott und Christus, auf das organisierte Antichristentum. Die Leidenschaften sind entfesselt, die Gebote Gottes missachtet, Gotteshäuser, die andern heilig waren, sind ungestraft niedergebrannt worden, das Eigentum der Fremden geraubt oder zerstört, Männer, die unserem deutschen Volk treu gedient haben und ihre Pflicht gewissenhaft erfüllt haben, wurden ins Konzentrationslager geworfen, bloß weil sie einer andern Rasse angehörten! Mag das Unrecht auch von oben nicht zugegeben werden – das gesunde Volksempfinden fühlt es deutlich, auch wo man nicht darüber zu sprechen wagt.

Und wir als Christen sehen, wie dieses Unrecht unser Volk vor Gott belastet und seine Strafen über Deutschland herbeiziehen muss. Denn es steht geschrieben: Irret euch nicht! Gott lässt seiner nicht spotten. Was der Mensch sät, das wird er auch ernten!

Ja, es ist eine entsetzliche Saat des Hasses, die jetzt wieder ausgesät worden ist. Welche entsetzliche Ernte wird daraus erwachsen, wenn Gott unserem Volk und uns nicht Gnade schenkt zu aufrichtiger Buße."

Julius von Jan erhebt Anklage in seiner Predigt – gegen die Deutschen Christen, gegen seinen eigenen Bischof, gegen das Gewaltregime der Nationalsozialisten, gegen das Schweigen der Menschen, gegen sich selbst. Alle verstoßen gegen Gottes Gerechtigkeit und laden Schuld auf sich.

Der Bußprediger von Jan spricht von „wir" und „uns". Zur versammelten Gottesdienstgemeinde sagt er: „Herr, schenk uns und unserem Volk ein neues Hören auf dein Wort, ein neues Achten auf deine Gebote! Und fange bei uns an."

Er nimmt sich selbst nicht aus von den Vorwürfen, die er erhebt. Auch er hat anfangs große Hoffnungen in die Nationalsozialisten ge-

Die Abschrift der Bußtagspredigt vom 16. November 1938,
der Wortlaut findet sich auf S. 185 ff.

setzt. Auch er hat lange und oft geschwiegen. Auch er hat Grund zur Buße, zur Umkehr auf dem als falsch erkannten Weg.

Julius von Jan ist realistisch genug zu wissen, dass seine Predigt ihn in große Gefahr bringt. Am Ende sagt er:
„Und wenn wir heute mit unserem Volk in der Buße vor Gott gestanden sind, so ist dies Bekennen der Schuld, von der man nicht sprechen zu dürfen glaubte, wenigstens für mich heute gewesen wie das Abwerfen einer großen Last. Gott Lob! Es ist herausgesprochen vor Gott und in Gottes Namen. Nun mag die Welt mit uns tun, was sie will. Wir stehen in unseres Herren Hand. Gott ist getreu. Du aber, o Land, Land, Land, höre des Herrn Wort! Amen."
Später wird behauptet, Julius von Jan habe während seiner Predigt mindestens zweimal die Wendung „armes Deutschland" gebraucht[139], was er bestreiten wird[140]; das wäre als schwere Kritik an der nationalsozialistischen Politik gedeutet worden.

Nach der Predigt verliest Julius von Jan noch – wie jeden Sonntag – als Fürbitte die Liste der Bekennenden Kirche mit Pfarrern, die im Gefängnis oder mit Redeverbot belegt sind. Im Schlussgebet bittet Julius von Jan – so wird ihm später vorgeworfen – Gott, er möge dem Führer und aller Obrigkeit den Geist der Buße schenken; dieser Vorwurf ist anhand der Quellenlage weder zu widerlegen noch zu bestätigen.[141]

Ein Freund, der die Predigt gehört hat, eilt danach sofort zu Julius von Jan in die Sakristei: „Weißt du, was nun kommt?" Dieser antwortet: *„Ja, ich habe alles mit meiner Frau durchgesprochen."*[142]
Was er getan hat, ist ihm voll bewusst, wie er später schreibt: *„Damit hatte ich die wundeste Stelle des Nationalsozialismus angetastet und stand nun obendran auf der schwarzen Liste."*[143] Doch zu seiner Überraschung geschieht zunächst nichts.

139 Urteil des Sondergerichts, schriftliche Begründung vom 14. Dez. 1939, LKA PA JvJ G 75/2

140 Sommer/Herbst 1939, Bestand Richard von Jan

141 Anklageschrift gegen Julius von Jan vom 23. Mai 1939, LKA PA JvJ G 54/2, sowie Urteil des Sondergerichts, schriftliche Begründung vom 14. Dez. 1939, LKA PA JvJ G 75/2

142 Pfarrer, die man nicht vergisst: Julius von Jan (Rieß 1978), S. 757

143 Julius von Jan, Lebenslauf, 1960

Der Überfall

„Zu mir sagten sie spöttisch:
‚So, jetzt kannst du dann Buße tun!'"

JULIUS VON JAN

Die Anzeige

Die Predigt von Julius von Jan ist natürlich Ortsgespräch in Oberlenningen. Am 18. November 1938 erstattet der dortige Polizist Hermann Bäuerle, der „Gendarmerie-Meister", Anzeige beim Landrat in Nürtingen und bei der Gestapo in Stuttgart:

„Am 17. des Monats brachte ich in Erfahrung, dass am 16. des Monats während des vormittäglichen Gottesdienstes Pfarrer von Jan in Oberlenningen Folgendes von der Kanzel gepredigt habe: ‚Es sei nicht recht, dass die Juden von Deutschland verdrängt werden, dies müsse das deutsche Volk noch schwer büßen.' Diese Aussagen haben mir einige Personen bestätigt, jedoch möchte von denselben keiner als Zeuge aufgenommen werden."[144]

Wie so oft in der dunklen Zeit des Dritten Reiches verschwimmen Gut und Böse, Schwarz und Weiß. Vermutlich haben Spitzel der Nationalsozialisten unter den Besuchern des Gottesdienstes dem Polizisten von der Predigt berichtet, und nun muss dieser als korrekter Beamter der Sache nachgehen, sonst macht er sich selbst eines Dienstvergehens schuldig. Julius von Jan wird ihm später, wohl ohne von dessen Anzeige zu wissen, „allezeit eine kirchenfreundliche Haltung" bezeugen.[145]

Der „Judenknecht"

Die Reaktion der Nationalsozialisten lässt eine Weile auf sich warten, aber neun Tage später, am 25. November, einem Freitag, kommt die Rache. Julius von Jan schildert das Geschehen in seinen „Erinnerungen" von 1939:

---

144 Kreisarchiv Esslingen, D 1 Bü 2399 Nr. 1
145 Stellungnahme von Julius von Jan vom 13. Okt. 1945, Kreisarchiv Esslingen D1 Bü 611 Nr. 27

„Acht Tage blieb scheinbar alles ruhig, nur vereinzelte Freunde äußerten Besorgnis, ob mir nichts geschehen werde. Am neunten Tag nach der Bußpredigt, am 25. November 1938, entdeckte ich morgens, dass rings um Pfarrhaus und Kirche rote, gedruckte Plakate angeschlagen waren mit dem Aufdruck: ‚Judenknecht'. Ich teilte dies telefonisch dem Gendarmeriebeamten mit und riss die Plakate ab. Dann arbeitete ich meine Predigt über 1. Petrus 4 für den Bibelabend in Schopfloch aus, wo ich auch zwei Abende zuvor gepredigt hatte. Vielleicht wie nie zuvor redete ein Text so persönlich zu mir wie dieses Kapitel an diesem Tag mich vorbereitete für die ‚Hitze', durch die ich am Abend gehen sollte, und für das Treiben der folgenden Monate. Als ich am Nachmittag die Predigt ausgearbeitet hatte, wusste ich, dass mir Schweres bevorstehe, und machte rasch noch einen Krankenbesuch bei einer schwer leidenden, treuen alten Halbbatzenkollekte-Sammlerin[146],

die mir mit ihrem geduldigen Leidenssinn selbst eine Stärkung war. Danach besuchte ich noch den Leiter der Hahn'schen Gemeinschaft, mit dem ich noch einmal gemeinsam die Knie beugen durfte in Vorahnung des Kommenden.

Um sieben Uhr abends erschien dann Pfarrer Mildenberger von Schopfloch mit seinem Motorrad und Beiwagen, um meine Frau und mich abzuholen."[147]

Julius von Jan spürt, dass ihm Schlimmes bevorsteht. Es ist erstaunlich, dass er eben an diesem Tag beim Bibelabend über Leiden

146 Der Halbbatzen war früher eine Schweizer Geldmünze. Die Basler Mission führte 1855 die Halbbatzenkollekte als Spendenaktion ein.

147 Mai/Juni 1939, Bestand Richard von Jan

und Verfolgung zu reden hat, über das Vertrauen zu Gott auch im Leid, über das Durchhalten.

Der Schopflocher Pfarrer Eduard Mildenberger berichtet später: „Hinter mir auf dem Sozius saß Julius von Jan, im Seitenwagen seine Frau Martha [...]. Die beim Pfarrhaus angeschlagenen Plakate beunruhigten Frau von Jan sehr. Die untergehende Sonne und die Abendröte machten ihr zu schaffen. ‚Ich habe so Angst!‘“[148]

Julius von Jan schreibt weiter:

„Wir gaben unserer Emilie noch Anweisung, falls jemand zu mir wollte, möchte sie nach Schopfloch ins Gasthaus anläuten, und ließen sie allein zurück, weil wir wussten, dass Schwester Johanna und die Mädchen vom Jugendkreis den Abend bei ihr sein werden, und weil wir hofften, falls eine Demonstration stattfinde, werde sie erst nach meiner Rückkehr beginnen."

Nürtingen – SA und Hitlerjugend

Gleichzeitig versammeln sich in Nürtingen mindestens 200 Nationalsozialisten; die SA und die Hitlerjugend in Nürtingen und Umgebung sind alarmiert worden, in Zivil anzutreten, ohne dass ihnen der Grund verraten wird. Auch den Leuten, von denen Lastwagen und Omnibusse ausgeliehen werden, wird kein Grund dafür genannt.[149]

Die Anführer verteilen kleine Zettel, auf denen steht:[150]
„Der Bekenntnishetzer von Jan in Oberlenningen hat sich über die Abrechnung des deutschen Volkes mit dem jüdischen Weltverbrechen in seiner Predigt am 16.11. wie folgt geäußert:
Verdienten Volksgenossen (gemeint sind die J u d e n !!) sei ihr heiligstes Gut geraubt und verbrannt worden! Es werde sich noch rächen (!!), was die Regierung gegen die Juden unternommen habe!
Gott möge Hitler die nötige Andacht (!) geben, damit die Verbrechen aufhören !! Die Rückgewinnung der 10 Millionen Volksgenossen in Österreich und im Sudetenland sei nur ein äußerlicher Erfolg, innerlich bleibe Rache nicht aus!"

---

148   Bericht Eduard Mildenberger, „abgeschlossen am 28. Sept. 1988", LKA PA JvJ B ohne Nr.

149   Brief des Nürtinger Dekans Christoph Harpprecht an den Kirchheimer Dekan Martin Leube vom 28. Nov. 1938, LKA PA JvJ G 14/3

150   Original Bestand Richard von Jan. Abschriften: LKA PA JvJ G 14/3 sowie LKA Dekanatamt Kirchheim/Teck 551 b

Der Bekenntnishetzer von Jan in Oberlenningen hat sich über die Abregnung des deutschen Volkes mit dem jüdischen Weltverbrechen in seiner Predigt am 16.11. wie folgt geäußert:

Verdienten Volksgenossen (gemeint sind die Jud...n !!)
sei ihr heiligstes Gut geraubt und verbrannt worden!
Es werde sich noch rächen (!!),was die Regierung gegen die Juden
unternommen habe!
Gott möge Hitler die nötige Unbacht(!) geben,damit die

Verbrechen

aufhören !!
Die Rückgewinnung der 10 Millionen Volksgenossen in Österreich
und im Sudetenland sei nur ein äußerlicher Erfolg,in wirklich bleibe

Rache

nicht aus!

Die solchermaßen aufgehetzten Horden machen sich nun auf den Weg nach Oberlenningen.

Der Bibelabend in Schopfloch

Julius von Jan berichtet:

„[...] auf der Fahrt nach Schopfloch zwischen Oberlenningen und Gutenberg beobachtete ich, wie ein uns entgegenkommendes Motorrad hinter uns umwendete und uns nachfuhr, sagte aber den anderen nichts, sondern betete nur, dass ich den Gottesdienst noch möchte halten dürfen. Das durfte ich dann auch ungestört und in voller innerer Ruhe."[151]

Die „Protestkundgebung" in Oberlenningen

Ein Kirchheimer Polizist schreibt, am Freitag habe „gegen 21 Uhr in Oberlenningen vor dem Pfarrhaus von einer mehrere Hunderte zählenden Volksmenge eine Protestkundgebung"[152] stattgefunden.

Julius von Jan schildert später, was diese vielen herbeigekarrten Leute nun tun:

151 Mai/Juni 1939, Bestand Richard von Jan
152 Gendarmerie-Obermeister L., Bericht vom 26. Nov. 1938 an den Landrat, Kreisarchiv Esslingen, D 1 Bü 2399 Nr. 2

„Sie stiegen an der Turnhalle aus und marschierten johlend vor das Pfarrhaus, um den Judenknecht und Volksverräter herauszuholen. Während der örtliche Gendarmeriebeamte den gewöhnlichen Zugang zum Pfarrhaus, die Südtüre, mutig bewachte, und keine Demonstranten hineinließ, schlugen diese die Nordtüre und einige Fenster ein, drangen gewaltsam in das Pfarrhaus ein, durchsuchten es von unten bis oben nach mir, fanden aber nur meinen schlafenden vierjährigen Sohn in seinem Bettchen im Schlafzimmer und den evangelischen Mädchenkreis im Jugendzimmer beim Adventskranzbinden. Sie ärgerten sich, dass sie mich nicht fanden, warfen einige Stinkbomben ins Haus und verließen es wieder, um vor dem Haus weiter zu toben.“[153]

Der kleine Richard verschläft die Schreckensnacht, in der das Haus voll lärmender und tobender Männer ist; darin sieht seine Mutter dankbar eine göttliche Fügung im Blick auf sein ganzes Leben.[154]

Der Besuch in Schopfloch

„Nach dem Gottesdienst um neun Uhr abends ging ich mit Pfarrer Mildenberger ins Pfarrhaus. Wir wollten uns eben dort niedersetzen, als es läutete. Ein Mann stand unten und fragte nach dem Pfarrer von Oberlenningen, und ein Fräulein meldete, es sei oben im Gasthaus ein Telefonanruf aus dem Oberlenninger Pfarrhaus gekommen, ich möchte geschwind herüberkommen. Ich ging mit Mildenberger hinüber.

Da stand ein Auto vor der Türe und ein Mann in Zivilkleidung redete mich an: ‚Herr Pfarrer, ich möchte Sie einladen zu einer Fahrt nach Oberlenningen.‘ Ich erklärte ihm, ich werde von Herrn Pfarrer Mildenberger heimgeführt; wer er denn sei? Er gab keine Antwort, sondern forderte mich auf, in sein Auto einzusteigen. Ich fragte ihn nach seinem Ausweis; ich steige doch nicht zu jedem Fremden ins Auto. Da wurde er barsch: ‚Machen Sie keine langen Geschichten mehr; steigen Sie ein!‘ In diesem Augenblick sprangen zwei weitere Männer in Zivil aus dem dunklen Hintergrund hervor, packten mich und schoben mich zum Auto. Mildenberger wollte mir helfen. Ich wehrte ihm, da mir klar war, dass es sich hier um ein wohl vorbereitetes Attentat handle, und stieg ohne Widerstand ins Auto. Meine liebe Frau konnte gerade noch herzuspringen und mir durchs Autofenster wenigstens die Hand reichen, als meine Entführer schon anfuhren.“[155]

Pfarrer Mildenberger notiert sich die Autonummer. Im Rückblick schreibt er: „Ich rief dann sofort den dem Pfarrer von Jan wohlgesinn-

153 Mai/Juni 1939, Bestand Richard von Jan

154 Brief des Ulmer Prälaten Konrad Hoffmann an den Oberkirchenrat vom 5. Dez. 1938, LKA PA JvJ G 23/1

155 Mai/Juni 1939, Bestand Richard von Jan

ten Kommerzienrat Adolf Scheufelen in Oberlenningen an. Ja, er wisse, dass etwas in Gang sei, könne aber leider nichts tun. Darauf rief ich den Nürtinger Landrat [Helmuth Maier, d. V.] an. Er war persönlich am Telefon. ‚Ich weiß, aber ich kann nicht helfen!'"[156]

Die Fahrt nach Oberlenningen

Die Fahrt geht von Schopfloch nach Oberlenningen, wie Julius von Jan schildert:

„Am Ausgang des Ortes und auf der Gutenberger Steige begegneten uns verschiedene Autos, die mit ihnen im Komplott standen. Sie winkten ihnen und riefen: ‚Wir haben ihn! Kehrt nur um!' Zu mir sagten sie spöttisch: ‚So, jetzt kannst du dann Buße tun!' Zunächst war mir die Sache sehr unheimlich, weil ich vermutete, sie würden mich irgendwo im Wald hinauswerfen und verschwinden lassen. Doch stärkte mich die eben gehaltene Predigt über 1. Petrus 4 so, dass ich bei der Ankunft in Oberlenningen völlig ruhig und getrost alles in Gottes Hände legen konnte. Und als ich sah, dass die Fahrt vor Pfarrhaus und Kirche in Oberlenningen endete und sich alles mitten in meiner Gemeinde abspielen werde, stieg ich freudig aus dem Auto."[157]

Der Überfall

In einem anderen Bericht beschreibt Julius von Jan in der Rückschau, was dann geschieht:

„Sie fuhren mit mir nach Oberlenningen vors Pfarrhaus, wo die von auswärts gekommenen Demonstranten warteten und sich tobend und lästernd auf mich stürzten, als ich ausgestiegen war. Sie schlugen von allen Seiten auf mich ein mit Fäusten, Riemen und Stahlruten, vor allem ins Gesicht, so dass ich nach wenigen Augenblicken in einer gewissen Betäubung zu Boden sank. Ich spürte dann wieder, wie sie mich mit den Füßen stießen, anspien, mir den Hals und die Krawatte zuschnürten, mich hochhoben, wieder mit Stahlruten übers Gesicht schlugen, bis eine Stimme befahl: ‚Werft ihn auf das Dach des Geräteschuppens.' Als ich dort lag und die Menge lästern und toben hörte, erfüllte mich trotz aller körperlichen Mattigkeit ein tiefer Friede und ein großes Mitleid mit den von Dämonen gehetzten Menschen, für die ich von Herzen beten konnte. Ich erfuhr es am eigenen Leibe, dass man wirklich fröhlich sein kann, wenn man gewürdigt wird, um Jesu willen Streiche zu leiden. Ich schlug die Augen auf und sah meine Kirche, in der ich Got-

---

156 Bericht Eduard Mildenberger, „abgeschlossen am 28. Sept. 1988", LKA PA JvJ B ohne Nr.
157 Mai/Juni 1939, Bestand Richard von Jan

tes Wort verkündigt hatte, und dankte Gott, dass ich sein Wort im Leiden vor meiner Gemeinde bestätigen durfte."[158]

Nun greift der Ortspolizist von Oberlenningen, der ihn vor einer Woche angezeigt hat, in das Geschehen ein. Um Julius von Jan zu schützen, lässt er ihn von zwei ihm bekannten Männern aus Oberlenningen, die er in der Menge entdeckt, ins Rathaus bringen.[159] Julius von Jan beschreibt später, was sich dort abspielt:

„Ein auswärtiger Arzt, der die Demonstranten befehlsgemäß begleitet hatte, untersuchte mich flüchtig und kommandierte: ‚Aufstehen.' Und ich konnte wirklich aufstehen; kein Bein war mir zerbrochen worden. Der Gendarmeriebeamte schützte mich vor weiteren Misshandlungen, die Fremden brüllten draußen weiter, ihre Anführer pöbelten mich drinnen an und richteten zum Teil sinnlose Fragen an mich, bei denen ich dankbar war, dass das Beispiel Jesu im Gerichtssaal auch mir das Recht gab zu schweigen."[160]

In einem anderen Bericht von 1946 erzählt Julius von Jan, dass auch der fremde Arzt – es ist Ernst Walker – zu denen gehört, die ihn anschreien und anpöbeln, während die anderen draußen auf den Fenstersimsen stehen und toben. „Der Arzt soll aus Neckartenzlingen gewesen sein, der Anführer Rückgraf? geheißen haben."[161]
Der Anführer heißt Oskar Riegraf, ist 1911 geboren worden und 1930 in die NSDAP eingetreten. Sein Theologiestudium in Tübingen hat er 1935 abgebrochen. Der fanatische Nationalsozialist ist Oberbannführer der Hitlerjugend in Nürtingen.

Den Überfall, die gewaltsame „Demonstration", hat Eugen Wahler, der Kreisleiter der NSDAP in Nürtingen, organisiert. Im Bericht von 1946 macht Julius von Jan den Ortsgruppenleiter von Oberlenningen für den Anstoß dazu verantwortlich:
„Die Namen der Unruhestifter kenne ich nicht. Oberlenninger sah ich nicht unter ihnen. Ich hörte aber, dass Herr Hugo Kuhnle […] und Herr Bäckermeister Hermann Baumann […] sich für mich einsetzten, dass ersterer deshalb geschlagen und letzterer verfolgt wurde, aber nicht in die Hände der Verfolger fiel. Der Orts-

158   Stuttgarter Evangelisches Sonntagsblatt, 25. Aug. 1957

159   Gendarmerie-Obermeister L., Bericht vom 26. Nov. 1938 an den Landrat, Kreisarchiv Esslingen, D 1 Bü 2399 Nr. 2, sowie Schreiben des Oberlenninger Gendarmerie-Meisters vom 3. Okt. 1945, handschriftlich von jemandem auf 3. Nov. 1945 geändert, Kreisarchiv Esslingen D1 Bü 611 Nr. 27

160   Stuttgarter Evangelisches Sonntagsblatt, 25. Aug. 1957

161   18. Sept. 1946, Staatsarchiv Ludwigsburg, EL 900/18 Bü 33

gruppenleiter Friedrich Schmid hielt sich an diesem Abend von Oberlenningen *fern, wie er auch durch die Kreisleitung für die Demonstration einen Abend hatte wählen lassen, an dem er wusste, dass auch die Herren Scheufelen von der Papierfabrik dienstlich abwesend waren. Herr Karl Erhard Scheufelen kam erst spät am Abend, als die Demonstranten noch im Gasthaus zum Adler saßen, zurück und machte auf die Nachricht von dem Geschehen dem inzwischen auch heimgekehrten Ortsgruppenleiter die heftigsten Vorwürfe wegen dieses gemeinen Handelns, dasselbe tat Herr Scheufelen tags darauf dem Kreisleiter am Telefon. Die Männer von Oberlenningen waren während der Demonstration großenteils ahnungslos in einer Luftschutzversammlung in der Turnhalle. Aus den Häusern um das Pfarrhaus herum durfte niemand heraus. Die Hitlerjugend von Oberlenningen hatte antreten müssen, sich aber bald zerstreut und nach Hause geflüchtet.*"[162]

Es ist Julius von Jan sehr wichtig, herauszustellen, dass aus Oberlenningen niemand außer dem Ortsgruppenleiter etwas mit der Aktion gegen ihn zu tun hat – die Täter kommen von außerhalb, aus der Nürtinger Gegend. Zwei mutige Männer aus Oberlenningen haben sogar versucht, ihm beizustehen, trotz der feindlichen Übermacht.

In „Schutzhaft"

Der Nürtinger Dekan Christoph Harpprecht, Onkel von Martha von Jan und Mitglied der Bekennenden Kirche, erfährt von der Sache, ruft den Landrat und die Polizei an.[163] Der Seniorchef der Papierfabrik, Kommerzienrat Adolf Scheufelen, greift nach dem Anruf des Schopflocher Pfarrers ebenfalls zum Hörer und ruft den Landrat an. Der schickt schließlich die Polizei nach Oberlenningen, um Julius von Jan ins Kirchheimer Gefängnis bringen zu lassen – und damit zunächst in Sicherheit vor der entfesselten Meute. Möglicherweise rettet Scheufelen mit seinem Eingreifen dem Pfarrer das Leben.[164]

Auch der Oberlenninger Polizist ruft die Kirchheimer „Gendarmerie" an – die Sicherheit von Julius von Jan sei im Rathaus nicht mehr gewährleistet. Gegen halb elf kommen zwei Polizisten aus Kirchheim und nehmen den Pfarrer „zur Sicherheit seiner Person [...] zwecks Schutzhaft" vorläufig fest.[165]

162 18. Sept. 1946, Staatsarchiv Ludwigsburg, EL 900/18 Bü 33

163 Vgl. Schräges Licht (Harpprecht 2014), S. 36

164 Brief der Schwiegertochter Rita Scheufelen, nach Berichten ihres Mannes, an Klaus Harpprecht, 13. Jan. 2000, Bestand Richard von Jan

165 Gendarmerie-Obermeister L., Bericht vom 26. Nov. 1938 an den Landrat, Kreisarchiv Esslingen, D 1 Bü 2399 Nr. 2

Julius von Jan schildert:

„Der Anführer der Demonstranten forderte jedoch, dass ich vor meinem Ab-
transport noch durch das Spalier der Fremden geführt werde. Etwa 100 Meter weit
standen rechts und links die fremden SA-Leute, schrien wie zuvor und spien mich
an, ohne zu verstehen, wie froh mich die Nähe des Herrn gerade auf diesem Weg
der Schmach und Nachfolge machte. Dann ging's ins Gendarmerieauto, und etwa
elf Uhr nachts an diesem Freitag, dem Leidenstag Christi, wurde ich im Amtsge-
richtsgefängnis Kirchheim eingeliefert, wo ich im Augenblick die Schutzhaft wirk-
lich dankbar als einen Schutz empfand."[166]

Der Kirchheimer Polizist stellt fest, dass der Pfarrer „an der Stirne
einige Kratzwunden hat. Ich fragte denselben, ob er dabei irgendwie
körperlichen Schaden genommen habe, worauf er erklärte, er habe bei
der Kundgebung einige Schläge auf den Kopf erhalten, wovon die
sichtbaren Verletzungen herrührten. Weiterhin habe er keinerlei kör-
perliche Beschwerden, er fühle sich im Allgemeinen nicht unwohl.
Bezüglich seiner Schutzhaftnahme erklärte er, dass er dieselbe aus
vorliegenden Gründen verstehe und danke für den gewährten
Schutz."[167]

Es ist erstaunlich, wie höflich und menschenfreundlich Julius von
Jan selbst in dieser Lage agiert. Ihm ist Schlimmes widerfahren. Doch
es erinnert ihn an die Leiden von Jesus vor dessen Tod am Kreuz – auch
an einem Freitag. Dass er überlebt hat, sogar recht glimpflich davon-
gekommen ist, ist ein Wunder; über ihn muss ein Schutzengel ge-
wacht haben. Allerdings steht ihm vieles noch bevor.

---

166 Stuttgarter Evangelisches Sonntagsblatt, 25. Aug. 1957

167 Gendarmerie-Obermeister L., Bericht vom 26. Nov. 1938 an den Landrat,
      Kreisarchiv Esslingen, D 1 Bü 2399 Nr. 2

Im Gefängnis

„Ich stehe bis heute zu jedem Satz
und Wort meiner Predigt"

JULIUS VON JAN

Martha von Jan – verängstigt und allein

Seit elf Uhr nachts am Freitag, dem 25. November 1938 ist Julius von
Jan im Amtsgerichtsgefängnis in Kirchheim. Die „Schutzhaft" schützt
ihn vor weiteren Misshandlungen. Doch seine Frau ist nun allein.

Später schildert Julius von Jan, wie es seiner Frau an diesem Abend
ergangen ist: „Auf Umwegen" ist sie von Schopfloch zurück ins Pfarrhaus nach Oberlenningen gekommen. Dort erzählen ihr das Dienstmädchen Emilie und die Gemeindekrankenschwester Johanna Hermann, was ihrem Mann widerfahren ist. Wohin ihn die Nationalsozialisten gebracht haben, können sie der Ehefrau nicht sagen. „Am folgenden Tag telefonierte sie nach Nürtingen und Kirchheim, um zu erfahren, wo ich
hingebracht worden sei. Schließlich sagte man ihr, dass ich in Kirchheim im Gefängnis sei."[168]

Martha darf ihren Mann dort besuchen und bringt auch den kleinen Richard gelegentlich mit. Der Vierjährige wundert sich, warum
sein Vater jetzt in Kirchheim arbeiten muss und nicht nach Oberlenningen zur Familie kommen kann. Den Ernst der Lage hat er zum
Glück noch nicht begriffen.

Julius von Jan schreibt: Für seine treue Martha „war es furchtbar, so
allein im Pfarrhaus zu sein bei kaputt geschlagener Haustüre, unter einer Umgebung, die teils feindselig unser Haus beobachtete, um der Partei zu melden, wer
noch bei uns aus- und eingehe, teils ängstlich sich von unserem Hause fernhielt,
um ja nicht angezeigt zu werden. [...] So unheimlich war der Terror der Partei.
[...] Und von da an hörte ja für uns das Gefühl des Geächtetseins, der Unsicherheit
und Rechtlosigkeit im Dritten Reich nicht mehr auf."[169]

168 Bericht JvJ 1949 für seinen Sohn zur Konfirmation, Bestand Richard von Jan
169 Bericht JvJ 1949 für seinen Sohn zur Konfirmation, Bestand Richard von Jan

Die ersten Tage im Gefängnis

Über seine ersten Tage im Gefängnis schreibt Julius von Jan:

„Gesundheitlich ging es mir in den ersten acht Tagen nicht gut. Die Kopfnerven waren durch die vielen Schläge auf den Kopf so erschüttert, dass ich fünf Nächte lang kaum schlafen konnte. Dann stellten sich auch Herzbeschwerden ein."[170]

Am 26. November verfasst Pfarrer Mildenberger aus Schopfloch einen Bericht.[171] Dekan Leube telefoniert mit ihm und informiert dann die Kirchenleitung über das Geschehen. Pfarrer Mörike habe ihm gesagt, er habe den Wortlaut der Predigt von Jans.[172] Am Nachmittag trifft der Dekan Martha von Jan. Nach ihrer Schilderung sind am Vortag etwa 500 Personen vor dem Pfarrhaus in Oberlenningen gewesen.[173]

Mit der Verhaftung von Julius von Jan lässt es die Gestapo nicht bewenden, sie nimmt sich am nächsten Tag auch seine Frau Martha und andere vor, wie er später schreibt:

„In der Nacht vom 26./27. November 1938 wurden zuerst meine Frau, die Krankenschwester Johanna Hermann und viele andere Oberlenninger durch die Gestapo Stuttgart [...] verhört auf dem Rathaus in Oberlenningen, danach von zwei bis vier Uhr in der Nacht ich selbst im Gefängnis in Kirchheim."

Die Nationalsozialisten verhören Julius von Jan mitten in der Nacht. Die Gestapo hat viel Erfahrung darin, mit rüden Methoden wie unter anderem aggressiver Rhetorik und grellem Scheinwerferlicht gefangene Menschen mürbe zu machen und Geständnisse herauszupressen, oft auch mit Folter.

„Am 28. November 1938 fand mein Verhör vor Herrn Amtsgerichtsrat [...] im Amtsgericht Kirchheim statt, der den Haftbefehl gegen mich aussprach, um mich dadurch vor den Händen der Gestapo zu bewahren. Er selbst sowie Herr Oberamtsrichter [...] und Oberwachtmeister [...] taten im Kirchheimer Gefängnis alles, um mir mein Los zu erleichtern."[174]

Die „Guten" und die „Bösen" – eine solche Schwarzweißmalerei taugt wenig als Beurteilungsmaßstab für die Zeit der nationalsozialistischen Herrschaft. Der Richter in Kirchheim steckt Julius von Jan in Untersuchungshaft und bewahrt ihn damit wohl vor der Verschleppung in ein Konzentrationslager.

---

170 Mai/Juni 1939, Bestand Richard von Jan

171 LKA PA JvJ zu G 13

172 LKA PA JvJ G 13

173 LKA Dekanatamt Kirchheim 551 b

174 18. Sept. 1946, Staatsarchiv Ludwigsburg, EL 900/18 Bü 33

Oberlenningen in Aufruhr

Der ganze Ort Oberlenningen ist in Aufruhr. Am 27. November ist die Gemeinde zum Sonntagsgottesdienst versammelt. Die kurzfristige Vertretung für Julius von Jan übernimmt ein Pfarrer aus Weilheim. Er gibt der Kirchengemeinde bekannt, was ihm Dekan Leube aufgetragen hat: „Pfarrer von Jan ist im Zusammenhang der Vorgänge am Freitagabend in Schutzhaft genommen worden und befindet sich, soviel bekannt, im Amtsgerichtsgefängnis in Kirchheim-Teck. Die Gemeinde wolle seiner in treuer Fürbitte gedenken."[175]

Die Eltern: „Julius hat es verdient"

Die Eltern Julius von Jans sind große Anhänger der Nationalsozialisten. Seine Mutter Karolina gilt als besonders hitlertreu, sein Vater Albert hat in Blaubeuren als pensionierter Pfarrer öffentlich für die Deutschen Christen agiert.[176] Bald nach dem Überfall auf ihren Sohn erzählt ihnen Pfarrer Alfred Dilger davon, Pfarrer in Nellingen im Dekanat Blaubeuren und mit Julius von Jan seit gemeinsamen Seminartagen verbunden. Die Mutter sagt zu ihm: „Julius hat es auch verdient. Er ist ein Erzreaktionär." Oder so ähnlich.[177] Über die Predigt ihres Sohnes sind die Eltern entsetzt, sie schämen sich für ihn. Der Vater besucht seinen Sohn im Gefängnis[178]; es dürfte ein schwieriger Besuch gewesen sein. Julius von Jan spricht danach in einem Brief vom „Schmerz des Nichtverstandenwerdens von den Eltern"[179]. Erst im Laufe der Zeit werden die Eltern ihre Meinung über die Predigt ihres Sohnes ändern.

Besuche von Familie, Verwandten, Freunden und Pfarrern

Ebenfalls am Sonntag dürfen Martha und ihr Vater zu Julius von Jan, wie Marthas Schwager, Pfarrer Wilhelm Huppenbauer, den „lieben Geschwistern" schreibt. Er berichtet, dass Julius „heilfroh war, endlich in der Zelle Ruhe vor dieser satanischen Brut zu haben und in den Händen der ordentlichen Gerichtsbarkeit zu sein". Am Montag spricht Huppenbauer in Kirchheim mit dem Richter. Der hat Julius von Jan

---

175 LKA Dekanatamt Kirchheim 551 b

176 Brief von Pfarrer i. R. Dilger an Archivdirektor Schäfer vom 13. Okt. 1972, LKA PA JvJ G ohne Nr.

177 Brief von Pfarrer i. R. Dilger an Archivdirektor Schäfer vom 13. Okt. 1972, LKA PA JvJ G ohne Nr.

178 Bericht JvJ 1949 für seinen Sohn zur Konfirmation, Bestand Richard von Jan

179 Brief vom 15. Dez. 1938 aus dem Gefängnis an seine Frau, Bestand Richard von Jan

offensichtlich empfohlen, Anklage zu erheben gegen seine Angreifer wegen Körperverletzung und Hausfriedensbruch, doch das will dieser nicht. Der Richter würde ihn zunächst am liebsten schnell entlassen, doch nachdem er die Predigt vom Bußtag gelesen hat, muss er einen Untersuchungshaftbefehl erlassen. Bei einer Entlassung würde die Gestapo von Jan sofort in Schutzhaft nehmen, was schlimmer wäre. Dann darf Huppenbauer in die eineinhalb Meter breite und drei Meter lange Zelle. „Und da stand nun der liebe Jus, trat mir mit freundlichem, getrostem Lächeln entgegen. Sein linkes Auge dick schwarzblau blutunterlaufen, auf der Stirn drei wüste Kratzer geronnenen Bluts." Der Gefängniswärter gibt Julius von Jan nach Kontrolle einen Brief von Martha und dessen eigene Bibel, die dieser dankbar gegen die vom Gefängnis erhaltene Bibel tauscht. Er versichert, „er habe reichlich und ordentlich zu essen".[180]

Julius von Jan freut sich über die vielen Besuche, die er erhält. Erich Schick, sein alter Freund seit der Seminarzeit, kommt aus Basel; auch viele andere Pfarrer zeigen ihre Verbundenheit und Solidarität durch ihren Besuch beim „Amtsbruder" im Gefängnis.[181]

Gebete für den Gefangenen

Pfarrer Mildenberger schreibt an die anderen Pfarrer im Kirchheimer Bezirk, dass Julius von Jan im Gefängnis sitzt. „Offen stehen wir zu unserem Bruder und seinem Zeugnis. Fürbittend treten wir für ihn ein und rufen auch unsere Gemeinden zu dieser Fürbitte auf."[182]

Der Landesbruderrat der Bekennenden Kirche in Württemberg beruft kurzfristig für Anfang Dezember eine Versammlung ein. Die Vertrauensleute erhalten Vervielfältigungen der Bußtagspredigt zum Weitergeben an alle Pfarrer, ebenso eine Fürbitte, die sie am 4. Dezember in den Gottesdiensten verlesen sollen:

„Pfarrer von Jan, der in seiner Gemeinde als treuer und gewissenhafter Prediger und Seelsorger bekannt ist, hat in seiner Predigt am Landesbußtag ein klares, kraftvolles und biblisch voll berechtigtes Zeugnis gegen die Versündigung unseres Volkes in den Ausschreitungen gegen die Juden abgelegt."[183] Da häufig Denunzianten die Gestapo

---

180 Brief vom 30. Nov. 1938, Bestand Richard von Jan

181 Bericht JvJ 1949 für seinen Sohn zur Konfirmation, Bestand Richard von Jan

182 Brief vom 26. Nov. 1938, LKA Dekanatamt Kirchheim 551 b

183 Die Evangelische Bekenntnisgemeinschaft in Württemberg 1933–1945 (Dipper 1965), S. 268 f. Der Text der Fürbitte findet sich auch in LKA PA JvJ G 13.

informieren, wird der Text weitergegeben, ohne dass er als Äußerung der Bekennenden Kirche erkennbar ist.

Wie viele Pfarrer wohl den Mut hatten, diese Fürbitte vorzulesen? Der vorgegebene Predigttext für den 4. Dezember wäre eine Steilvorlage gewesen, den Fall von Jan anzusprechen – das „Weltgericht" in Matthäus 25, das dazu aufruft, sich für die Mitmenschen einzusetzen, die in Not oder im Gefängnis sind.

Die Kirchenleitung wird aktiv

Am 28. November kommen Vertreter der Kirchenleitung nach Oberlenningen, hören Kirchengemeinderäte und Augenzeugen an.[184] Am 1. Dezember schreibt Bischof Wurm an den Oberstaatsanwalt beim Landgericht in Stuttgart und berichtet von den Reaktionen in Oberlenningen: „Während einem geordneten gerichtlichen Untersuchungsverfahren wegen dieser Predigt volles Verständnis entgegengebracht wird, besteht wegen der Vorgänge vom 25. November eine außerordentlich starke Empörung in der Gemeinde. [...] Dass nicht die Predigt, sondern die tumultuarische Misshandlung von Jans der unmittelbare Anlass der Verhaftung war, verletzt das Gerechtigkeitsempfinden." Der Bischof bittet, den Haftbefehl aufzuheben „im Sinne einer Beruhigung" der Lage. „Wir würden unsererseits dafür sorgen, dass von Jan nicht nach Oberlenningen zurückkehrt."[185]

Besuch vom Dekan

Am 1. Dezember besucht Dekan Leube Martha von Jan im Oberlenninger Pfarrhaus, lässt sich nochmals von ihr, aber vor allem von der Gemeindeschwester und Augenzeugin Johanna Hermann das Geschehen schildern und berichtet davon der Kirchenleitung:[186] „Dabei wurde Dr. Ernst Walker von Neckartenzlingen von der Krankenschwester erkannt [...]. Man hört, der HJ-Unterbannführer Riegraf von Nürtingen sei einer der oder der Hauptmacher gewesen." Johanna Hermann ist die Schwester des Pfarrers von Neckartenzlingen, sie kennt die Leute von dort. Der Bürgermeister habe keinen Versuch zum Einschreiten gemacht.

---

184 Brief von Bischof Wurm an den Oberstaatsanwalt vom 1. Dez. 1938, LKA PA JvJ G 15
185 Brief von Bischof Wurm an den Oberstaatsanwalt vom 1. Dez. 1938, LKA PA JvJ G 15
186 LKA PA JvJ G 17

Der Dekan sorgt sich um den Gesundheitszustand Julius von Jans und auch dessen Frau. Ein Arzt aus Oberlenningen „war heute in Kirchheim, um die Untersuchung der Gegend über dem rechten Auge auf die Frage eines Sprungs in der Schädeldecke zu beantragen". Doch der zuständige Arzt hat sich das „nur oberflächlich in der Zelle angesehen und gestern Abend Schlaftabletten verschrieben. [...] Frau Pfarrer von Jan ist begreiflicherweise sehr angegriffen, die Schwester steht ihr treulich bei."

Am Vortag hat der Dekan Pfarrer von Jan im Gefängnis besuchen können, berichtet er. „Er sprach von fehlendem Schlaf und dem Antrag auf Röntgenaufnahme, sowie von seiner Anzeige der Vorgänge in Oberlenningen ohne Strafantrag."

Die Strafanzeige der Kirche

Am 2. Dezember holt die Kirchenleitung zum Gegenschlag aus und schreibt dem Landgericht mit dem Betreff „Strafanzeige wegen Landfriedensbruch u.a.".[187] Zunächst bringt Bischof Wurm allerdings seine Missbilligung der Bußpredigt des Pfarrers zum Ausdruck: „Am 16. November 1938 hat Pfarrer Julius von Jan in Oberlenningen eine Predigt gehalten, wegen der er sich im Verlauf eines schon anhängigen Strafverfahrens und ebenso gegenüber seiner kirchlichen Aufsichtsbehörde zu verantworten haben wird."

Es folgt die Schilderung des Überfalls. „Hiewegen wird Strafantrag gestellt. Der Wortführer derer, die in das Haus eindrangen, war Dr. med. Walker, Neckartenzlingen, früher Ortsgruppenleiter der NSDAP, zurzeit SA-Arzt. Dr. Walker fragte nach dem Verbleib des Pfarrers; er wurde von einer Hausbewohnerin erkannt." Dieser Strafantrag wird erst viele Jahre später eine Rolle spielen.

Der Bischof schreibt weiter, „dass diese Oberlenninger Ereignisse in einem organisatorischen Zusammenhang stehen müssen" mit Ereignissen am 27. November in Ludwigsburg. Vor dem dortigen Dekanatamt ist ebenfalls ein Plakat mit der Aufschrift „Judenknecht" angeschlagen und kurz vor dem sonntäglichen Gottesdienst der Dekan in Sprechchören als „Judenknecht" verunglimpft worden. „Ein Anlass zu dieser beleidigenden Kundgebung ist nicht bekannt."

Schon in der Nacht vom 10. auf den 11. November seien in Böckingen bei Heilbronn mit Pflastersteinen die Fenster des Pfarrhauses ein-

187 LKA PA JvJ G 18

geworfen worden. Etwa zwölf Männer hätten zuvor ein Revolverfeuer eröffnet, „um die Beobachtung des Vorgangs zu verhindern".

Der Prälat und der Kirchengemeinderat

Die Kirchenleitung beauftragt den Prälaten von Ulm, Konrad Hoffmann, damit, am 4. Dezember in Oberlenningen zu predigen und danach den Kirchengemeinderat zu versammeln.[188]

Hoffmann berichtet dem Landesbischof ausführlich darüber:[189] In der Predigt und im Gebet habe er des Pfarrers in seiner Gefangenschaft gedacht. „Im Pfarrhaus traf ich Frau Pfarrer von Jan, die ohnedies zart und mitgenommen ist, blass und verstört, aber gefasst. Sie war, wie wenn sie in einen ihr bisher verborgenen Abgrund geblickt hätte. Ihre leibliche Schwester [...] und die [...] Krankenschwester [...] waren bei ihr."

Der Prälat schildert das Treffen mit dem Kirchengemeinderat. „Die Entrüstung im Dorf sei, selbst bei Unkirchlichen, allgemein. Die Oberlenninger haben sich erst allmählich während der Vorgänge hinzugefunden." Erkennbar wird, dass dem einen oder anderen Kirchengemeinderat diese Predigt und auch manche vorherige zu „politisch", zu „scharf" gewesen sind. Keine eindeutige Antwort findet der Prälat auf seine Frage, ob Pfarrer von Jan wieder in sein Amt nach Oberlenningen zurückkehren solle. Einerseits: „Der kirchliche Teil der Gemeinde – ,70 Prozent' – meint, keinen besseren Pfarrer haben zu können." Zwei Kirchengemeinderäte äußern sich aber folgendermaßen: „Zur Aufrechterhaltung des Friedens werde es nicht dienen. Die Gemeinde sei jetzt gespalten." Einer von ihnen gibt zu bedenken: „Von Jan kümmert sich nicht um die Mahnungen. Es wird wieder zu ,Entgleisungen' kommen."

Auf der Rückfahrt von Oberlenningen hat der Prälat Julius von Jan im Gefängnis besucht und ihn in Gegenwart des Aufsehers gesprochen. „Sein Befinden hat sich gebessert; doch brauchte er für die letzte Nacht noch ein Schlafmittel. Die unterlaufene Stelle unter dem Auge klingt ab. Die Röntgenuntersuchung hat keine Schädelverletzung festgestellt. Pfarrer von Jan war ruhig und von seiner mir wohlbekannten fast strahlenden Freundlichkeit. [...] Seine Haltung war so natürlich, christlich lauter und ruhig tapfer, dass es für den Besucher eine Erfrischung war."

---

188 Erlass des Oberkirchenrats vom 1. Dez. 1938, LKA PA JvJ G 16

189 Brief vom 5. Dez. 1938, LKA PA JvJ G 23/1

Im Gefängnis
Erst über eine Woche nach der brutalen Misshandlung wird Julius von Jan genauer untersucht:

> „Eine Kopfuntersuchung im Kirchheimer Krankenhaus am 3. Dezember 1938 zeigte, dass die Schädelknochen keinen Schaden gelitten hatten. Von der zweiten Woche an konnte ich in meiner Zelle arbeiten. Ich war allein in der Zelle und musste Papier für Lampions falzen."[190]

Über die erste Zeit im Gefängnis berichtet er:

> „Gesundheitlich ging es mir zunächst nicht gut, weil mein verbeulter Kopf mir viel Schmerzen machte. Aber nach acht Tagen ließ das Kopfweh nach, und ich fühlte mich wieder gesund. Meine Haft in Kirchheim [...] war mir durch die Freundlichkeit der Richter und Gendarmen, durch die häufige Besuchserlaubnis für Frau und Kind, für Amtsbrüder, Verwandte, Freunde und Bekannte, durch die Geschenke, die Oberlenninger Gemeindeglieder ins Gefängnis brachten, durch die Glaubenslieder, die mir die Jugend im benachbarten evangelischen Gemeindehaus zum Trost sang, durch das Einstehen der Kirchenleitung für mich und durch viele Briefe und treue Fürbitte der ganzen Bekennenden Kirche in Deutschland sehr erträglich gemacht. Ich durfte drei Tage in der Woche in meiner Zelle studieren; an den übrigen Tagen arbeitete ich im Gemeinschaftsraum mit den anderen Gefangenen, hielt diesen sonntags immer eine Andacht und lernte viele Gesangbuchlieder auswendig.
>
> Von Oberlenningen kamen einmal abends einige Männer und etwa 50 Frauen, um mir im Gefängnishof zu singen. Sie bekamen allerdings nicht die Erlaubnis dazu; doch sah ich sie durchs Gitterfenster und freute mich über dieses Zeichen der Glaubensverbundenheit."[191]

Offensichtlich haben dem Pfarrer mehrmals „in den Abendstunden [...] 40 bis 50 Frauenspersonen aus Oberlenningen [...] Gesangsständchen dargebracht", wohl angeführt von der Gemeindekrankenschwester, wie die Gestapo, die ihre Augen und Ohren überall hat, erfahren hat. Sie fordert den Landrat auf, „die Ortspolizeibehörde Kirchheim zu veranlassen, dass sie gegen die Demonstranten mit polizeilichen Maßnahmen vorgeht."[192]

Die Predigt wird bekannt
Der Fall Julius von Jan schlägt Wellen in Württemberg und darüber hinaus. Der Schweizerische Evangelische Pressedienst veröffentlicht die

---

190 Mai/Juni 1939, Bestand Richard von Jan
191 Stuttgarter Evangelisches Sonntagsblatt, 25. Aug. 1957
192 Schreiben vom 7. Dez. 1938 an den Landrat, Kreisarchiv Esslingen, D 1 Bü 2399 Nr. 3

komplette Predigt. Der Name von Jans wird nicht genannt, der Predigt wird angefügt: „Der Pfarrer, der diese Predigt hielt, ist ins Gefängnis geworfen worden, nachdem er besinnungslos geschlagen wurde."[193] Auf der Fürbittenliste der Bekennenden Kirche für ganz Deutschland steht nun auch der Name Julius von Jan.[194] Dieser schreibt später: „Erst ganz allmählich spürten wir auch etwas von dem Segen unseres Bekennens, weil Hunderte von Briefen aus ganz Deutschland uns bezeugten, dass wir getragen wurden von den Gebeten einer großen Gemeinde Jesu Christi."[195]

Der Bischof warnt die Pfarrer

Am 6. Dezember schreibt Bischof Wurm an alle Pfarrämter. Er schildert die „Terrorakte" in Böckingen, Oberlenningen und Ludwigsburg sowie einen weiteren Fall in Zell unter Aichelberg, zu dieser Zeit wie Oberlenningen zum Dekanat Kirchheim gehörend: Am Abend des 1. Dezembers „erschienen vor dem Pfarrhaus [...] junge Burschen und schlugen am Pfarrhaus ebenfalls das rote Plakat mit dem Aufdruck ‚Judenknecht' an. Der organisatorische Zusammenhang dieser Fälle ist damit offenkundig. Auf den Vorhalt des Pfarrers erklärten die Burschen, er habe für die Juden gebetet, er werde auch noch geholt. Anschließend schlugen die Burschen die Fenster des Studierzimmers ein." Nach einigen grundsätzlichen Erwägungen warnt der Bischof die Dekane und Pfarrer: „Wenn [...] ein Pfarrer vom staatlichen oder kirchlichen Standpunkt aus zu Beanstandungen begründeten Anlass gibt, so sind die Strafverfolgungsbehörden und die kirchliche Aufsichtsbehörde dazu berufen, den Betreffenden zur Verantwortung zu ziehen."[196]

„Die zersetzende Wirkung des Judentums"

Ebenfalls am 6. Dezember schreibt Bischof Wurm an Reichsjustizminister Franz Gürtner in Berlin einen Brief, der tiefe Einblicke in sein Denken gewährt:[197]

„Die Ereignisse in der Nacht vom 9. auf den 10. November haben weite Volkskreise bis weit in die Partei hinein seelisch erschüttert und

193 Juden – Christen – Deutsche (Röhm/Thierfelder 1995), S. 78
194 Vgl. Juden – Christen – Deutsche (Röhm/Thierfelder 1995), S. 78
195 Bericht JvJ 1949 für seinen Sohn zur Konfirmation, Bestand Richard von Jan
196 LKA Dekanatamt Kirchheim 551 b
197 LKA PA JvJ G 21/1

in ihren sittlichen Empfindungen verletzt. Ich bestreite mit keinem Wort dem Staat das Recht, das Judentum als ein gefährliches Element zu bekämpfen. Ich habe von Jugend auf das Urteil von Männern wie Heinrich von Treitschke und Adolf Stöcker über die zersetzende Wirkung des Judentums auf religiösem, sittlichem, literarischem, wirtschaftlichem und politischem Gebiet für zutreffend gehalten und vor dreißig Jahren als Leiter der Stadtmission in Stuttgart gegen das Eindringen des Judentums in die Wohlfahrtspflege einen öffentlichen und nicht erfolglosen Kampf geführt. Ich führe dies nur an, damit dem, was ich vorzubringen habe, keinerlei unzutreffende Motive unterstellt werden."

Wurm schildert, wie die Vorgänge auf die Menschen gewirkt hätten und welche Auswirkungen dies habe. Es dürfte „kaum einen Stand geben [...], der vom spezifisch jüdischen Wesen sich so frei gehalten hat und der seine Einsatzbereitschaft für Volk und Vaterland so unter Beweis gestellt hat wie der evangelische Pfarrstand. Der tiefe Dank, dass Deutschland heute eine ganz andere Stellung einnimmt als vor zwanzig Jahren, ist in ihm so lebendig wie in jedem anderen, der sein Vaterland liebt. Er weiß, dass dies ohne den Führer und den Nationalsozialismus nicht möglich gewesen wäre. Aber er kann auch das Wort Jesu nicht vergessen: Was hülfe es dem Menschen, so er die ganze Welt gewönne und nähme doch Schaden an seiner Seele! Er kann nicht vergessen, dass nach der Lehre der Heiligen Schrift und nach den Erfahrungen der Geschichte auch diejenigen, die im Auftrage des Herrn der Welt ein Gericht zu vollziehen haben, doch für die Art, wie sie das Gericht vollziehen, dem obersten Richter Rechenschaft schuldig sind, und dass die Übertretung der Gebote Gottes sich über kurz oder lang rächen muss. Weil wir unserem Volk es ersparen möchten, dass es später dieselben Demütigungen und Leiden über sich ergehen lassen muss, denen jetzt andere preisgegeben sind, erheben wir im Blick auf unser Volk fürbittend, mahnend, warnend unsere Hände, auch wenn wir wissen, dass man uns deshalb Judenknechte schilt und mit ähnlichem Vorgehen bedroht, wie es gegen die Juden angewandt worden ist."

Wurm beklagt dann Gewalttaten gegen einzelne evangelische Pfarrer und fordert entsprechende Maßnahmen: „Die evangelischen Pfarrer unserer Landeskirche sind von mir aufgefordert worden, alles zu vermeiden, was in einer so erregten Atmosphäre als aufreizend empfunden werden kann. Wenn der eine oder andere sich daran nicht hält und mit dem Gesetz, sei es mit dem Kanzelparagrafen oder dem Heimtückegesetz, in Konflikt kommt, so muss er die Folgen tragen.

Andererseits aber darf nicht jedes Wort der Trauer und der Teilnahme, auch nicht jede Mahnung von Gottes Wort her, als Staatsverrat ausgelegt werden."

Das Hitler-Regime ist ein Unrechtsstaat. Dass Bischof Wurm die Anwendung des Kanzelparagrafen und des Heimtückegesetzes durch die Justiz der Nationalsozialisten in solchen Fällen ausdrücklich gutheißt, ist bitter und gefährlich für die verfolgten Pfarrer.

Eine mutige Gemeindeschwester

Die Gemeindekrankenschwester Johanna Hermann hat das schreckliche Geschehen in Oberlenningen mitansehen müssen. Mutig entscheidet sie sich dafür, aus der nationalsozialistischen Frauenschaft auszutreten. Sie gehört dem „Herrenberger Verband evangelischer Krankenschwestern" an; dem geschäftsführenden Pfarrer Hans Kramer schreibt sie am 9. Dezember:

„Meine innere Haltung der Sache Pfarrer von Jans gegenüber kann ich nicht ändern, auch wenn Sie und viele andere eine andere Auffassung haben. Ich bin überzeugt, dass er Gott **gehorsam** war. Er hat einen **Auftrag** gehabt, es wurde ihm schwer, denselben auszuführen, aber er hat es tun **müssen**. [...] ich glaube ganz sicher, dass Pfarrer von Jans taktischer Fehler, sein Vergehen gegen den Kanzelparagrafen, vor Gott **kein Fehler** ist. – Ich kann Ihnen nicht sagen oder schreiben, wie Gott uns getröstet und gesegnet hat bisher, es ist auch eine Verbundenheit in der Gemeinde wie noch nie."[198]

Eine mutige Ehefrau

Julius von Jan hat offensichtlich einen Rechtsanwalt namens Hugo Fischer mit seiner Vertretung beauftragt. Dieser schreibt am 12. Dezember Martha von Jan, er habe mit dem zuständigen Berichterstatter am Gericht gesprochen. „Derselbe sieht den Fall sehr schwer an." Er bittet um den „üblichen Kostenvorschuss" von 250 Reichsmark – eine Menge Geld in dieser Zeit.[199]

Martha von Jan will alles für ihren Mann tun, was in ihren Kräften steht. Vor allem will sie ihm das drohende Konzentrationslager ersparen. In einem Brief vom 14. Dezember an den Rechtsanwalt überlegt sie, „ob es ratsam ist, an den Stellvertreter des Führers ein Gnadenge-

198 LKA Pfarramt Oberlenningen 244
199 Bestand Richard von Jan

such zu richten. [...] Weiterhin frage ich mich, ob ich – vielleicht mit einem männlichen Begleiter – meine Angelegenheit beim Herrn Reichsstatthalter persönlich vortragen könnte. [...] Ich bin allerdings etwas im Zweifel, ob eine mündliche Verhandlung mit dieser Stelle von unsereinem in befriedigender Weise geführt werden kann. Würden Sie mir mehr empfehlen, mich schriftlich an den Herrn Reichsstatthalter zu wenden?"[200]

Martha von Jan trifft auf eine reine Männerwelt in Politik und Kirche, in der die Frauen im Normalfall nichts zu sagen haben; ihre Aufgabe ist es nur, den Männern zu dienen. Ihr Schwager Huppenbauer berichtet ihr am 18. Dezember über den Stand der Dinge, den er recherchiert hat. „Die ganze Sache liegt beim Reichsjustizministerium in Berlin, weil es sich in dem Fall um das sogenannte Heimtückegesetz handelt. Ob die Sache weiterverfolgt wird, was immerhin sehr wahrscheinlich ist, hängt von dessen Entscheidung ab. Bis diese kommt, können immerhin noch Wochen vergehen. Haftentlassung bis dahin ist abgelehnt – was wahrscheinlich gut ist, da ziemlich sicher sonst von der Gestapo einstweilige Schutzhaft verhängt worden wäre. Wenn es dann zur Verhandlung kommt, wird dem Angeklagten ein Anwalt gestellt [...]. Bis dahin kann wirklich nichts unternommen werden von einem Anwalt."

So wird entschieden, auch wegen der hohen Kosten, das Mandat für den Anwalt zurückzuziehen; dieser ist damit einverstanden. Der Pfarrverein – eine Art „Gewerkschaft" der Pfarrer – hat schon signalisiert, dass er sich an den bevorstehenden Gerichtskosten beteiligen wird; diese finanzielle Solidarität sorgt für große Erleichterung.[201]

Das „Sondergericht für den Oberlandesgerichtsbezirk Stuttgart" unter dem Präsidenten Hermann Cuhorst lehnt am 12. Dezember die Beschwerde Julius von Jans gegen den Haftbefehl ab. „Im Gegensatz zu seinem Lehrmeister Martin Luther, der [...] über die Juden und gegen sie zu treffenden Maßnahmen das Nötige gesagt hat, hat der Beschuldigte geglaubt, für diese Fremdrasse von der evangelischen Kanzel aus eintreten zu müssen." Vom Beschuldigten wäre „mit Sicherheit zu erwarten [...], dass er die Freiheit zu neuen heimtückischen Angriffen auf die Regierung missbrauchen würde".[202]

So bleibt Julius von Jan weiterhin in Untersuchungshaft.

200 Bestand Richard von Jan
201 Bestand Richard von Jan
202 Original im Bestand Richard von Jan, Abschrift LKA PA JvJ G 81

Ein Brief Julius von Jans an seine Frau

Am Abend des 15. Dezembers schreibt Julius von Jan an seine Frau, seine „liebe Marthl", auf dem offiziellen Briefpapier des Gefängnisses.[203]

„Unser heutiges Zusammensein mit den verschiedenen aufregenden Nachrichten hat mich in rechter Unruhe und Sorge um dich zurückgelassen. Jetzt schäme ich mich, dass ich das Wort, das wir eine Viertelstunde vorher miteinander gelesen hatten aus Philipper 4 – ‚Sorgt euch um nichts!' –, so schnell vergessen habe. Wie trügt es doch, wenn wir nur auf Menschen sehen und nur einen Augenblick Gott aus den Augen verlieren. ‚Der Glaube ist mehr'! Wir dürfen zu ihm gehen und ihm alles anvertrauen, den Schmerz des Nichtverstandenwerdens von den Eltern, die Schwierigkeiten [...] und all die Geldfragen."

Der Amtsgerichtsrat in Kirchheim sei entsetzt gewesen über die Geldforderung des Rechtsanwalts und habe geraten, diesem sofort den Auftrag zu entziehen. „Da sei mindestens eine Null zu viel dran." Das Sondergericht würde ihm für den Fall der Verhandlung einen Anwalt stellen und die Kosten würden niemals diese Höhe erreichen.

Das Wohlergehen seines Sohnes liegt Julius von Jan sehr am Herzen. „Dass ich Richardle einmal wieder gesehen habe, hat mir wohlgetan. Gott Lob, dass der Bub so fröhlich ist! [...] Jetzt wollen wir aber eine Zeitlang ohne Richard zusammenkommen; es strengt ihn sonst zu sehr an."

Auch im Gefängnis ist Julius von Jan getragen von der tiefen inneren Verbundenheit mit seiner geliebten Frau. „Ja, unsere gemeinsame Vorbereitung auf den Bußtag war mir auch schon oft Grund zu danken. Wie viel ist es wert, dass wir uns in dieser ganzen Sache im Innersten eins wissen dürfen."

Seine Frau hat ihm bei einem Besuch ein kleines Bäumchen mitgebracht, was ihn sehr gefreut hat.[204] So schreibt er, den Weihnachtswunsch seiner Frau wolle er gern erfüllen und seiner Familie eine Andacht für den Heiligen Abend schreiben. Seit er im Gefängnis sei, habe er schon 26 Lieder aus dem Gesangbuch neu gelernt. „Das ist auch ein Reichtum, der mir damit geschenkt wurde." Von morgen an arbeite er nicht mehr in seiner Zelle, sondern im Gemeinschaftsraum mit den anderen zusammen. Am Ende des Briefes heißt es: „Gib Richardle einen Kuss von mir und habe du Dank für alle deine Liebe und Arbeit für mich."

203 Bestand Richard von Jan

204 Bericht JvJ 1949 für seinen Sohn zur Konfirmation, Bestand Richard von Jan

Wichtig: von der Straffache fchreiben, fonft wird der Brief nicht weiterbefördert.
Nie gefütterte Briefumfchläge verwenden!

Amtsgerichtsgefängnis Kirchheim unter Teck.

Abfender: _____

Anfchrift des Empfängers: _____

_____

Man beachte:

1. **Befuche:** Nur Montags von 14 — 16.30 Uhr, fonft ausgefchloffen.
Zugelaffen: nur nächfte Angehörige; fonftige Perfonen nur in dringenden gefchäftlichen Angelegenheiten. Jeweils nur eine Perfon.
Nicht zugelaffen werden: Kinder oder Perfonen des anderen Gefchlechts, die in keinem Angehörigenverhältnis ftehen. Erteilung der Befuchserlaubnis fchriftlich: bei Unterfuchungsgefangenen durch den zuftändigen Richter, bei Strafgefangenen durch das Gefängnisvorftand.
Befuche dürfen erhalten: Unterfuchungsgefangene einmal wöchentlich; Strafgefangene nur bei Strafen von mindeftens 4 Wochen und dann nur alle 4 Wochen einmal.
Wer durch unwahre Angaben eine Befuchserlaubnis erfchleicht, oder bei Befuchen zu fchmuggeln verfucht, hat Feftnahme und Strafverfolgung zu gewärtigen.
2. **Schreiberlaubnis:** für Unterfuchungsgefangene einmal die Woche, für Strafgefangene alle 4 Wochen einmal.
An Unterfuchungsgefangene darf nur einmal die Woche, an Strafgefangene nur alle 4 Wochen einmal gefchrieben werden. Etwa weiter eingehende Briefe werden entweder nicht angenommen oder zu den Effekten gebracht. Anfichtskarten und dergl. werden nicht ausgehändigt. Keine Briefmarken oder Banknoten in die Briefe legen! Haftung für Abhandenkommen wird abgelehnt.
3. **Abgegeben** werden darf nur: Geld und Wäfche.
Nicht hereingenommen werden: Lebensmittel, Rauchwaren, Kleider, fowie gewiffe Gebrauchsgegenftände wie Spiegel, Zahnpaften, Seifen, Schuhcreme und dergl. Wer Geld hat, kann fich durch das Gefängnis das Benötigte anfchaffen.
4. **Wäfcheabgabe:** nur zu den Befuchszeiten (f. oben). Dem Wäfchepaket ift ein genaues Inhaltsverzeichnis beizulegen. Etwa in den Wäfchepaketen enthaltene Lebensmittel werden in der Gefängnisküche verwendet.

Kirchheim unter Teck, den 15. Aug. 193_.

Meine liebe Mauff!

[handgeschriebener Brieftext, unleserlich]

Es darf nur auf die Linien gefchrieben werden, fonft unterbleibt die Beförderung des Briefes.

Ein Brief von Julius von Jan aus dem Gefängnis an seine Frau

Ein Brief an die Eltern

Am Abend des 27. Dezembers schreibt Julius von Jan an seine Eltern, die zu diesem Zeitpunkt immer noch völliges Unverständnis zeigen für seine Predigt:

> „Ihr könnt euch kaum denken, wie viel Liebe ich an diesem Weihnachtsfest erfahren durfte aus der Gemeinde Lenningen und von der Gemeinde Christi im ganzen Land und Reich. Das war ein ganz einzigartiges Erlebnis nicht nur für mich, sondern auch für Marthl. Und wie schön war es, wie Marthl, Liesel und Schwester Johanna mir hier im Besuchszimmer den Weihnachtstisch deckten, dass ich mit Marthl am Heiligen Abend eine ganze Stunde und am zweiten Feiertag eine halbe Stunde zusammen sein durfte. Auch das Feiern mit meinen drei Mitgefangenen war so schön, wie jedenfalls einer von ihnen es draußen nicht gehabt hätte. Und mir ist es ja eine große Freude, als der älteste Gefangene den jüngeren die frohe Botschaft sagen und mit ihnen singen zu dürfen. So dürft ihr also nicht denken, dass ich dieses Weihnachten traurig gefeiert hätte, wenn es auch wehmütig ist, solch ein Fest ohne Frau und Kind feiern zu müssen. Ich hatte eine Eingabe auf Entlassung über Weihnachten gemacht; sie blieb aber unbeantwortet. Nun bin ich froh, dass Marthl so viel Kraft bekam, auch das zu überstehen.
>
> Grüßt alle unsere Lieben und legt mit mir auch meine Zukunft getrost in Gottes Hände.
>
> Mir ist es besonders viel wert, dass ich den halben Tag Bibelarbeit treiben darf. Da sitze ich über dem zweiten Jesaja mit seinem ‚Tröstet, tröstet mein Volk‘ und seinem immer wiederkehrenden ‚Fürchte dich nicht‘. Gottes Wort [...] ist mir ein reicher Schatz, aus dem ich täglich schöpfe.
>
> [...] ins neue Jahr wollen wir im Geiste miteinander hineingehen mit der Jahreslosung 1939, die jetzt schon eingerahmt hier an der Wand hängt: ‚Fürchte dich nicht! Denn ich habe dich erlöst, ich habe dich bei deinem Namen gerufen, du bist mein.‘
>
> [...] Irgendjemand – ich weiß leider nicht, wer – hat mir zu Weihnachten auch meinen Denkspruch (Offenbarung 2,10) eingerahmt ins Gefängnis gesandt. Das hat mich auch sehr gefreut. Die Kälte habe ich bisher gut überstanden."[205]

Der „Denkspruch", den er 1911 von seinem Vater zur Konfirmation bekommen hat, ist für ihn nun hochaktuell. Vers 10 im zweiten Kapitel des biblischen Buches der Offenbarung lautet im ersten Teil: „Fürchte dich nicht vor dem, was du leiden wirst! Siehe, der Teufel wird einige von euch ins Gefängnis werfen, damit ihr versucht werdet, und ihr werdet in Bedrängnis sein zehn Tage." Dann folgt als zweiter Teil der Denkspruch: „Sei getreu bis in den Tod, so will ich dir die Krone des Lebens geben." Julius von Jan weiß nicht, was kommen wird; ihm

---

205 LKA PA JvJ B ohne Nr.

droht das Konzentrationslager. Das „Fürchte dich nicht" der Jahres-
losung wird ihm zum wichtigen Trost im turbulenten Jahr 1939 werden.

Amtsenthebung und Disziplinarverfahren

Ende Dezember 1938 stellt die Kirchenleitung per Erlass fest: „Durch
die gerichtliche Verhaftung ist Pfarrer von Jan [...] kraft Gesetzes vorläufig des Dienstes enthoben. Gesetzlicher Vorschrift gemäß ist in
diesem Fall ein Teil des Gehalts einzuhalten."[206] Ab Januar 1939
wird ihm sein Gehalt von monatlich etwa 600 Reichsmark[207] brutto
um ein Viertel gekürzt[208]; dies wird ihm nach Weihnachten im Gefängnis mitgeteilt. Das vermehrt die Sorgen des Familienvaters über die
Zukunft, auch angesichts der bevorstehenden Gerichtskosten.

Weil Julius von Jan von staatlicher Seite verhaftet worden ist, eröffnet die Kirchenleitung entsprechend ihren Vorschriften ein Disziplinarverfahren gegen ihn. Heißt das, sie folgt einfach blind diesen
Vorschriften? Ist sie über seine Predigt empört? Will sie den Nationalsozialisten ihre Loyalität demonstrieren? Oder will sie ihnen zeigen,
dass sie selbst gegen ihren Pfarrer vorgeht, um diesen damit vor der
Einweisung in ein Konzentrationslager zu bewahren?

Gut und Böse, Schwarz und Weiß verschwimmen auch hier in vielen Grautönen, in vielen Wegen, mit den Nationalsozialisten umzu-
gehen. Es gibt „Fundamentalisten" wie Julius von Jan, der in keiner
Weise bereit ist, sein Fundament von Werten aufzugeben, und nur
nach seiner Überzeugung handelt. Und es gibt angepasste „Realisten", manche würden vielleicht sagen, Opportunisten, wie Bischof
Wurm, dem es gelingt, die württembergische Landeskirche äußerlich
halbwegs unbeschadet durch die Zeit des Dritten Reiches zu führen.
Oft erreichen die Realisten vordergründig mehr. Aber die Menschen
mit einem tief verwurzelten Fundament sind es, die anderen in ihrem
Denken und Handeln als Vorbild dienen können und so letztlich die
Welt verändern.

---

206 Brief vom 28. Dez. 1938, LKA Dekanatamt Kirchheim 551 b
207 Besoldungsblatt Julius von Jan, LKA PA JvJ C ohne Nr.
208 Brief vom 28. Dez. 1938, LKA Dekanatamt Kirchheim 551 b

Das Zeugnis von Dekan Leube

Dekan Martin Leube in Kirchheim, der unmittelbare Vorgesetzte von Julius von Jan, gibt am 4. Januar 1939 ein Zeugnis ab über ihn und für ihn:

„[...] ich weiß, dass Pfarrer von Jan mit tiefem Kummer daran getragen hat, dass einzelne Volksgenossen einen Zustand der Rechtlosigkeit herbeiführen, wobei die Aprilgeschehnisse nahebei in Kirchheim besonders ins Gewicht fielen.[209] Ein Christ sieht solche Erscheinungen im Volksleben im Licht des Gerichtes Gottes, und weiß sich selbst verpflichtet, als Seelsorger die ihm anvertrauten Menschen zu warnen. Pfarrer von Jan war angesichts der Novembervorkommnisse überaus ernst gestimmt und konnte sich nicht von der Verantwortung losmachen, am allgemeinen Bußtag der Deutschen Evangelischen Kirche gegen die zerrüttenden und die Bindungen der Gebote Gottes zerreißenden Erscheinungen im Volksleben seine Stimme zu erheben. Wie die im Gottesdienst zugegen gewesen Gemeindeglieder vielfach bezeugen, hat er dies in sehr ernstem, ruhigem, nicht in leidenschaftlich erregtem Ton getan."[210]

Standhaft

Im Gefängnis hat Julius von Jan viel Zeit zum Nachdenken. Er bekommt Besuch vom Prälaten Hoffmann und von einem weiteren Mitglied der Kirchenleitung, Erich Eichele, mit dem er befreundet ist. Er ist dankbar, dass „seine Kirche" sich um seine Freilassung bemüht.

Bischof Wurm erwartet von ihm eine Erklärung, warum er ihn in der Predigt offen kritisiert hat, will ihm möglicherweise eine Brücke bauen. Für Julius von Jan wäre es nun am einfachsten und vorteilhaftesten, hier klein beizugeben und sich zu entschuldigen – zu „widerrufen". Mitte Januar 1939 schreibt er seinem Bischof:

„Und nun haben Sie gewünscht, dass ich mich äußern möchte zu dem Satz meiner Bußtagspredigt, in dem ich meinem Schmerz Ausdruck gab darüber, dass auch Sie es ‚nicht als Ihre Pflicht erkannt hätten', sich auf die Seite der Männer der Vorläufigen Kirchenleitung zu stellen, die das Wort Gottes in einer entscheidenden Stunde gesagt haben. Sie wissen, dass ich Vertrauensmann der Bekenntnisgemeinschaft bin und dass die Vertrauensleuteversammlung einstimmig durch Telegramm und Brief Sie gebeten hat, diesen Riss wieder zu heilen. Sie glaubten, das

209 Der Dekan bezieht sich hier auf die brutalen Attacken der Nationalsozialisten gegen Otto Mörike im April 1938.
210 LKA Pfarramt Oberlenningen 241

nicht tun zu können; das berührt nicht nur mich schmerzlich, sondern auch [...] Gemeindeglieder [...]. Auf ihre Fragen musste ich in der Predigt antworten [...]. Ich kann nur sagen: Ich stehe bis heute zu jedem Satz und Wort meiner Predigt und danke Gott, dass er mir die Menschenfurcht sowohl auf der Kanzel als unter dem tobenden Volkshaufen genommen hat.

Ich empfinde es auch heute noch schmerzlich, dass Sie dem Herrn Kirchenminister Waffen in die Hand gegeben haben, um die Führer der Bekennenden Kirche in Preußen zu bekämpfen. Ich urteile nicht darüber, dass Sie eine andere kirchenpolitische Taktik für richtig halten. Das ist eine Frage, die innerhalb der Bekennenden Kirche zu erörtern ist. Aber nach meiner Überzeugung war Ihr Handeln in Berlin ein Verstoß gegen 1. Korinther 6,1 ff. [...] Sie und Ihre Mitbischöfe hätten die Möglichkeit gehabt, die Verantwortung für jenen Gottesdienstentwurf abzulehnen, ohne die Brüder zu belasten durch die Erklärung, dass Sie den Entwurf ‚aus politischen und religiösen Gründen verwerfen'. Wäre Ihnen solche Neutralität nicht zugestanden worden, so hätten Sie eher den äußeren ‚Frieden' unserer württembergischen Kirche opfern müssen als die Brüder in Christo. Dieser Preis für den ‚Frieden' der Kirche, der ja doch kein Friede ist, ist zu teuer! [...]

Ich weiß, dass ich durch meinen Brief Ihre Stellung nicht beeinflussen kann. Aber ich bitte Sie auch, meine Stellung zu verstehen, die mir durchs Wort Gottes gegeben ist."[211]

Im ersten Korintherbrief[212] fordert der Apostel Paulus die Christen auf, bei einem Konflikt mit anderen Christen nicht zu einem staatlichen Richter zu gehen, sondern den Streit von der christlichen Gemeinde schlichten zu lassen. Julius von Jan hat erwartet, dass auch sein Bischof im Oktober 1938 seine Kritik an dem Bußgebet der Bekennenden Kirche intern vorbringt. Doch Wurm hat sich vom Reichskirchenminister zu einer scharfen Missbilligung verleiten lassen und damit dem Unrechtsregime eine Waffe gegen die Verfasser in die Hand gegeben.

Julius von Jan bleibt standhaft. Aus seinem Glauben schöpft er eine große innere Stärke und die Freiheit, Gott mehr zu gehorchen als den Menschen. Der Glaube nimmt ihm die Angst vor den Herren dieser Welt, seien sie Diktator oder Bischof.

211   16. Jan. 1939, LKA PA JvJ G 31
212   Kapitel 6, Verse 1–11

Die Verlegung nach Stuttgart

Inzwischen hat sich gezeigt, dass es für Julius von Jan ohne einen Anwalt nicht geht. Wilhelm Huppenbauer und Marthas Bruder Friedrich Munz machen sich kundig; ein Rechtsanwalt namens Reuter ist bereit, den Fall zu übernehmen.[213] Julius von Jan schreibt:

> *„Offenbar gefiel es der Gestapo nicht, dass ich so nahe bei meiner Gemeinde in Haft saß. Am 23. Februar 1939 wurde ich durch zwei Gestapobeamte aus Stuttgart plötzlich abgeholt und ins Amtsgerichtsgefängnis Stuttgart (Urbanstraße) überführt. Dort hatte ich eine bessere Zelle, war immer allein, durfte nur wenig Besuch empfangen durch meine nächsten Angehörigen und hatte stumpfsinnige Arbeit in der Zelle zu tun. Der Gefängnisgeistliche Daniel Schubert besuchte mich treu und brachte mir auch ein griechisches Neues Testament in die Zelle, wofür ich besonders dankbar war."*[214]

Die stumpfsinnige Arbeit, die er zu tun hat: *„Schnüre verlesen (Hanf und Jute) und Sisalschnüre in die einzelnen Fasern zerteilen."* Seine Frau darf ihn *„wöchentlich einmal besuchen, hielt sich aber dann in Erwartung meiner Entlassung drei Wochen in Stuttgart [...] auf."* Der Sohn Richard darf seinen Vater mit seiner Mutter zusammen auch einmal besuchen und ist die restliche Zeit bei seiner Tante Maria Huppenbauer in Eningen bei Reutlingen.[215]

Auf eine weitere Beschwerde Julius von Jans gegen den Haftbefehl entscheidet das Sondergericht mit Hermann Cuhorst als Vorsitzenden am 27. März: *„Der Haftbefehl wird aufgehoben."* Fluchtverdacht liege nicht vor. Auch *„die Erregung der Öffentlichkeit [...] ist nicht mehr gegeben"*[216].

Im Gefängnis der Gestapo

Frei ist Julius von Jan aber nicht. *„Im Gefängnishof stand das Gefangenenauto der Gestapo und brachte mich in das Polizeigefängnis Stuttgart in der Büchsenstraße, wo ich direkt der Gestapo unterstellt war, Fingerabdrücke von mir gemacht und genaue erkennungsdienstliche Aufzeichnungen über mich aufgenommen wurden. Das Aufsichtspersonal war sehr streng. Eine Plage waren die Wanzen; doch half mir auch hier Gebet und Gottes Wort, dass ich alles getrost ertragen*

213 Brief von Friedrich Munz an Wilhelm Huppenbauer vom 12. Jan. 1939, Bestand Richard von Jan

214 Stuttgarter Evangelisches Sonntagsblatt, 25. Aug. 1957

215 Bericht JvJ 1949 für seinen Sohn zur Konfirmation, Bestand Richard von Jan

216 LKA PA JvJ G 37/1

konnte, wenn mir's auch oft sehr weh ums Herz wurde, weil ich jetzt auf keine Freiheit mehr zu hoffen wagte.

Meine Andachtsbücher bekam ich auch dort. Sie waren umso wichtiger, als man keinerlei Arbeit bekam. Zuerst war ich allein in der Zelle; nach elf Tagen wurde ein Engländer zu mir hereingelegt. Er hieß [...], war aus vornehmem Geschlecht, ein Neffe von Lord [...]. Wegen angeblicher Spionage war er auf dem Stuttgarter Bahnhof verhaftet worden, weil er sich mit einem deutschen Soldaten unterhielt. Ich hatte nicht den Eindruck, dass er ein Spion war. Deutsch konnte er gar nicht; unsere Unterhaltung vollzog sich ausschließlich in Englisch. Täglich ergingen über ihn stundenlange entsetzliche Verhöre, von denen er immer ganz verstört zu mir zurückkam. Deshalb las ich ihm viel vor aus meiner Bibel, weil gerade die Karwoche war, vor allem die Leidensgeschichte. Es war mühsam, weil ich alles erst ins Englische übersetzen musste. Aber er war sehr dankbar dafür, sowie für jedes Gebet. Doch geriet er durch die Verhöre so in Verzweiflung, dass er jede Nacht Selbstmordversuche machte, und ich schließlich gar nicht mehr zu schlafen wagte, um ihn daran zu hindern. Er wurde plötzlich in eine andere Zelle verlegt und erhängte sich dort gleich in der ersten Nacht. Dieses Erlebnis hat mich sehr mitgenommen."[217]

Was ihn noch mehr umtreibt, ist das, was er von seiner Frau hört. Sie hat ihn mit ihrem Sohn am 28. März „im Amtsgerichtsgefängnis besuchen wollen und schließlich im Polizeigefängnis gefunden. In Gegenwart eines Gestapobeamten durften wir uns sprechen; dieser stellte sehr ernst in Aussicht, dass ich ins Konzentrationslager Welzheim kommen werde, da meine Predigt auch im Ausland verbreitet worden sei." Das ist für Martha zu viel, „und sie brach in den Nerven zusammen. Es stellten sich Weinkrämpfe ein, wobei ihre Finger steif wurden."[218]

Marthas Bruder Friedrich Munz bringt sie deshalb am nächsten Tag nach Tübingen ins Tropengenesungsheim und den Sohn Richard ins Kinderheim daneben. „Dort fand sie verständnisvolle Pflege von Ärzten und Schwestern, sodass sie am Karfreitag, 7. April, mit ärztlicher Hilfe und in [...] Begleitung sogar geschwind nach Stuttgart fahren konnte, um mit mir im Gefängnis das Heilige Abendmahl zu feiern."[219]

217 Bericht JvJ 1949 für seinen Sohn zur Konfirmation, Bestand Richard von Jan
218 Bericht JvJ 1949 für seinen Sohn zur Konfirmation, Bestand Richard von Jan
219 Bericht JvJ 1949 für seinen Sohn zur Konfirmation, Bestand Richard von Jan

Julius von Jan hat sich schon im Herbst 1938 in seiner ersten Nacht im Gefängnis große Sorgen um seine Frau gemacht. Im Frühjahr 1939 schreibt er:

> „Ganz besonders beunruhigte mich auch die Sorge um meine liebe Frau, ob sie diese Bewährungsprobe nach all ihren Krankheiten noch bestehe. In der Tat brachten ihr auch die Ereignisse dieser Nacht eine seelische Erschütterung, die bis heute nicht geheilt ist. Umso wunderbarer ist es, wie Gott ihr die Kraft schenkte, noch vier Monate aufrecht zu bleiben, und als sie dann am 28. März 1939 auf meine Überführung ins Polizeigefängnis Stuttgart körperlich zusammenbrach, wie sie dann [...] körperlich sich erholen durfte. Freilich war es eine entsetzlich schwere Zeit für sie, dreimal suchen zu müssen, in welches Gefängnis ich überführt sei. Jede Woche ins Gefängnis zu gehen und dann sich wieder von mir trennen zu müssen, ohne zu wissen, ob man sich wiedersehen würde.
>
> Und fast noch schwerer war das Gefühl des Geächtetseins, das Gefühl der Unsicherheit, Schutzlosigkeit und Rastlosigkeit im Dritten Reich, das durch dieses Erlebnis vom 25. November nicht mehr von ihr weichen wollte. Was sie in der Stille gelitten hat, kann ich hier nicht so beschreiben, wie ich meinen offenbaren Leidensweg beschreiben kann. Aber es ist mir heute klar, dass es leichter ist, misshandelt und gefangen zu werden, als die Frau eines Misshandelten und Gefangenen zu sein.“[220]

220 Mai/Juni 1939, Bestand Richard von Jan

Im Exil

„Ein Weichen vor der Gewalt, bis mich die Heimat wieder einmal aufnehmen wird"

JULIUS VON JAN

Entlassung und Ausweisung

Am 13. April 1939 wird Julius von Jan überraschend aus dem Polizeigefängnis entlassen.[221] Die Gestapo erlässt an diesem Tag eine Verfügung: Julius von Jan ist „der Aufenthalt in Württemberg-Hohenzollern untersagt". Er habe das Gebiet bis spätestens 15. April 1939, 24 Uhr, zu verlassen „mit der polizeilichen Auflage, sich unter Vorlage dieser Verfügung an seinem neuen Niederlassungsort polizeilich zu melden und diesen Niederlassungsort der Stapoleitstelle Stuttgart unverzüglich anzuzeigen".[222] Der widerständige Pfarrer wird also des Landes verwiesen, bleibt aber in den Fängen der Gestapo. Die Ermittlungen gegen ihn laufen weiter.

Über diese Zeit schreibt er:

„So war ich plötzlich frei, durfte noch zwei Tage in Württemberg sein, aber Oberlenningen nicht betreten. Sollte ich diesem Befehl gehorchen oder dennoch in meine Pfarrei zurückkehren [...]? [...] Mein Kirchengemeinderat in Oberlenningen war so gespalten, dass er keinen Beschluss über meine Rückkehr fassen konnte. [...] Auch hatte mich das Studium der Schrift (Matthäus 10,23) [...] überzeugt, dass ich unter den gegebenen Verhältnissen nicht an meine Oberlenninger Gemeinde gebunden sei und meinem Herrn auch an anderer Stelle dienen dürfe."[223]

Laut der Bibel schickt Jesus seine Jünger los, die gute Nachricht von Gottes kommendem Reich weiterzusagen, und er gibt ihnen mit auf den Weg (Matthäus 10,23): „Wenn sie euch in einer Stadt verfolgen, dann flieht in eine andere." Es gibt genug zu tun für Gott und die Menschen – wenn nicht in der einen Stadt, dann eben in einer anderen.

---

221 Schreiben vom 13. April 1939 an den Oberkirchenrat, LKA Dekanatamt Kirchheim 551 b
222 Original Bestand Richard von Jan, Abschrift LKA PA JvJ G 46/2
223 Stuttgarter Evangelisches Sonntagsblatt, 25. Aug. 1957

Geheime Staatspolizei

Staatspolizeileitstelle Stuttgart

Nr. II B 1 - 157/39.

Bitte in der Antwort vorstehendes Geschäftszeichen
und Datum anzugeben

Stuttgart 5, den   13. April 1939.
Wilhelm-Murr-Straße 10

V e r f ü g u n g .

Auf Grund von § 1 der VO. des Reichspräsidenten
zum Schutze von Volk und Staat vom 28.2.1933 (RGBl. I S. 83)
wird dem

Julius von J a n , verh.ev. Pfarrer,
geb.17.4.97 zu Schweindorf,Krs.Neres-
heim, wohnh. in Oberlenningen Krs.
Nürtingen,

der Aufenthalt im Gebiet Württemberg-Hohenzollern untersagt.
Er hat das Gebiet Württemberg- Hohenzollern bis spätestens

15. April 1939, 24.00 Uhr,

zu verlassen mit der polizeilichen Auflage, sich unter Vorlage
dieser Verfügung an seinem neuen Niederlassungsort polizeilich
zu melden und diesen Niederlassungsort der Stapoleitstelle
Stuttgart unverzüglich anzuzeigen.

J.A.

An den

Pfarrer Julius von J a n

zur Zeit S t u t t g a r t .

Gestapo. Vordr. 2. X. 38. 20 000

Ausweisung Julius von Jans durch
die Gestapo am 13. April 1939

Wohin soll die Familie gehen? Es gibt Verwandte in Bayern und in Kassel, doch dahin wollen sie nicht, um niemand zu gefährden.[224] Julius von Jan fährt fort: *„So fuhr ich nach Tübingen zu meiner kranken Frau, um zu beraten, wohin wir gehen. Der evangelische Oberkirchenrat in Stuttgart riet uns, in Bayern Zuflucht zu suchen, und der Chefarzt des Tropengenesungsheims sorgte nun dafür, dass wir am 15. April 1939 in Engelthal bei Hersbruck im Neuendettelsauer Heim samt unserem Kind liebevollste Aufnahme fanden. Dort durfte meine Frau genesen."*[225]

Mit seiner Familie geht Julius von Jan in die Verbannung, ins bayerische Exil – es wird länger dauern, als er zu diesem Zeitpunkt glaubt. Zuflucht findet die Familie zunächst in Engelthal in Mittelfranken, 30 Kilometer östlich von Nürnberg.[226]

Der Sohn Richard sagt in der Rückschau, mit dieser Fahrt nach Bayern setze für ihn als Vierjährigen die erste bewusste Erinnerung ein. Für ihn ist das ein großes Abenteuer. Dem Kleinen fällt nicht auf, wie gestresst seine Eltern sind, aber auch wie dankbar, hier aufgenommen zu werden. Seinem Freund Erich Eichele schreibt Julius von Jan über seine Familie und das Leben in Engelthal:

„Mir persönlich geht es recht ordentlich, aber die Nerven meiner Frau haben sehr gelitten; die Erschütterung vom 25. November war zu schwer, als dass ihr durch eine solche Erholungszeit wirklich geholfen werden könnte. Der Schrecken über die Unsicherheit, in der wir leben, begleitet sie überall hin.

Am besten ist es für sie, solange wir hier in der Anstalt leben können. Das Neuendettelsauer Heim ist eine schöne große Pflegeanstalt mit etwa 250 Kranken [...]. Wir wohnen mit anderen Gästen in einem besonderen Haus innerhalb des Anstaltsgeländes, was allerdings für Richard etwas einsam ist. Aber da wir jede Woche zu meiner Schwester in das 13 Kilometer entfernte Röthenbach an der Pegnitz können, wo vier Kinder herumtollen, so kommt er dadurch zu seinem Recht."[227]

Die württembergische Kirchenleitung schreibt im Mai an die bayerische Landeskirche. Sie informiert über das Geschehen, schickt auch eine Abschrift der Bußtagspredigt mit und bittet, „Pfarrer von Jan eine Tätigkeit zuzuweisen. Eine pfarramtliche Gemeindearbeit käme dafür zunächst wohl weniger in Betracht [...]."[228]

224 Bericht JvJ 1949 für seinen Sohn zur Konfirmation, Bestand Richard von Jan
225 Stuttgarter Evangelisches Sonntagsblatt, 25. Aug. 1957
226 Mitteilung von F. Munz, Schwager von Julius von Jan, an den Oberkirchenrat laut Vermerk vom 25. April 1939, LKA PA JvJ G 44
227 13. Juni 1939, LKA Dekanatamt Kirchheim 551 b
228 22. Mai 1939, LKA PA JvJ G 45

Belastend ist die Ungewissheit, was die Nationalsozialisten mit ihm vorhaben. Stets muss er mit unliebsamer Post rechnen.

Die Anklage

Der Oberstaatsanwalt des Sondergerichts in Stuttgart hat seine Ermittlungen vorangetrieben und schickt am 23. Mai 1939 dem Vorsitzenden seine Anklageschrift.[229] Er beantragt eine Hauptverhandlung. Julius von Jan habe sich am 16. November 1938 „in empörender Weise gegen die Juden- und Rassenpolitik des Dritten Reiches [...] gewandt". Das weist dieser später in einer undatierten Stellungnahme zurück: Die Predigt habe sich nur gegen die Ausschreitungen des 9. Novembers 1938 gerichtet.[230]

Julius von Jan habe, schreibt der Oberstaatsanwalt weiter,

„1) öffentlich gehässige, hetzerische und von niedriger Gesinnung zeugende Äußerungen über leitende Persönlichkeiten des Staates und der NSDAP, über ihre Anordnungen und die von ihnen geschaffenen Einrichtungen gemacht, die geeignet sind, das Vertrauen des Volkes zur politischen Führung zu untergraben, und in Tateinheit hiemit

2) als Geistlicher in einer Kirche vor Mehreren Angelegenheiten des Staats in einer den öffentlichen Frieden gefährdenden Weise zum Gegenstand seiner Verkündigung und Erörterung gemacht." Er wirft dem Pfarrer vor, ein Vergehen nach dem Heimtückegesetz begangen und auch gegen den Kanzelparagraf im Strafgesetzbuch verstoßen zu haben.

Julius von Jan erklärt dazu: „Eine ‚hetzerische‘ Absicht lag mir völlig fern, da ich als Christ der Obrigkeit untertan bin und auch als Deutscher schätze, was in wirtschaftlicher, militärischer und politischer Hinsicht seit 1933 geleistet worden ist. Ich habe in meiner Predigt nur die mir über das Wort Gottes gebotene Kritik geübt an den Sünden unseres Volkes, einerlei in welchen Kreisen sie getan wurden. Auch diese Kritik aber übte ich nicht als Richter über mein Volk, sondern als von Gott beauftragter Seelsorger, der mit dem Volk unter seinen Sünden leidet und für sein Volk fürbittend vor Gott tritt."

---

229 LKA PA JvJ G 54/2

230 „Erklärungen des Angeklagten zu einzelnen Punkten der Anklageschrift" von Julius von Jan. Ohne Datum. Julius von Jan hat, wie aus Schriftwechseln hervorgeht, die Anklageschrift frühestens im Laufe des Juli 1939 zu Gesicht bekommen. Laut seinem Brief an Erich Eichele vom 3. Juli 1939 (LKA PA JvJ G 47) gibt es zu diesem Zeitpunkt widersprüchliche Aussagen darüber, ob das Sondergericht die Anklageschrift vom 23. Mai 1939 erhalten hat oder nicht.

„Verderblicher Einfluss des Judentums"

Von Mai bis Juni 1939 notiert Julius von Jan einige Erlebnisse aus der bisherigen Zeit im Dritten Reich; diese Aufzeichnungen widmet er unter dem Titel „*Im Dienste des Gekreuzigten! Erinnerungen*" seinem Sohn Richard.[231] Auf der ersten Seite verweist er auf die Bibelstelle 2. Korintherbrief 6,8. Dort schreibt der Apostel Paulus: „Es macht mir nichts aus, ob ich geehrt oder beleidigt werde, ob man Gutes über mich redet oder Schlechtes. Ich werde als Betrüger verdächtigt und bin doch ehrlich." Niemals hätte sich der konservative Patriot Julius von Jan bis 1933 träumen lassen, dass sein Vaterland, für das er als Freiwilliger in den Ersten Weltkrieg zog, ihn einmal wie einen ehrlosen Verbrecher ins Gefängnis stecken würde.

Zu Beginn nimmt er Stellung zu den Nationalsozialisten:

„*Die Erhebung der deutschen Nation unter der starken Führung des großen Kanzlers Adolf Hitler war auch für die evangelische Kirche Deutschlands ein Erlebnis, das im Jahr 1933 voll Dank gegen Gott gefeiert und begrüßt wurde. Was der Führer auf wirtschaftlichem und politischem und militärischem Gebiet in wenigen Jahren zustande brachte bis hin zur Schaffung des Großdeutschen Reichs im Jahr 1938 und 1939, haben wir jederzeit in Ehrfurcht gewürdigt und auch selbst nach Kräften mit gearbeitet um einen gesunden Aufbau.*

Umso schmerzlicher war es für alle überzeugten Christen, die ihr Vaterland lieb hatten, wie dieser großartige Aufbau Hand in Hand ging mit einem Weltanschauungskampf, in welchem die führende Kreise immer schärfer Stellung nahmen gegen das Wort vom Kreuz, wie es die Kirche Christi zu verkündigen hatte."

Bevor er die Ausschreitungen gegen die Juden im November 1938 und seine Predigt schildert, schreibt er:

„*Da sollte sich mein Schicksal entscheiden an der Judenfrage. Ich habe dem Staat nie das Recht bestritten, den verderblichen Einfluss des Judentums auf unser Volk durch Gesetze zu unterbinden und habe diese Gesetze nie kritisiert. Höchstens habe ich ab und zu Stellung genommen gegen die starke Selbsttäuschung, als käme alles Unglück im deutschen Volk von den Juden und wären wir Arier die edelsten Menschen, wenn keine Juden unter uns wohnen würden.*"[232]

Das klingt nicht viel anders als bei Bischof Wurm; Julius von Jan teilt offensichtlich die Vorurteile seiner Zeit gegen die jüdische Bevölkerung. Umso erstaunlicher ist es, dass er sich für die verfolgten Juden eingesetzt, sich selbst und seine Familie in große Gefahr gebracht hat

---

231 Mai/Juni 1939, Bestand Richard von Jan
232 Zitiert auch in: Juden – Christen – Deutsche (Röhm/Thierfelder 1995), S. 91

– aus seinem Gewissen heraus, aus dem Gehorsam gegen Gottes Gebote.

Vielleicht spielt auch eine Rolle, dass ihm eine schwere Gerichtsverhandlung bevorsteht, dass er sich in diesen Tagen überlegt, wie er sich verteidigen wird; er muss auch an seine angeschlagene Frau und an seinen Sohn denken. Julius von Jan ist als Mensch und als Bürger an seiner Leistungsgrenze.

Warten auf den Prozess

Ende Juni schreibt Julius von Jan erneut an Bischof Wurm. Er ist Anfang Juni bei der bayerischen Kirchenleitung gewesen und von dort zurückgekehrt mit dem Entschluss, in Wörnitzostheim bei Nördlingen die Vertretung für die dortige Pfarrstelle zu übernehmen. Das liegt nicht weit entfernt von Schweindorf, seinem Geburtsort. Doch er wartet täglich auf eine Vorladung zur Gerichtsverhandlung. Sein Herz hängt weiter an Oberlenningen; die meisten Möbel der Familie sind immer noch im dortigen Pfarrhaus. „Ich betone, dass ein etwaiges Wegfahren meiner Möbel aus Oberlenningen nach Bayern niemals bedeuten würde, dass ich freiwillig auf meine Gemeinde verzichten würde. Ich kehre dorthin zurück, sobald mich keine Gewalt daran hindert."[233]

Anfang Juli schreibt er seinem Freund Erich Eichele zur vorgesehenen Pfarrstelle: „Die abgelegene Dienststelle ist wohl nicht nach unseren Wünschen; aber das ist jetzt ja gar nicht ausschlaggebend. Wenn uns Gott da wieder eine Heimat auftun will, wo wir zusammenleben können in eigener Behausung, so sagen wir ja dazu. [...] Dieser Umzug würde aber keinen freiwilligen Verzicht auf meine Pfarrstelle Oberlenningen bedeuten, sondern nur ein Weichen vor der Gewalt, bis mich die Heimat wieder einmal aufnehmen wird."[234]

Lieber als in die „abgelegene Dienststelle" würde Julius von Jan nach Bethel in Bielefeld gehen und dort in der „Inneren Mission" arbeiten, die heute Diakonie genannt wird; dort ist er 1922 während seines Studiums einige Wochen als Helfer gewesen. Kirchenrat Eichele hat ihn gewarnt – dies sei bei seinem schwebenden Verfahren erschwert und nicht ratsam.[235] Nachgefragt hat Julius von Jan in Bethel dennoch,

233 23. Juni 1939, LKA PA JvJ G 50
234 3. Juli 1939, LKA PA JvJ G 47
235 Briefe vom 12. Mai und 9. Juni 1939, Bestand Richard von Jan

doch er bekommt von dort lediglich „*freundliche Absagen*", wie er nun Anfang Juli schreibt.[236]

Der lange Arm der NSDAP

Die bayerische Landeskirche überträgt Julius von Jan die „Verwesung", die Vertretung der Pfarrstelle Wörnitzostheim bei Nördlingen ab dem 16. Juli 1939.[237] Nur der Religionsunterricht an der öffentlichen Schule ist ihm verboten, wegen der laufenden Anklage.

Martha von Jan ist wieder so weit gesund, dass sie nach Oberlenningen reisen kann, um den Umzug vorzubereiten. Doch muss Julius von Jan seiner Frau per Telegramm am 17. Juli mitteilen: „Umzug unmöglich." Er muss die Schlüssel für das Wörnitzostheimer Pfarrhaus, die ihm erst am Vortag ausgehändigt worden sind, wieder abgeben und findet kurzfristig Asyl im Pfarrhaus im benachbarten Alerheim.[238] Die Familie von Jan packt in Engelthal eilig ihre Sachen zusammen und kommt am 19. Juli nach Ortenburg bei Passau als neuem Ort in der Verbannung.[239] Am 22. Juli macht die bayerische Landeskirche die Berufung für Wörnitzostheim offiziell „mit sofortiger Wirkung rückgängig [...]. Pfarrer von Jan wird bis auf weiteres die Verkartung der Ortenburger Kirchenbücher übertragen. [...] Auch wird Pfarrer von Jan gestattet, soweit das erwünscht und möglich ist, in Ortenburg und Passau zu predigen."[240]

Was ist geschehen? Der Plan scheitert am langen Arm der NSDAP. Der bayerische Landesbischof Hans Meiser vermerkt am 19. August:

„Wie ich von Pfarrer von Jan erfahre, musste seine [...] Beauftragung [...] deshalb wieder zurückgezogen werden, weil der dortige Bürgermeister, zugleich Kreisbauernführer, ihm drei Tage vor dem Aufzug sagen ließ, die politische Leitung werde alles tun, um seinen Aufzug unmöglich zu machen. Pfarrer von Jan hatte auf die Frage des Kirchengemeinderats, warum er nicht in Württemberg im Dienst bleiben könne, wahrheitsgemäß Auskunft gegeben. Daraufhin war der Bürgermeister des Orts, der nicht dem Kirchengemeinderat angehört, mit dem Landrat und Kreisleiter nach Augsburg zum stellvertretenden

236 3. Juli 1939, LKA PA JvJ G 47
237 LKA PA JvJ G 51
238 Laut undatierter handschriftlicher Notiz des württembergischen Oberkirchenrats über eine „mündliche Mitteilung von Frau von Jan", LKA PA JvJ G 51
239 Gemeindebrief Ortenburg, Okt./Nov. 1988, LKA Pfarramt Oberlenningen 243/2
240 Bestand Richard von Jan

Gauleiter gefahren, wo ihm gesagt wurde, er solle den Aufzug unter allen Umständen verhindern und selbst vor Tumult nicht zurückschrecken. Pfarrer von Jan, der noch vom Vertreter des Landrats von Nördlingen unmittelbar gewarnt wurde, seine Stelle in Wörnitzostheim anzutreten, hat daraufhin auf einen Aufzug in Wörnitzostheim verzichtet."[241]

Sicherlich ist es klug gewesen, schnell nachzugeben. Die Nationalsozialisten hätten sonst einen guten Grund gehabt, Julius von Jan auch aus Bayern auszuweisen. Ohnehin wird Julius von Jan weiter überwacht, muss auch damit rechnen, dass Briefe an ihn vor der Zustellung geöffnet und gelesen werden.

Neue Zuflucht in Ortenburg

Im Rückblick schreibt Julius von Jan: „Hierauf folgte ich dem Rat von Landesbischof Dr. Meiser und zog Ende Juli 1939 in die bayrische Diaspora nach Ortenburg bei Passau, wo sich eine evangelische Konfirmandenanstalt und ein evangelisches Freizeitenheim, verbunden mit evangelischer Haushaltungsschule befand. In diesem Heim wurden wir von den Augsburger Schwestern freundlich aufgenommen und versorgt."[242]

Nach dem Fehlschlag soll Julius von Jan im weit entfernten Ortenburg „erst einmal einige Wochen still [...] leben und dann versuchen zu predigen", wie er später notiert.[243] Die wenigen Möbel, die die Familie nach Engelthal mitgenommen hat, muss sie anderswo unterstellen; nur zwei Räume in der Haushaltungsschule kann sie bewohnen. Dieses Provisorium wird viel länger dauern, als die Familie zunächst glaubt.

„Im September 1939 begann ich wieder zu predigen in Passau und Ortenburg, und es schien sich mir im dortigen Diasporagebiet ein neues Wirkungsfeld zu bieten", schreibt Julius von Jan.[244] Später predigt er auch in Vilshofen und Deggendorf, und er gewinnt die Achtung der Gemeinden.

Für Julius von Jan ist inzwischen ein Gerichtstermin am 12. September angesetzt. Doch dann beginnt der Zweite Weltkrieg. Viele Männer werden zum Heeresdienst eingezogen, auch Rechtsanwalt Reuter; dessen Kollege Köstlin wäre bereit, die Verteidigung zu übernehmen.[245]

---

241 LKA PA JvJ G 52
242 Stuttgarter Evangelisches Sonntagsblatt, 1. Sept. 1957
243 Bericht JvJ 1949 für seinen Sohn zur Konfirmation, Bestand Richard von Jan
244 Stuttgarter Evangelisches Sonntagsblatt, 1. Sept. 1957
245 Brief vom 29. Aug. 1939, Bestand Richard von Jan

Der Zweite Weltkrieg beginnt

„Seit 5.45 Uhr wird jetzt zurückgeschossen!" Eine dreiste Lüge von Adolf Hitler markiert am 1. September 1939 den Beginn des Zweiten Weltkriegs. Deutsche SS-Leute inszenieren in polnischen Uniformen einen Überfall auf den Rundfunksender Gleiwitz. Dies liefert den Vorwand für den Einmarsch deutscher Soldaten in Polen, formell als „Strafaktion", nicht als Krieg. Frankreich und Großbritannien fordern den Rückzug; Hitler lässt das Ultimatum verstreichen, die beiden Großmächte erklären am 3. September dem Deutschen Reich den Krieg. Einen „großen" Krieg hat der Diktator zu diesem Zeitpunkt eigentlich vermeiden wollen, er hat sich verkalkuliert. Die meisten Deutschen sind zum Leidwesen Hitlers kriegsmüde; sie erinnern sich noch gut an die schlimme Zeit des Ersten Weltkriegs. Der Kriegsbeginn erschreckt die Menschen. Dies wird sich bald ändern, angesichts schneller deutscher Erfolge – bevor später wieder Trostlosigkeit und Hoffnungslosigkeit Einzug halten werden.

Kaum vorstellbar, dass dieser Zweite Weltkrieg das Grauen und die Ungeheuerlichkeiten des Ersten Weltkriegs noch weitaus übertreffen wird.

Die Beurlaubung

Die württembergische Landeskirche schreibt am 12. September 1939 an die Gestapo. Der Kriegsausbruch hat offensichtlich dazu geführt, dass der für diesen Tag angesetzte Gerichtstermin wieder aufgehoben worden wird. Viele Pfarrer sind zum Heer einberufen worden, in manchen Kirchenbezirken ist jeder zweite Pfarrer Soldat. Julius von Jan soll eine Stellvertretung übernehmen. „Wir glauben versichern zu können, dass sich hieraus von Seiten des Pfarrers von Jan keine Schwierigkeiten ergeben werden und würden unsererseits hiefür auch Vorsorge treffen. Wir bitten daher, die Ausweisungsverfügung vom 13. April 1939 aufzuheben."[246] Dies lehnt die Gestapo Ende September ohne Angabe von Gründen ab.[247] Die Kirchenleitung reagiert und wandelt am 5. Oktober die vorläufige Amtsenthebung des Pfarrers von Jan mit Wirkung vom 1. November 1939 in eine Beurlaubung um. Er bekommt wieder sein volles Gehalt.[248]

246 LKA Dekanatamt Kirchheim 551 b
247 29. Sept. 1939, Bestand Richard von Jan
248 LKA PA JvJ C 16

In Bayern wird Julius von Jan sehr gebraucht. Er soll sich in Ortenburg mit den Kirchenbüchern beschäftigen, doch fehlt es durch den
Krieg an Pfarrern. Im Oktober schreibt er dem Kirchheimer Dekan
Leube: „Die Kriegszeit machte es mir unmöglich, mich weiterhin auf die Kirchen-
bucharbeiten zu beschränken, und ich bin sehr froh, nun jede Woche mit einer
Sonntagspredigt oder mindestens einer Betstunde hier oder in Passau dienen zu
können. Dass wir hier in einer netten Hausgemeinschaft stehen und ich auch mit
den Kollegen hier jede Woche zu einer Bibelarbeit zusammenkommen kann, das
sind auch Lichtblicke in unserer Verbannung."[249]

Die Pfarrstelle in Oberlenningen

Weiterhin würde Julius von Jan am liebsten möglichst schnell auf seine
Pfarrstelle in Oberlenningen zurückkehren. Doch dies ist auf absehbare Zeit unrealistisch, zumal ihm dort eine neue Misshandlung drohen würde. Die Pfarrstelle braucht weiterhin eine Vertretung, das
Pfarrhaus wird dafür gebraucht – doch da stehen noch die Möbel der
Familie von Jan. Die Kirchenleitung fordert Julius von Jan auf, kurzfristig das Pfarrhaus zu räumen. Dieser schreibt Ende Oktober an
Erich Eichele:
„Da Aussicht bestand, dass ich in Nürnberg eine Arbeit bekomme, war ich
von Dienstag bis Freitag dort und in Erlangen, um eine Wohnung zu suchen. Als
ich endlich eine Wohnung in Aussicht hatte, wurde mir mitgeteilt, es sei doch
nicht möglich, mich zu beschäftigen, ich solle in Ortenburg vorläufig bleiben. [...]
Ich bin sehr eifrig auf der Wohnungssuche. Du kannst dir aber denken, wie schwer
das heute ist, wo überall so viel Militär ist."
Julius von Jan freut sich, „dass nach Oberlenningen wieder eine Pfarrfamilie kommen soll". Doch er stellt traurig fest: „Für mich ist ja nun keine Aussicht auf Rückkehr in die Heimatkirche. Deshalb wünschen wir uns selbst baldigst
ein neues Heim."[250]
Außerdem steht ihm weiterhin die Gerichtsverhandlung bevor.

249 9. Okt. 1939, LKA Dekanatamt Kirchheim 551 b
250 21. Okt. 1939, LKA A 129, Blatt 9

Der Prozess

„Er bedeutet für den Staat
eine besondere Gefahr"

DER RICHTER ÜBER JULIUS VON JAN

Die Ladung vor Gericht

Mitte Oktober 1939 schreibt Landesbischof Wurm an den General-
staatsanwalt in Stuttgart.[251] Mehrere Verfahren gegen Geistliche sind
anhängig, auch ein Verfahren gegen Otto Mörike, den Freund Julius
von Jans, wegen dessen Wahlerklärung im April 1938. Der Bischof
setzt sich für die Pfarrer ein.

„Dass Pfarrer von Jan, ein harmloser Mensch, der sich damals auch
den evangelischen Bischöfen gegenüber vergaloppiert hat, mit dieser
Sache sogar des Landes verwiesen wurde, als ob er ein ganz gefährli-
cher Bursche sei, scheint mir nicht im Verhältnis zu seinem Vergehen
zu stehen. Er ist durch diese Maßnahme und durch die Misshandlungen, die er am 25. November 1938 erlitten hat, schwer genug betroffen."

Von Erfolg gekrönt ist die Sache nicht. Das Sondergericht schickt
Julius von Jan am 7. November eine Ladung.[252] Am 15. November wird
seine Gerichtsverhandlung sein – fast genau ein Jahr nach seiner Bußtagspredigt. Julius von Jan erhält den Hinweis, „dass im Falle unent-
schuldigten Ausbleibens Ihre Verhaftung oder Vorführung erfolgen
wird. Diese Ladung berechtigt Sie zur Einreise nach Württemberg."

Ebenfalls am 7. November lädt die Familie die Möbel in Ortenburg
aus, die Martha von Jan aus dem Pfarrhaus in Oberlenningen geholt
hat.[253]

Am Vorabend der Verhandlung

Am Abend vor der Gerichtsverhandlung ist Julius von Jan noch mit seinem treuen langjährigen Freund Otto Mörike zusammen. Mit Bibel

251 19. Okt. 1939, LKA PA JvJ G 58/1
252 Bestand Richard von Jan
253 Bericht JvJ 1949 für seinen Sohn zur Konfirmation, Bestand Richard von Jan

und Gebeten bereiten sie sich auf die Verhandlung vor. Miteinander wollen sie eine Erklärung verfassen, mit der Julius von Jan vor dem Richter ein Zeugnis ablegen und seinen Glauben bekennen will. Doch es gelingt nicht. Schließlich lesen sie einander ein Wort von Jesus an seine Jünger vor: „Und man wird euch vor Statthalter und Könige führen um meinetwillen, ihnen und den Heiden zum Zeugnis. Wenn sie euch nun überantworten werden, so sorgt nicht, wie oder was ihr reden sollt; denn es soll euch zu der Stunde gegeben werden, was ihr reden sollt. Denn nicht ihr seid es, die da reden, sondern eures Vaters Geist ist es, der durch euch redet."[254] Dann beten sie zur Nacht und gehen zu Bett.[255]

Obwohl seine Lage gefährlich genug ist, schläft Julius von Jan in der Nacht völlig ruhig; er hat sich selbst überhaupt nicht um einen Anwalt gekümmert, er vertraut auf die Verheißung, die in diesem Bibelwort steckt.[256]

Die Gerichtsverhandlung

Am Mittwoch, 15. November 1939, um 9 Uhr ist es in der Urbanstraße in Stuttgart so weit: Das Sondergericht Stuttgart verhandelt den Fall von Jan. Der Vorsitzende, Senatspräsident Hermann Cuhorst, ist als scharfer Richter bekannt, der im Laufe der Jahre viele Todesurteile gegen „Volksschädlinge" fällt.

Im Gerichtssaal sitzen einige Pfarrkollegen von Jans, um ihre Solidarität zu demonstrieren. Sie hat Richter Cuhorst im Auge, als er sagt, es falle ihm auf, dass der Zuhörerraum so stark besetzt sei, es gebe anscheinend auch im Krieg noch Arbeitslose. Dies beschreibt Otto Mörike, der Julius von Jan zum Gericht begleitet. „Er wies den Gerichtswachtmeister an, eine Liste umgehen zu lassen, in die sich die Anwesenden einzutragen hätten. [...] Die Art der Verhandlung war insofern überraschend, als der Vorsitzende bald den Eindruck erweckte, als ob er Kläger und Richter in einer Person wäre. Seine häufigen Zwischenbemerkungen ließen dazuhin vermuten, dass es ihm Freude machte, wie die Katze mit der Maus zu spielen."[257]

254 Matthäus 10,18–20, ähnlich in Lukas 21,14 f.

255 Prälat i. R. Paul Dieterich, Vortrag am 10. Nov. 2008 in Oberlenningen, dem Autor zur Verfügung gestellt von der Evangelischen Julius-von-Jan-Kirchengemeinde Oberlenningen

256 Vgl. Pfarrer, die man nicht vergisst: Julius von Jan (Rieß 1978), S. 757

257 Vermerk ohne Datum, LKA PA JvJ G 60

Pfarrer Alfred Dilger, ebenfalls ein Freund von Julius von Jan, beob-
achtet: „Julius war während der ganzen Verhandlung und der Urteils-
verkündung völlig ruhig und gefasst und bewahrte auch gegenüber all
der hochmütigen Überlegenheit und dem kalten Spott des Vorsitzenden [...] ganze Gelassenheit und Festigkeit."[258]

Ein Beobachter der Kirchenleitung schreibt: Julius von Jan „war vor
Gericht zwar sehr ruhig und beherrscht, was ihm bei der Art der Behandlung zweifellos hoch anzurechnen ist. Vielleicht war aber auch
diese Haltung von Jans mit der Anlass, dass er sich sehr starr und wenig wendig zeigte. Er nahm etwa die Haltung ein: Er habe Gottes Wort
zu verkündigen und dabei nicht zu fragen, ob er vielleicht gegen staatliche Gesetze verstoße. So erschien er dem Gericht als ein Mann, der
sich zum Richter über alles und alle gesetzt fühlt. Wie grundsätzlich
sich von Jan aussprach, möge deutlich werden in seiner nicht irgendwie eingeschränkten Bemerkung: Aus jedem Pfarrer spreche Gottes
Wort."[259] Möglicherweise hatten die zu den Deutschen Christen gehö-
renden Pfarrer für Julius von Jan ihr „Pfarrersein" verwirkt.

Dilger schildert den weiteren Verlauf der Verhandlung. Laut Dilger
zitiert Richter Cuhorst immer wieder die Bußtagspredigt und konfrontiert Pfarrer von Jan damit. Dieser weist den Vorwurf zurück, er
habe gegen die Juden- und Rassepolitik Stellung nehmen wollen. Er
habe auch nichts gegen strengere Gesetze gegen Juden einzuwenden.

Als Zeugen sind offensichtlich nur zwei Männer aus Oberlenningen geladen, „die einen kläglichen Eindruck machten und nichts We-
sentliches beibrachten; immer wieder zogen sie sich darauf zurück,
dass sie sich an nichts mehr genau erinnern und darum nichts sagen
könnten, abgesehen davon, dass sie behaupteten, er habe den Ausdruck ‚armes Deutschland' gebraucht, während Julius nach seiner bestimmten Erinnerung das für diese Bußtagspredigt bestritt." Der
Staatsanwalt fordert als Vertreter der Anklage zwei Jahre Gefängnis.
Das Bild des Angeklagten habe sich ihm während der Verhandlung
sehr verschlechtert im Vergleich zum Eindruck aus den Akten. Julius
von Jan erinnere ihn an einen „ernsten Bibelforscher" – einen sektiere-
rischen Zeugen Jehovas. Er sei ein zuchtloser Mensch, „der sich nicht
einmal in seine eigene kirchliche Ordnung füge".[260]

---

258 Brief vom 16. Nov. 1939 an Pfarrer Albert von Jan, den Vater von Julius von Jan, Bestand
     Richard von Jan

259 Kirchenrat Dr. Rudolf Weeber, Aktennotiz 6. Dez. 1939, LKA PA JvJ G 62

260 Alfred Dilger, Brief vom 16. Nov. 1939 an Pfarrer Albert von Jan, den Vater von Julius
     von Jan, Bestand Richard von Jan

Als zusätzlicher Anwalt kommt kurzfristig, von Freunden Julius von Jans angesprochen, der Rechtsanwalt Paul Schulze zur Wiesche aus Düsseldorf, Mitglied der Bekennenden Kirche, beschäftigt bei der Rheinischen Kirche. Er hält wohl ein glänzendes Plädoyer für Julius von Jan, zumindest aus der Sicht von Mörike, der darüber schreibt: „So etwas habe ich noch nie aus Juristenmund gehört. Es war von A bis Z ein Bekenntnisgottesdienst in Juristendeutsch und traf dabei, um was es sich handelte, den Nagel auf den Kopf."[261]

Julius von Jan selbst schreibt später über den Prozess:

„In der Verhandlung vertrat ich, gestärkt durch Lukas 21,14 ff, furchtlos den Standpunkt meiner Bußtagspredigt, wegen der ich vor Gericht stand, und berief mich in allem auf Gottes Wort, was den Vorsitzenden und den Staatsanwalt so wütend machte, dass letzterer für mich zwei Jahre Gefängnis beantragte. Es sei unverzeihlich, dass ich nach einem Jahr meine Schuld noch nicht einsehe. Ich hätte schon früher alle Warnungen der bestgesinnten Menschen in den Wind geschlagen. [...] Mein Verteidiger, Dr. Schulze zur Wiesche von Düsseldorf, dagegen erklärte: Bei meiner Bußtagspredigt handle es sich nicht um hetzerische oder gar gehässige Angriffe gegen Partei und Staat, sondern um eine Bezeugung des Wortes Gottes gegen die Sünden des Volks und des Zeitgeistes, wie es Aufgabe eines evangelischen Predigers sei. [...] Wenn durch meine Predigt vielleicht Unruhe entstanden sei, so sei es die Unruhe des Gewissens, die durch das Wort Gottes entstehen müsse. Er beantragte darum Freispruch."[262]

Am Ende, beschreibt Dilger, „bekam Julius selbst noch einmal das Wort. Er sagte ganz kurz, er könne sich nur voll und ganz auf die Ausführungen seiner Verteidiger beziehen. Es sei ihm lediglich um die Bezeugung der Zehn Gebote zu tun gewesen, und das sei sein Auftrag als eines evangelischen Predigers. [...] Auch er bat das Gericht, die Folgen für seine Familie im Auge zu behalten."[263]

Das Urteil

Das Gericht zieht sich zur Beratung zurück. Dann spricht Richter Cuhorst das Urteil: ein Jahr und vier Monate Gefängnis wegen eines Vergehens gegen das Heimtückegesetz und den Kanzelparagraf. Die vier Monate in Untersuchungshaft werden angerechnet; auf Julius von Jan wartet ein Jahr Gefängnis und er muss die Kosten des Verfahrens tra-

261 LKA PA JvJ B ohne Nr. und Datum, geschrieben 1964 nach Tod von Julius von Jan
262 Stuttgarter Evangelisches Sonntagsblatt, 1. Sept. 1957
263 Alfred Dilger, Brief vom 16. Nov. 1939 an Pfarrer Albert von Jan, den Vater von Julius von Jan, Bestand Richard von Jan

gen. Eine Berufung gegen das Urteil ist nicht möglich. Am 14. Dezember 1939 folgt der kurzen mündlichen eine ausführliche schriftliche Urteilsbegründung:[264]

„Der Angeklagte, ein fanatischer Anhänger der ‚Bekenntniskirche‘, hat schon wiederholt Anlass zur Beanstandung in politischer Hinsicht gegeben." Es folgen Vorwürfe aus seiner Zeit in Brettach und seit 1935 in Oberlenningen. Die Predigt vom Bußtag wird in voller Länge aufgenommen.

Das Gericht stellt fest: „Mit solchen Ausführungen [...] hat der Angeklagte vor seiner Gemeinde Maßnahmen des Führers, der Reichsregierung und der Partei, deren Erörterung keinesfalls auf die Kanzel gehörte, in versteckter und hetzerischer Weise einer gehässigen Kritik unterzogen. [...]. Dass dadurch die leitenden Männer in Deutschland, unter ihnen der Führer, aufs schwerste beschimpft wurden, bedarf ebenso wenig einer weiteren Begründung, wie die weitere Feststellung, dass die Ausführungen des Angeklagten von der Kanzel herab, insbesondere auch im Hinblick auf die von ihm ausgesprochenen dunklen Prophezeiungen, geeignet waren, das Vertrauen des Volks zur politischen Führung zu untergraben. [...]

Offenbar ohne jedes Verständnis für die Notwendigkeit durchgreifender Maßnahmen gegen die jüdische Fremdrasse hat er sich nicht damit begnügt, etwaige Ausschreitungen anlässlich der Demonstration vom 9. November 1938 zu bedauern, sondern er hat in seinen Ausführungen gegen die Juden- und Rassepolitik des Führers und der Reichsregierung überhaupt in aufreizender und hetzerischer Weise Stellung genommen. [...]

Der Angeklagte hat [...] weitgehend Dinge zum Gegenstand einer Verkündung und Erörterung gemacht, die staatliche Maßnahmen betreffen. [...] Die von ihm gegen Staat und Partei erhobenen Vorwürfe der Willkür und Gewaltherrschaft sowie des organisierten Antichristentums und die daraus gezogenen Folgerungen waren so schwerwiegend, dass sie eine Gefahr für den öffentlichen Frieden bedeuten mussten. Für die Nationalsozialisten unter seinen Zuhörern bedeuteten sie einen Schlag ins Gesicht. Ihnen gegenüber mussten seine Worte besonders aufreizend wirken. Aber auch sonst waren sie geeignet, gegen den Staat einzunehmen und zu einem Vorgehen gegen staatliche Maßnahmen und Anordnungen anzureizen. Dessen war sich der wegen seiner politischen Ausfälligkeiten in seinen Predigten mehrfach verwarnte Angeklagte bewusst. [...]

264 LKA PA JvJ G 75/1

Bei den Äußerungen des Angeklagten handelt es sich um eine gefährliche Hetze. [...] Besonders erschwerend war in Betracht zu ziehen die Einsichtslosigkeit, die er in der Hauptverhandlung an den Tag legte. Er erklärte, er habe nicht danach zu fragen, was er als Staatsbürger tun dürfe, für ihn sei nur maßgebend, was er nach Gottes Wort (wie es von ihm ausgelegt wird) tun müsse. Er ist also offenbar nicht gewillt, im Kampf für die Interessen seiner Kirche die staatlichen Gebote zu achten. Er bedeutet deshalb für den Staat eine besondere Gefahr."

Das Gericht überzieht Julius von Jan mit schweren, weitreichenden Vorwürfen. Es ist erstaunlich, dass er nicht in einem Konzentrationslager gelandet ist, wie so viele andere. Hier hat ihm wohl auch der Einsatz seines Landesbischofs Wurm geholfen.

Schon am 22. November 1939 erhält Julius von Jan die „Ladung zum Strafantritt" bis spätestens 4. Dezember.[265]

Gnadengesuch und weitere Schreiben

Am 27. November 1939 stellt Anwalt Schulze zur Wiesche beim Reichsjustizministerium in Berlin ein Gnadengesuch für Julius von Jan. Das Urteil werde allgemein als „Fehlurteil" aufgenommen.[266]

Am 28. November schreibt Bischof Wurm an den Reichsjustizminister Gürtner und schließt sich dem Gnadengesuch „persönlich und im Namen der Landeskirche vollinhaltlich an". Er spricht von einer „einmaligen Entgleisung" Julius von Jans. Das Urteil werde allgemein als viel zu hart empfunden.[267]

Am 29. November nimmt die Staatsanwaltschaft die Ladung zum Strafantritt zurück. „Das eingereichte Gesuch ist in Behandlung genommen; ein Bescheid auf dasselbe wird nachfolgen."[268]

Adolf Schnaufer, Leiter des „Evangelischen Pfarrvereins in Württemberg" und Pfarrer in Schmiden, schreibt am 1. Dezember ebenfalls nach Berlin und befürwortet für den Pfarrverein das Gnadengesuch. „Ich [...] weise mit ganzem Ernst auf die schwere Schädigung der Volksgemeinschaft und auch die Schwächung der inneren Front hin, wenn das Urteil an von Jan vollstreckt wird."[269] An Julius von Jan schreibt Schnaufer einen Tag später: „Ich habe Ihre Predigt nicht ge-

265 Bestand Richard von Jan

266 LKA PA JvJ G 64/1

267 LKA PA JvJ G 61/1

268 Bestand Richard von Jan

269 LKA PA JvJ G 63/1

billigt. Das soll uns aber nicht hindern und hat uns nicht gehindert, nach Kräften für Sie einzutreten."[270]

Das Urteil gegen Otto Mörike

Auch Otto Mörike stellen die Nationalsozialisten vor Gericht. Sie werfen ihm seine Wahlerklärung vom April 1938 vor sowie kritische Bemerkungen bei einer Bibelwoche im Dezember 1937 in Gutenberg und Schopfloch. Richter Cuhorst verurteilt Mörike am 27. November 1939 zu zehn Monaten Gefängnis, allerdings auf drei Jahre Bewährung. Zudem erlegt er ein Redeverbot auf für Kirchheim und den ganzen Kirchenbezirk.[271]

Reaktionen in Bayern

Von der bayerischen Kirchenleitung schreibt der Personalreferent Thomas Breit am 21. November 1939 mitfühlende Worte an den „Herrn Kollegen" Julius von Jan. Mit „großer innerer Bewegung" habe er vom Urteil Kenntnis genommen. „Welchen Weg nun auch die Dinge nehmen werden, Sie haben ein unverletztes Gewissen vor Gott und darum werden Sie mit ungebrochenem Herzen den Weg gehen, den die Obrigkeit Ihnen gebietet und auf dem Sie darum Gottes Willen vollziehen." Er hält es für „selbstverständlich", dass Martha von Jan in Ortenburg bleiben kann, wenn sie das will, während ihr Mann im Gefängnis sitzt.[272]

Doch bald ändert sich die Tonart. Der Reichskirchenminister Hanns Kerrl will kein Dienstverhältnis in Bayern zulassen; zudem soll diplomatische Rücksicht genommen werden auf das laufende Gnadengesuch. Die bayerische Kirchenleitung weist Pfarrer Adolf Hardte in Ortenburg an, Julius von Jan die Ausübung jeglicher Amtsgeschäfte zu untersagen. Dem Pfarrer fehlt aber die kirchliche Begründung dafür; er bringt es nicht übers Herz, die Botschaft an von Jan weiterzugeben, obwohl die Kirchenleitung ihn noch weitere zwei Male dazu anweist und obwohl Landesbischof Hans Meiser ihn am Tag vor Weihnachten scharf zurechtweist.

---

270 Brief vom 2. Dez. 1938, Bestand Richard von Jan

271 Vgl. ... Du sollst dich nicht vorenthalten – Das Leben und der Widerstand von Gertrud und Otto Mörike in der Zeit des Nationalsozialismus (Scherrieble 1995), S. 40 f.

272 Bestand Richard von Jan

Schon von Anfang an hat der Personalreferent striktes Stillschweigen über die Geschehnisse in Oberlenningen angeordnet. Doch die Gerüchteküche brodelt natürlich in Ortenburg. Die Diakonisse Luise Werlin schreibt Ende November 1939 an die Kirchenleitung, dass Pfarrer von Jan sich durch seine tiefen Predigten und seine liebenswerte persönliche Art schon viele Freunde gemacht habe, die nach ihm fragen würden. „Es soll doch gewiss nicht so aussehen, als ob die bekennende Kirche in der Stunde der Not nicht voll und ganz hinter ihrem bekennenden Pfarrer stünde. Und dieser verdient es wirklich. Aber ganz erschütternd wäre es, wenn die arme Frau Pfarrer recht bekäme, die nach all dem vielen Schweren so innerlich zermürbt ist, dass sie fast zu allen Menschen das Vertrauen verloren hat."[273]

Die Mitglieder des Kirchenvorstands in Ortenburg „begrüßen einstimmig die hiesige Mithilfe [...] und wünschen diese auch weiterhin", beschließen sie im Dezember 1939.[274] Vor Ort genießt Julius von Jan große Sympathie und großen Rückhalt.

„Eine Beleidigung des Gerichts"

Richter Cuhorst schreibt Bischof Wurm Ende Dezember 1939, das Wort „Fehlurteil" stelle eine Beleidigung des Gerichts dar.[275] Anfang Januar 1940 schreibt Cuhorst dem Bischof auch noch persönlich. Die Kirche habe wohl gemeint, „dem Sondergericht eine Art Konfirmandenunterricht erteilen zu können". Als Angehöriger der Landeskirche lasse er ungern mit Steinen nach sich werfen. „Mir tut nur der Pfarrer von Jan leid, der nunmehr ganz zum Objekt gemacht wird. Einem anständigen Gnadengesuch gegenüber stellt man sich anders ein, als einem mit Unverschämtheiten versehenen. Dem Pfarrer von Jan gegenüber als Mensch versage ich meine Achtung nicht. Denen gegenüber, die nur bestrebt sind, einen zweiten Fall Niemöller krampfhaft zu konstruieren, muss endlich ein Halt zugerufen werden. Das ist Ihre Aufgabe."[276]

---

273 Luise Werlin, 27. Nov. 1939, Gemeindebrief Ortenburg Okt./Nov. 1988, LKA Pfarramt Oberlenningen 243/2

274 15. Dez. 1939, Bestand Richard von Jan

275 27. Dez. 1939, LKA PA JvJ G 70

276 2. Jan. 1940, LKA PA JvJ G 77

„Vollstrecker des göttlichen Willens"

Bischof Wurm antwortet dem Richter mit sehr grundsätzlichen Aussagen, auch aus der Bibel:[277] „Der Staat wird nach Römer 13 seiner Bestimmung vor allem dadurch gerecht, dass er Rechtsgleichheit und Rechtssicherheit gewährt. Er darf sich darin als Vollstrecker des göttlichen Willens betrachten. Der Beruf des Richters ist darin dem des Predigers verwandt, dass er nicht als Privatperson, sondern in höherem Auftrag handelt."

Seit Jahren habe er, der Bischof, nach nichts anderem gestrebt „als nach einer ehrlichen Verständigung zwischen Staat, Partei und Kirche", doch sei bei den maßgebenden Persönlichkeiten auf der anderen Seite „keinerlei Echo zu finden" gewesen. Die Kirche finde in lebenswichtigen Dingen fast nie Gehör. „Ich darf zur Ehre des württembergischen Pfarrstandes sagen, dass er [...] jetzt im Krieg mit der Waffe und ohne die Waffe seine Pflicht freudig erfüllt."

Vom Rechtsanwalt Schulze zur Wiesche distanziert sich Wurm. Seinen Brief schließt er: „Nehmen Sie bitte diese Ausführungen als das Wort eines deutschen Mannes an einen deutschen Mann, mit dem er sich in dem Bestreben, das Beste zu wollen für Volk und Vaterland, eins weiß!"

Der Bischof argumentiert mit der Zwei-Reiche-Lehre Martin Luthers, wie er sie versteht: Politik und Religion sollen getrennte Lebensbereiche, getrennte Reiche bleiben. Die Kirche hält sich weitgehend aus der Politik heraus; der Staat soll sich dafür weitgehend aus den Angelegenheiten der Kirche heraushalten. Entsprechend verhalten sich auch die meisten evangelischen Pfarrer.

Der Reformator Martin Luther verstand seine Lehre von den zwei Reichen allerdings grundlegend anders. Er mischte sich ein und protestierte lautstark, wenn die Fürsten seiner Überzeugung nach Unrecht taten. Das politische Wächteramt der Kirche nahm er sehr ernst.

---

277 8. Jan. 1940, LKA PA JvJ G 78/2

Wieder im Gefängnis

„So war ich Sträfling in Sträflingskleidung und wurde wie alle streng, aber nicht ungerecht behandelt"

JULIUS VON JAN

Im Gefängnis in Landsberg

Das Gefängnis im bayerischen Landsberg am Lech hat eine bewegte Geschichte. 1924 hatte es einen besonders prominenten Insassen: Adolf Hitler verbüßte nach seinem gescheiterten Putschversuch seine Festungshaft, musste aber von den fünf Jahren nicht einmal neun Monate absitzen. Zudem wurde er mehr als Ehrengast denn als Gefangener behandelt.

Julius von Jan hat offensichtlich eine Ladung ins Gefängnis in Nürnberg erhalten. Durch seinen Umzug nach Ortenburg sei dies hinfällig, schreibt ihm der Staatsanwalt am 2. Januar 1940 und fordert ihn auf, sich „sofort" zum Strafantritt in Landsberg am Lech zu melden.[278] Dieser Brief erreicht Julius von Jan nicht mehr. Am 3. Januar fährt er nach Nürnberg, begleitet von Otto Mörike. Im dortigen Gefängnis erfährt er, dass er nach Landsberg muss; sein Freund begleitet ihn am nächsten Tag auch ins dortige Gefängnis.[279]

Julius von Jan schreibt in der Rückschau: „*Das war für die Familie erneut eine schwere Trennung, über die sich meine Frau, da ja Krieg war, vor allem mit dem Gedanken tröstete, dass ich dadurch zunächst vor dem Frontdienst draußen bewahrt wurde. Sie schrieb mir damals unter anderem das Wort 1. Mose 7,16: ‚Und der Herr schloss hinter ihm zu.' [...] So war ich eben Sträfling in Sträflingskleidung, bekam meinen Arbeitsplatz in der Kleiderkammer des Gefängnisses und wurde wie alle streng, aber nicht ungerecht behandelt. Der Gefängnispfarrer in Landsberg, Siegfried Müller, wurde mir ein lieber Freund und Übermittler von Nachrichten aus meinem Verwandten- und Bekanntenkreis und aus der Kirche.*"[280]

---

278 Bestand Richard von Jan
279 LKA PA JvJ B ohne Nr. und Datum, geschrieben 1964 nach Tod von Julius von Jan
280 Stuttgarter Evangelisches Sonntagsblatt, 1. Sept. 1957

In der Kleiderkammer muss Julius von Jan den Gefangenen die Sträflings- und Arbeitskleidung ausgeben sowie ihre Zivilkleidung aufbewahren.

Der Alltag im Gefängnis – ein Brief

Am 14. Januar 1940 schreibt Julius von Jan an seine Frau Martha und schildert ihr seinen Alltag im Gefängnis:

„Nun darf ich dir heute schon schreiben und dann in vier Wochen wieder. Das ist noch eine besondere Sonntagsfreude. Wie viel habe ich dir zu erzählen. Sorgen darfst du dir um mich keine machen, auch nicht wegen der Kälte, wir haben ja Zentralheizung. Ich kann dir nur sagen: Ich bin froh, dass ich hierhergekommen bin. Seit 9. des Monats bin ich zur Arbeit eingeteilt und bekam gleich einen Vertrauensposten im Kleidermagazin, für den ich recht dankbar bin. Da gibt's viel zu tun, zu denken und auch manches zu schreiben.

Und nun will ich dir den Tagesablauf schildern, dass du ein bisschen mitleben kannst: sechs Uhr aufstehen, Bettmachen, Waschen, Auskehren, Frühstück, dann extra noch zehn Minuten Zeit zur Morgenandacht, wo ich ein Lied lese oder summe und die Bibel lese. Das Losungsbüchlein habe ich bis jetzt noch nicht, hoffe es aber diese Woche noch zu erhalten. Eine ganze Bibel bekam ich durch Herrn Pfarrer Müller (Anstalts- und Ortspfarrer) aus der Bibliothek, und ein Neues Testament sowie Gesangbuch bekam ich gleich in die Zelle, in der ich übrigens allein bin und ein ziemlich großes Fenster nach Südwesten habe, also Nachmittagssonne. Von sieben bis elf Uhr Arbeit im Magazin. Elf Uhr 15 Mittagessen auf der Zelle. Zwölf bis ein Uhr Hofstunde im weiten Hof, wo man später an Gras und Büschen auch den Frühling sehen wird; jetzt ist natürlich alles unter Schnee und Eis. Ein bis fünf Uhr Arbeit im Magazin. Fünf Uhr 15 Abendessen. Dann hat man Licht bis acht Uhr und kann für sich lesen und tun, was man will. Bibliotheksbücher sind da und Zeit zu meinem Bibelstudium.

Früh singe ich mit euch Richards Morgenlied und abends sein Abendgebetlein. Auch bei jedem Essen denke ich an euch und bitte Gott, dass er's euch trotz des Heimwehs schmecken lasse. Dass auch sonst meine Gedanken viel bei euch sind, brauche ich nicht zu schreiben, besonders dann abends nach dem Zubettgehen von acht bis zehn Uhr, wo ich Stille genug habe zur Fürbitte für alle. Dann schlafe ich gut.

Am Sonntag ist's halt schön, dass man regelmäßig von acht bis neun im Kirchensaal der Anstalt evangelischen Gottesdienst hat. Müller predigt etwa in meiner Art [...]. Die etwa 100 Gefangenen singen kräftig, wenn auch nicht immer nach der Melodie, die im Gesangbuch steht. Es ist eine Männergemeinde, wie man sie draußen selten hat; da wird doch mancher etwas mitnehmen für später. Am Sonntag ist von neun bis zehn Uhr Hofstunde; dann hat man den ganzen Tag *für sich, nur dass Samstag und Sonntag die Nachtruhe schon um sieben Uhr beginnt.*

Von der Zelleneinrichtung muss ich noch bemerken, dass hier in jeder Zelle ein Kruzifix hängt, ein Spiegel, eine Tafel mit Griffel, lauter Vorzüge gegenüber Stuttgart. Auch hat man hier Gabel und Messer."[281]

Das Bemühen ist spürbar, seine Frau zu beruhigen mit guten Nachrichten. Zudem muss der Brief durch die Zensur.

Reaktionen in Ortenburg

Dass Julius von Jan im Gefängnis sitzt, sorgt natürlich für Aufsehen in Ortenburg. Der Münchner Kreisdekan Oskar Daumüller predigt Mitte Januar dort und spricht mehrmals mit Martha von Jan. Er schreibt: „Mein Gesamteindruck geht nun dahin: es ist Pfarrer von Jan gelungen, durch Predigten wie durch sein ganzes Verhalten das Vertrauen und die Zuneigung der Ortenburger Gemeinde zu gewinnen. Der Kirchenvorstand und die in der Kirche mitarbeitenden Persönlichkeiten sind über seinen Fall im Bilde. Auch in der Gemeinde scheint es sich allmählich herumgesprochen zu haben. Es hat sich aber keine Stimme gerührt, die erklärt hätte, dass er oder seine Familie Ortenburg wieder verlassen müssten. Im Gegenteil, er scheint das Mitleid vieler gewonnen zu haben. [...] Obwohl der jetzige Bürgermeister und Ortsgruppenleiter nichts von der Kirche wissen will [...], besteht wohl keine Gefahr, dass sich diese für Pfarrer von Jan günstige Lage in Ortenburg ändert. [...] Frau Pfarrer von Jan, die offenbar schwermütig veranlagt ist, leidet sehr unter dem Getrenntsein." Sie werde von allen „mit großer Liebe und Freundlichkeit betreut".[282]

Die Ablehnung des Gnadengesuchs

Mitte Januar 1940 bittet Bischof Wurm den SS-Reichsführer Heinrich Himmler, das Gnadengesuch für Pfarrer von Jan zu prüfen.[283] Von diesem kommt im Februar eine knappe Ablehnung.[284]

Rechtsanwalt Schulze zur Wiesche erhält im März ein Schreiben des Landgerichts Stuttgart: Der Reichsminister der Justiz habe sich

---

281 LKA PA JvJ G ohne Nr.

282 Brief vom 16. Jan. 1940 an den bayerischen Landeskirchenrat, LKA PA JvJ G 90

283 13. Jan. 1940, LKA PA JvJ G 89

284 16. Febr. 1940, LKA PA JvJ G 95

„nicht in der Lage gesehen, eine Vergünstigung zu gewähren"[285]. Das Gnadengesuch vom November 1939 ist damit abgelehnt – nachdem ohnehin schon längst Fakten geschaffen worden sind und Julius von Jan im Gefängnis sitzt.

Besuche

Kreisdekan Daumüller berichtet Ende Januar der Stuttgarter Kirchenleitung von seinem Besuch bei Julius von Jan:[286] Das Gefängnis in Landsberg entspreche modernen Anforderungen, habe keine Stein-, sondern Holzfußböden und Zentralheizung. „Pfarrer von Jan ist hier wesentlich angenehmer untergebracht als im Gefängnis in Nürnberg, in dem er kurze Zeit geweilt hat." Erleichternd sei die Beschäftigung im Magazin; diesen Posten habe zuvor ein katholischer Geistlicher gehabt. „Durch diese Beschäftigung hat er die nötige Zerstreuung und ist von den übrigen Gefangenen abgesondert."

Die Gefängnisverwaltung erlaubt dem Dekan, „mich etwa 25 Minuten mit Pfarrer von Jan im Zimmer des evangelischen Oberaufsehers zu unterhalten. Pfarrer von Jan sah sehr gut aus, hatte eine frische Farbe; er trug graue Gefängniskleidung. Die Verpflegung ist offenbar gut. Er war sehr fröhlich und getrost."

Ende Februar berichtet Martha von Jan den „lieben Geschwistern" von ihrem Besuch am 16. Februar bei ihrem Mann im Gefängnis:[287] „So kann ich euch nun ganz frische Grüße von Jus bringen, dem es gottlob ordentlich geht." In Landsberg begleitet sie Pfarrer Müller ins Gefängnis und handelt einen Zuschlag von fünf Minuten auf die reguläre Besuchszeit von 15 Minuten aus. „Nach kurzer Zeit kam [...] Jus in Begleitung eines freundlichen Wachtmeisters zur anderen Seite herein (das Holzgitter war zwischen uns). Jus hatte eine sehr saubere Trikotjacke an, sah nicht schlecht aus und bestätigte auch, dass es ihm gut gehe. Seine Tage flögen nur so dahin und die Arbeit, die er im Kleidermagazin habe, sei nicht ungut. Seine Zelle sei sehr gut warm, die Magazinräume nicht ganz so, aber durch die Bewegung, die er bei der Arbeit habe, mache das nicht viel aus. Die Begrüßung durfte sein wie immer, allerdings durchs Fenster (ohne Scheiben). [...] Ich erfuhr von ihm, dass Kinder unter sechs Jahren immer mitkommen dürfen, und so werde ich wohl das nächste Mal Richard mitnehmen, wenn mir

---

285   12. März 1940, LKA PA JvJ G 96
286   31. Jan. 1940, LKA PA JvJ G 92
287   27. Febr. 1940, LKA PA JvJ G ohne Nr.

auch noch nicht klar ist, wie man dem Kind die Sache richtig bei-
bringt." Die 20 Minuten gehen viel zu schnell vorbei. Pfarrer Müller
lädt sie noch zu einer Tasse Kaffee ein. „Er kann jede Woche zu Jus
hereinsehen und durch ihn ist es mir möglich, ganz Wichtiges und
Eiliges an Jus zu übermitteln. Briefe bekommt er nur den einen, den
ich ihm alle vier Wochen schreiben darf. Habt ihr ihm also etwas mitzuteilen, so schickt es an mich, damit ich es in meinem Brief einflech-
ten kann, der aber auch nur das gewöhnliche Maß haben darf. Andere
Sachen (Bücher, Zeitschriften, Wäsche, Lebensmittel und dergleichen)
sind durchweg verboten." Das Gefängnis „machte einen sauberen,
nicht finsteren Eindruck" auf Martha von Jan.

Eine Rechnung
Freiwillig ist Julius von Jan nicht im Gefängnis. Dies hindert die Ge-
richtskasse in Stuttgart nicht daran, ihm Ende März 1940 eine saftige
Rechnung nach Landsberg ins Gefängnis zu schicken über mehr als
900 Reichsmark, etwa zwei Nettomonatsgehälter.[288]

Neben Gerichtsgebühren werden ihm „Verpflegungskosten" be-
rechnet für die Untersuchungshaft in Kirchheim und als Vorschuss für
die vorgesehene Zeit in Landsberg bis zum 4. Januar 1941. Den horren-
den Betrag kann der Familienvater Julius von Jan nicht aufbringen, die
Familie kommt in Existenznot. Das Gericht genehmigt schließlich,
dass die „Kostenschuld" in monatlichen Raten von 80 Reichsmark ab-
getragen werden darf.[289] Vielleicht übernimmt der Pfarrverein einen
Teil der Kosten; dies hat er Ende 1938 in Aussicht gestellt.[290]

Hoffnung
Ende März 1940 erhält Bischof Wurm aus dem Reichsjustizministerium in Berlin die Botschaft, dass Julius von Jan im Mai entlassen werden soll, nachdem er die Hälfte seiner Strafe verbüßt hat – die Untersuchungshaft mitgerechnet. Der Bischof bedankt sich beim Reichsjustizminister Gürtner[291] und schreibt über den Gefängnispfarrer Müller an Julius von Jan, um ihm die gute Nachricht mitzuteilen. Pfarrer

288 30. März 1940, Bestand Richard von Jan

289 25. Apr. 1940, Bestand Richard von Jan

290 Brief von Pfarrer Huppenbauer an Martha von Jan vom 18. Dez. 1938, Bestand Richard
von Jan

291 1. Apr. 1940, LKA PA JvJ G 99

Die Eltern von Julius von Jan, um 1940

Müller antwortet dem Bischof: Die „frohe Kunde" habe Julius von Jan freudig bewegt. „Er trug sein Los seither mit beneidenswerter Gelassenheit und mit seelischem Gleichmut. Es war ihm bei allem eine besondere Hilfe, dass sich seine Frau wacker hielt. Ihr seelischer Zustand vor seiner Gefangenschaft war ihm seine größte Sorge. Frau Pfarrer von Jan will übrigens morgen zu ihrem zweiten Besuch hierherkommen. Weiter war es Amtsbruder von Jan ein großes Gottesgeschenk, dass seine alten Eltern immer mehr Verständnis für seinen Standpunkt gewannen und von den Deutschen Christen abrückten. Dass beide jetzt recht elend darnieder liegen, wird Ihnen bekannt sein."[292]

Der Bischof schreibt auch den Eltern Julius von Jans. Am 7. April antwortet Albert von Jan „in dankbarer Ehrerbietung" dem „hochverehrten" Herrn Landesbischof: „Das war mein schönstes Geburtstagsgeschenk (geboren 3.4.1863) und der beste Krankheitstrost (ich liege seit ein paar Wochen an einem Herzkollaps, den ich mir bei der Pflege meiner von einem leichten Schlaganfall betroffenen, jetzt gottlob wieder leidlich hergestellten Frau zugezogen habe), den mir Ihre freundliche Zuschrift vom 1.4. des Monats brachte mit ihrer frohen Botschaft! Herzlichsten Dank dafür! Gott gebe, dass kein Hindernis mehr dazwischentrete, und lasse diese unsere größte Sorge so ein Ende gewinnen, dass wir es können ertragen."[293]

Julius von Jan wird offensichtlich die Entlassung für Anfang Mai in Aussicht gestellt. Doch die Entlassung zerschlägt sich zunächst; vermutlich kann sich der Reichsjustizminister nicht gegen die Gestapo durchsetzen. Martha leidet schwer unter der Enttäuschung.[294] Am 21. Mai wird sie, während sie ihre Schwester im württembergischen Welzheim besucht, ins dortige Krankenhaus eingeliefert, wegen Gallensteinkoliken mit hochgradiger Gelbsucht.[295]

Am 28. Mai 1940 ist es endlich so weit – Julius von Jan wird „mit Probezeit bis 31. Mai 1943" entlassen.[296] Frühmorgens um 5 Uhr 10 öffnen sich für ihn die Gefängnistore.[297]

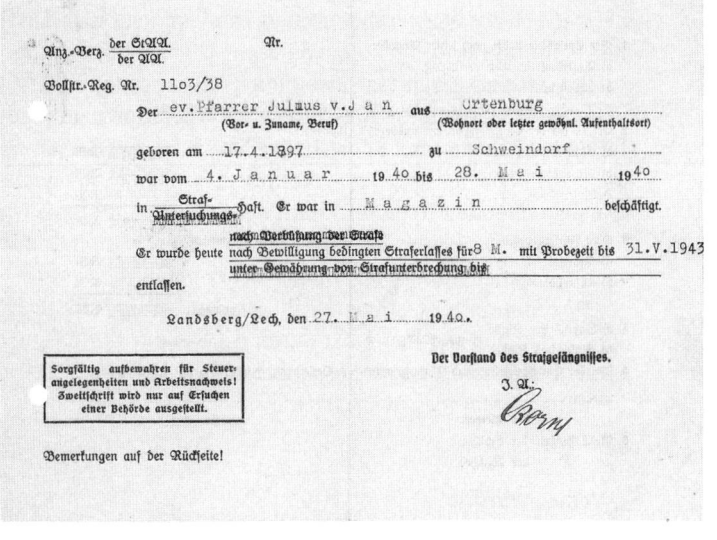

Der Entlassungsschein aus dem Gefängnis vom 27. Mai 1940

293 Abschrift: LKA PA JvJ G 107/2

294 Brief von Friedrich Munz, Bruder von Martha von Jan, an den Gefängnispfarrer, 24. Mai 1940, Bestand Richard von Jan

295 Brief des Oberkirchenrats an den Gefängnisvorstand vom 27. Mai 1940 mit Attest vom 26. Mai 1940, LKA PA JvJ G 109

296 „Der Vorstand des Strafgefängnisses", 27. Mai 1940, Bestand Richard von Jan

297 Brief Julius von Jans an den Oberkirchenrat vom 17. Juni 1940, LKA PA JvJ G 114

Immer noch im Exil

„Die Schikanen der nationalsozialistischen Partei hörten damit nicht auf"

Julius von Jan

Frei auf Bewährung

Julius von Jan ist frei – und unfrei zugleich. Denn er ist nur auf Bewährung frei und für ihn gilt weiterhin das Einreiseverbot nach Württemberg. Will er seine kranke Frau im Krankenhaus in Welzheim besuchen, müsste ihm die Gestapo die Einreise genehmigen. Der Rechtsberater bei der württembergischen Landeskirche hält das für zu gefährlich und rät dringend davon ab.[298] Doch Julius von Jan geht das Risiko ein und erhält eine zweitägige Besuchserlaubnis.[299] Auf wundersame Weise geht es seiner Frau ohne Operation bald wieder besser. Julius von Jan geht mit Sohn Richard zurück nach Ortenburg, Martha kann zwei Wochen später nachkommen, ist aber immer noch schwach. Die Bekennende Kirche verschafft der Familie eine vierwöchige Badekur in Bad Kissingen in Nordbayern.[300] Den Nationalsozialisten ist nicht zu trauen; Julius von Jan lebt weiter gefährdet.

Das Stuttgarter Gericht teilt Julius von Jan im Juni mit: „Der Herr Reichsminister der Justiz hat durch Erlass vom 21. Mai 1940 [...] die Strafvollstreckung gegen Sie unterbrochen und mit Bewährungsfrist bis zum 31. Mai 1943 ausgesetzt."[301]

„Wehrunwürdig"

Das Wehrmachtsamt Vilshofen schreibt im Juni 1940: „Der Pfarrer Julius von Jan [...] wird hiermit vom Dienst in der Wehrmacht im Frie-

---

298 Brief von Friedrich Munz, Bruder von Martha von Jan, an den Gefängnispfarrer, 24. Mai 1940, Bestand Richard von Jan

299 Bericht JvJ 1949 für seinen Sohn zur Konfirmation, Bestand Richard von Jan

300 Bericht JvJ 1949 für seinen Sohn zur Konfirmation, Bestand Richard von Jan; Stuttgarter Evangelisches Sonntagsblatt, 1. Sept. 1957

301 11. Juni 1940, Original im Bestand Richard von Jan; von Julius von Jan abgeschrieben im Brief an den Oberkirchenrat vom 17. Juni 1940, LKA PA JvJ G 114.

den und Krieg ausgeschlossen."[302] Der Staat erklärt Julius von Jan für
„wehrunwürdig". Dies wurmt den Patrioten und Freiwilligen des Ersten Weltkriegs; er sieht darin eine Entehrung und stellt Ende Juni,
auch nach entsprechender Beratung durch die württembergische Landeskirche, ein „Wehrwürdigkeitsgesuch"[303]. Eine Antwort erhält er nicht.[304]
Julius von Jan lehnt den totalen Machtanspruch des Nationalsozialismus ab. Aber das Vaterland und seine eigene Ehre stehen ihm über
alles, und so will er seine Ehre und „Würde" wiederherstellen.

„Eine heftige Polemik" und „Entgleisung"
Ende Juni berät die württembergische Kirchenleitung über Julius von
Jan.[305] Der Landesbischof ordnet die „gnadenweise" Niederschlagung
der disziplinären Untersuchung an. Ausführlich wird der Fall dabei
noch einmal abgewogen.

„Nach den Vorgängen vom 9./10. November 1938 war für die Bußtagspredigt eine besonders schwierige Lage geschaffen. Dass bei diesen Aktionen Dinge geschehen sind, die unter die Strafgesetze des
Staates fallen, war jedermann bekannt; dass sie auch Sünde waren,
stand für den Christen fest. [...] Es ist unzweifelhaft, dass eine lebens-
und volksnahe und wahrhaftige Bußtagspredigt nicht einfach über
diese alle Volksgenossen bewegenden Dinge hinweggehen durfte. Es
konnte sich nur darum handeln, wie diese Bußtagspredigt gestaltet
werden musste. Eine überaus schwere Aufgabe legte dem Prediger der
Zusammenhang auf, in dem der Predigttext im 22. Kapitel des Propheten Jeremia steht. [...] Wenn auch der Prediger den Textzusammen-
hang nicht außer Acht lassen durfte, so musste er doch darauf achten,
dass dieser Zusammenhang nicht zu Missdeutungen seiner Predigt
oder zu einer Polemik führte.

Hier hat Pfarrer von Jan gefehlt. Während es seine Aufgabe war, die
am Bußtag im Gottesdienst versammelte Gemeinde zur Buße zu rufen, verfiel er in eine heftige Polemik, die keinesfalls auf die Kanzel
gehörte. Diese Entgleisung wurde seitens der Kirchenleitung scharf

302 10. Juni 1940, von Julius von Jan abgeschrieben im Brief an den Oberkirchenrat vom
12 Juni 1940, LKA PA JvJ G 112

303 28. Juni 1940; Briefe von Julius von Jan an den Oberkirchenrat vom 28. Juni 1940 (LKA
PA JvJ G 117) und 7. Mai 1943 (LKA PA JvJ B 30)

304 Dies berichtet Martha von Jan dem Oberkirchenrat bei einem Besuch am 2. Juli 1943,
laut Aktenvermerk vom 3. Juli 1943, LKA PA JvJ B 32

305 Kollegium, 27. Juni 1939, Brief an das Dekanatamt Kirchheim vom 29. Juni 1939; LKA PA
JvJ G 116/1 / LKA Dekanatamt Kirchheim 551 b

missbilligt. Die Folgen seiner Entgleisung waren für Pfarrer von Jan außergewöhnlich schwer."

Das sind merkwürdige, fragwürdige Aussagen der Kirchenleitung. Manche „Dinge" beim Pogrom gegen die Juden waren zwar eine „Sünde", sie gehörten aber nicht auf die Kanzel? Wer hat hier „gefehlt" – der Pfarrer oder der Bischof?

Bischof Wurm versucht noch, ein gewisses Verständnis aufzubringen für Julius von Jan. Doch er zeigt, dass er ihn nicht verstanden hat oder nicht verstehen will.

„Es scheint, dass schwere Erfahrungen, die sich bei ihm gestaut haben, anlässlich der Vorgänge vom 9. November 1938 zum Ausbruch gekommen sind und dass dabei Hemmungen, die von der Vernunft her sich nahelegten, auf die Seite geschoben worden sind. Hier wird der Hintergrund der religiös-weltanschaulichen Kämpfe der letzten Jahre sichtbar, die vom Pfarrer eine außergewöhnliche Spannkraft forderten, um einerseits nahezu schutzlos den fortgesetzten Angriffen gegen Christentum, Kirche, Pfarramt und Pfarrstand standzuhalten und andererseits dennoch stets freudig den aufgetragenen Dienst zu tun."[306]

Mit 43 Jahren im Ruhestand

Die Gestapo hält am Aufenthaltsverbot in Württemberg für Julius von Jan fest. Die Landeskirche will die Pfarrstelle in Oberlenningen wieder „richtig" besetzen; deshalb versetzt sie Anfang Oktober 1940 den 43-jährigen Pfarrer von Jan ab November formal in den Ruhestand, sein Gehalt wird damit auf 66 Prozent gekürzt.[307]

Während seiner vorläufigen Amtsenthebung von Januar bis Oktober 1939 hatte die württembergische Landeskirche sein Gehalt um ein Viertel gekürzt. Weil das Disziplinarverfahren gegen ihn niedergeschlagen worden ist, zahlt ihm die Landeskirche dies nun nach.

Julius von Jan ist nun formal im Ruhestand und hat damit die Pfarrstelle in Oberlenningen endgültig verloren – ein schwerer Schlag für ihn, der sich bis zuletzt Hoffnungen auf eine Rückkehr gemacht hat.

Die Landeskirche überträgt „seine" Stelle Ende Februar 1941 „dem Stadtvikar Werner Herrlinger an der Martinskirche in Stuttgart, zurzeit beim Heer. Der Aufzug ist auf 16. April 1941 angesetzt. Die Inves-

---

306 Kollegium, 27. Juni 1939, Brief an das Dekanatamt Kirchheim vom 29. Juni 1939; LKA PA JvJ G 116/1 / LKA Dekanatamt Kirchheim 551 b

307 5. Okt. 1940, LKA OKR A 129 Nr. 164

titur kann während eines Urlaubs, der Antritt der Stelle nach Entlassung vom Heer erfolgen."[308]

Zu diesem Zeitpunkt glauben viele in Deutschland noch an einen schnellen Sieg.

Der Tod des Vaters
Seit seiner Ausweisung im April 1939 darf Julius von Jan Württemberg nicht mehr betreten. Im bayerischen Exil ist er weit weg von seinen alten Eltern in Blaubeuren.

Martha und Julius von Jan mit ihrem Sohn Richard, 1940.

Diese sind im Oktober 1940 seit 50 Jahren verheiratet, begehen das Fest der goldenen Hochzeit; allerdings ist Albert von Jan schwer krank, so gibt es nur eine Abendmahlsfeier zu Hause.[309]

Im November zieht das betagte Ehepaar ins bayerische Röthenbach nahe Nürnberg, zur Tochter Maria und deren Großfamilie.[310] Nun können auch die von Jans wieder zu Besuch kommen. Für den sechsjährigen Richard von Jan wird es seine Urlaubsfamilie; auch später noch wird er von Oberlenningen aus immer wieder nach Röthenbach fahren.

Am 29. Januar 1941 stirbt Albert von Jan mit 77 Jahren.[311]

Aushilfe in Ortenburg
Ab November 1940 zahlt die bayerische Landeskirche 150 Reichsmark im Monat an den „Ruheständler" Julius von Jan für seine Aushilfe.[312] In der bayerischen Diaspora wird er ausgedehnt eingesetzt, wie er später beschreibt, „*für etwa tausend ansässige Evangelische nebst vielen Umsiedlern aus Bessarabien und der Bukowina in dem weiten Gebiet zwischen der Linie Passau/Landau im Süden und dem Bayerischen Wald im Norden. Wie nötig hätte ich*

308 26. Febr. 1941, LKA Pfarramt Oberlenningen 243/1

309 Brief des Stadtpfarramts Blaubeuren an den Oberkirchenrat vom 18. Okt. 1940, LKA Personalakte Albert von Jan Nr. 88

310 Brief von Gertrud von Jan, Schwester von Julius, an den Landesbischof vom 31. Okt. 1940, LKA Personalakte Albert von Jan Nr. 88

311 Traueranzeige vom 29. Jan. 1941, LKA Personalakte Albert von Jan Nr. 90

312 Bestand Richard von Jan

zu diesem Dienst wenigstens ein Motorrad haben sollen! Ich hatte auch schon eins gekauft, aber die Gestapo lehnte die Genehmigung meines Führerscheins ab."[313] Die Schikanen der Nationalsozialisten hören nicht auf.

Julius von Jan kauft sich ein Sportrad, will mit ihm auch etwas trainieren und ist in der Ebene sehr schnell unterwegs, erinnert sich später sein Sohn Richard. Trainieren muss er in Ortenburg mehr, als ihm lieb ist, um seinen Vertretungsauftrag, der weite Wege mit sich bringt, zu erfüllen. Viele Steigungen gibt es in diesem Gebiet zu bewältigen. Fahrtmöglichkeiten mit dem Zug gibt es nur wenige; das meiste muss er mit dem Fahrrad und zu Fuß zurücklegen. Er muss „*körperlich Ungeheures leisten*", schreibt er. „*Gott gab mir dazu die Kraft.*"

In Ortenburg ist Julius von Jan schnell sehr angesehen. Im Mai 1941 beauftragt und ermächtigt ihn der Dekan, in Vertretung des Ortspfarrers „alle Amtsgeschäfte eines Pfarrers in Ortenburg vorzunehmen", mit Ausnahme des Religionsunterrichts. Im Januar 1942 erhält er die gleiche Ermächtigung für die Orte Plattling und Landau an der Isar – die dortigen Pfarrer sind als Soldaten einberufen worden.[314]

Trotzdem überkommt das Ehepaar von Jan immer wieder starkes Heimweh, besonders Martha, die viel allein ist.[315]

„Abfaulen wie ein brandiges Glied"

Was Hitler nach dem Krieg mit den Kirchen vorhat, zeigt die Aufzeichnung einer Tischrede im Dezember 1941: „Der Chef sprach sich dem Sinne nach unter anderem in folgenden Gedankengängen aus: Der Krieg wird sein Ende nehmen und ich werde meine letzte Lebensaufgabe darin sehen, das Kirchenproblem noch zu klären. Erst dann wird die deutsche Nation ganz gesichert sein. Ich kümmere mich nicht um Glaubenssätze, aber ich dulde nicht, dass ein Pfaffe sich um irdische Sachen kümmert. Die organisierte Lüge muss derart gebrochen werden, dass der Staat absoluter Herr ist. In meiner Jugend stand ich auf dem Standpunkt: Dynamit! Heute sehe ich ein, man kann das nicht übers Knie brechen. Es muss abfaulen wie ein brandiges Glied. So weit müsste man es bringen, dass auf der Kanzel nur lauter Deppen stehen

---

313   Bericht JvJ 1949 für seinen Sohn zur Konfirmation, Bestand Richard von Jan
314   Bestand Richard von Jan
315   Vgl. den Bericht des Pfarrers Ernst Rapp aus Owen über einen Besuch in Ortenburg im Herbst 1942; dem Autor in Kopie zur Verfügung gestellt von Ernst Rapps Sohn Paul Rapp

und vor ihnen nur alte Weiblein sitzen. Die gesunde Jugend ist bei uns."[316]

Die Wohnung der Familie von Jan wird gekündigt

Die NSDAP beschlagnahmt 1942 die Konfirmandenanstalt in Orten-burg samt Freizeitenheim und Haushaltungsschule. Julius von Jan schreibt später: „*Inzwischen waren aus unserem Ortenburger Haus die Augs-burger Schwestern mit der Evangelischen Haushaltungsschule ausgewiesen wor-den, um einem Kinderlandverschickungslager Platz zu machen. So waren wir wieder unter guter Parteiaufsicht, die mit allerlei Schikanen verbunden war.*"[317]

Die Familie von Jan darf vorerst weiter dort wohnen bleiben, bis sie eine entsprechende Wohnung gefunden hat und bis es Martha von Jan wieder so gut geht, dass sie einen Umzug verkraften kann. Sie ist schwanger und erwartet im Januar 1943 ein Kind.

Doch die Nationalsozialisten brechen die Absprache und kündi-gen im November 1942 das Mietverhältnis zum Jahresende – eine wei-tere Schikane. Julius von Jan wendet sich in seiner Not an die bayeri-sche Landeskirche, der das Gebäude gehört: „*Die Kündigung kommt mir völlig überraschend.*" Seine im siebten Monat schwangere Frau liege mit ihrem Nierenleiden schon seit vier Wochen in der Frauenklinik in Nürnberg „*und wird auch voraussichtlich noch mindestens zwei bis drei Mona-te dort liegen müssen, so dass sie für einen Umzug auf 1. Januar 1943 gar nichts verrichten könnte. Ihr Nervenzustand ist so, dass ich ihr von diesem Schreiben gar keine Kenntnis geben darf, da sonst das Leben des zu erwartenden Kindes gefähr-det wäre.*"[318]

Die Kirchenleitung weist die NSDAP in aller Klarheit auf die Rechtslage hin: „*Eine Kündigung eines Wohnungsmietverhältnisses ist nach dem Mieterschutzgesetz nur unter ganz bestimmten Voraus-setzungen möglich. Keine dieser Voraussetzungen ist für den vorlie-genden Fall gegeben. [...] Mangels einer anderen Wohnung ist Pfarrer von Jan nicht in der Lage, die Wohnung freizugeben.*"[319] Die Familie von Jan kann vorerst in der Wohnung bleiben.

316 13. Dez. 1941; Gott und Welt in Württemberg – Eine Kirchengeschichte (Ehmer u. a. 2009), S. 201

317 Stuttgarter Evangelisches Sonntagsblatt", 1. Sept. 1957

318 16. Nov. 1942, Bestand Richard von Jan

319 18. Nov. 1942, Bestand Richard von Jan

Am 16. Januar 1943 bringt Martha von Jan in der Nürnberger Frauenklinik die Tochter Christa gesund zur Welt. Der achtjährige Richard bekommt eine kleine Schwester. In den nächsten Jahren wird er sie als großer Bruder hüten und behüten, wenn die Eltern keine Zeit haben. Erich Eichele wird einer der Paten von Christa.

Die nächste Schikane

Wegen der schlechten Gesundheit von Martha braucht die Familie von Jan ein Dienstmädchen. Anfang April 1943 kündigen die Nationalsozialisten kurzfristig auf 15. April das bisher benutzte Zimmer des Dienstmädchens in der Haushaltungsschule, in der auch die Familie wohnt. Der Ortspfarrer Hardte bittet am gleichen Tag die Kirchenleitung um Hilfe. „Bemerkt sei, dass ja Familie von Jan schon ohnehin reichlich beengt wohnt; das älteste Kind schläft seit langem bereits in der Küche." Auch gibt Pfarrer Hardte der NSDAP die Rechtsauffassung der Landeskirche weiter: Das Mädchenzimmer sei Pfarrer von Jan mit der übrigen Wohnung überlassen worden; durch den Mieterschutz sei er nicht verpflichtet, das Zimmer freizugeben.[320]

Eine ganz normale Familie

Richard von Jan, 1934 geboren, empfindet in der Rückschau seine Kindheit als normal, unbelastet, schön, abwechslungsreich. „Vieles war ein Abenteuer." Die Eltern schirmen ihn ab gegen die vielen Belastungen, denen sie selbst ausgesetzt sind.

Im bayerischen Ortenburg gibt es keinerlei Kriegshandlungen, mit denen Richard konfrontiert wird. Mit Krieg verbindet er nur „das Geschnarre aus dem Radio" – die fanatischen Reden von Hitler, Goebbels und anderen Nazi-Größen – sowie die Bombengeschwader, die über den Ort fliegen. Auch mit der Verfolgung der Juden im nationalsozialistischen Deutschland wird er nicht konfrontiert. Weder in Oberlenningen noch in Ortenburg leben Juden.

In Ortenburg gibt es ein normales Familienleben, erinnert sich Richard später. Der Vater nimmt sich Zeit für seine Kinder, spielt mit ihnen, bringt seinem Sohn das Radfahren und das Schwimmen bei. Sonntags macht die Familie Ausflüge.

---

320 Kündigung vom 5. Apr., Schreiben von Pfarrer Hardte, 16. Apr. 1943; Bestand Richard von Jan

Soldat im Zweiten Weltkrieg

„Wieder heftige Kämpfe, in denen wir unter Artilleriefeuer und Fliegerangriffen zu leiden hatten"

JULIUS VON JAN

Julius von Jan wird einberufen

Das „Wehrwürdigkeitsgesuch" von Julius von Jan vom Juni 1940, damals ohne Antwort geblieben, hat nun, nach dem Ablauf seiner Bewährungsfrist am 31. Mai 1943, Erfolg. Die Nationalsozialisten hätten ihn höchstwahrscheinlich auch gegen seinen Willen zum Soldaten gemacht. Sie haben noch eine Rechnung offen mit ihm. Und sie können „Kanonenfutter" gebrauchen in der Zeit des „totalen Krieges" nach der verheerenden Niederlage von Stalingrad.

Anfang Mai 1943 berichtet Julius von Jan der Kirchenleitung in Stuttgart von seiner bevorstehenden Einberufung zur Wehrmacht: *„Meine Wehrwürdigkeit werde nun wiederhergestellt, und ich sei im niedersten Mannschaftsgrad (ich war im letzten Krieg Vizewachtmeister) in die Wehrmacht einzustellen. Ich solle innerhalb von acht Tagen zur leichten Artillerie nach Augsburg einberufen und nach der vorgeschriebenen Ausbildung alsbald zu einem Feldgruppenteil abgestellt werden. Wenn ich mich dort bewähre, stehe mir der Weg zur Beförderung wieder offen."*[321]

Der bayerischen Landeskirche schickt er diesen Bericht auch. Mitte Mai folgt eine wichtige Ergänzung: Er teilt mit, *„dass ich Wert darauf lege, wenn eine Möglichkeit besteht, im Interesse meines Amts und meiner Familie hier in meinem Dienst zu bleiben"*[322].

Ja, er wird sehr gebraucht: von seiner kranken Frau und von seinen beiden Kindern – Richard, acht Jahre alt, und Christa, vier Monate alt – und von der bayerischen Landeskirche, denn viele Pfarrer sind als Soldaten im Krieg.

Der Familie droht zudem weiterhin der Auszug aus der Wohnung. Julius von Jan wendet sich in seiner Not Anfang Mai an den Landrat: *„Ich würde gern die ganze Wohnung hier räumen, wenn sich endlich eine geeigne-*

---

321 7. Mai 1943, LKA PA JvJ B 30
322 15. Mai 1943, Bestand Richard von Jan

te Wohnung [...] fände."³²³ Der Landrat sichert ihm Mitte Mai vorerst noch die Wohnung samt dem Zimmer des Dienstmädchens zu, empfiehlt aber, „sich ernstlichst um eine andere Wohnung zu bemühen, da die Räume Ihrer Wohnung in Bälde in Anspruch genommen werden müssen"³²⁴.

Doch die Hoffnung, vom Kriegsdienst verschont zu bleiben, erfüllt sich nicht. Das Wehrbezirkskommando Pfarrkirchen schickt am 25. Mai dem 46 Jahre alten Julius von Jan einen Einberufungsbefehl zur Wehrmacht.³²⁵ Nur wenige Männer seines Alters werden noch Soldaten. Später schreibt er: „*Am 31. Mai 1943 war meine Bewährungsfrist abgelaufen. Auf 1. Juni 1943 wurde meine Wehrunwürdigkeit aufgehoben, mit der Bestimmung, ich habe mich sofort in Augsburg in der Artilleriekaserne zu melden, sei degradiert (ich war 1917 als Vizewachtmeister in englische Kriegsgefangenschaft gekommen) und müsse alsbald an die Ostfront gesandt werden. So geschah es. Die entsprechenden verleumderischen Papiere von der Kreisleitung Nürtingen begleiteten mich von da an durch alle meine Truppenteile. Man hoffte offenbar, mich nach der Weise des Uria [...] um die Ecke zu bringen, was meinen Angehörigen neue Sorge bereitete.*"³²⁶

Die Geschichte von Uria steht in der Bibel.³²⁷ Während er im Krieg ist, wird seine Frau Bathseba schwanger von König David. Der befiehlt später seinem Befehlshaber: „Stellt Uria in die vorderste Linie, wo der Kampf am härtesten ist! Dann zieht euch plötzlich von ihm zurück, so dass er erschlagen wird und den Tod findet." So kommt es dann auch.

Auch Julius von Jan, Unteroffizier im Ersten Weltkrieg, kommt als Degradierter offensichtlich in ein Bataillon mit gefährlichem Auftrag und niedriger Chance zu überleben. Er schreibt aber später: „*Mir selbst war eine tiefe Ruhe geschenkt durch meine Geburtstagslosung vom 17. April 1943 aus Psalm 18,20, die mir wie in einem Bild vorauszeigte, dass ich in diesem Jahr in die Weiten Russlands, aber auch wieder heimkommen werde.*"³²⁸ Den Dichter dieses Psalms, der Julius von Jan zugefallen ist, haben Feinde überfallen, doch er macht eine beglückende Erfahrung von Gottes Hilfe: „Rings um mich machte er es weit und frei. Er liebt mich, darum half er mir."

323 1. Mai 1943, Bestand Richard von Jan

324 17. Mai 1943, Bestand Richard von Jan,

325 Laut Schreiben Julius von Jans an den Oberkirchenrat Stuttgart, 27. Mai 1940, LKA PA JvJ B 31

326 Stuttgarter Evangelisches Sonntagsblatt, 1. Sept. 1957

327 2. Samuel 11

328 Bericht JvJ 1949 für seinen Sohn zur Konfirmation, Bestand Richard von Jan

In der Fremde

Martha von Jan steht nun wieder große Ängste um ihren Mann aus. Anfang Juli ist sie bei der Kirchenleitung in Stuttgart:[329] Sie berichtet, der Vorgesetzte ihres Mannes behandle ihn sehr gut, „trotz der anscheinend ungemein schroffen Notizen in seinen Personalpapieren". Er habe, da Jahrgang 1897, Aussicht, nach zwei Monaten Bewährung an der Front für den Heimatdienst unabkömmlich gestellt zu werden.

Martha von Jan lebt mit ihrem Sohn und ihrer kleinen Tochter weiterhin in der von den Nationalsozialisten beschlagnahmten Konfirmandenanstalt und fühlt sich einsam. Gern würde sie nun ins württembergische Rudersberg ziehen; die dortige Pfarrfamilie hat sie eingeladen. Dort wäre sie auch ihren übrigen Verwandten viel näher als im weit entfernten Ortenburg. Aber: „Die bayerische Landeskirche, der gegenüber von Jan eine gewisse Verpflichtung hat, wünscht selbstverständlich, dass Frau von Jan in der seitherigen Wohnung bleibt, damit wenigstens einige Zimmer noch von dem Eigentümer besetzt sind." Martha von Jan fragt, ob ihr Mann wieder in den württembergischen Pfarrdienst kommen könne. Die Entscheidung darüber liege beim Sicherheitshauptamt in Berlin, erklärt ihr die Kirchenleitung, und sei „zum allermindesten höchst ungewiss". Bei einem Wegzug aus Ortenburg werde sich aber die bayerische Landeskirche nicht mehr für verpflichtet halten. Auch sei die erhoffte Befreiung vom Kriegsdienst aus Bayern leichter erreichbar. Die Kirchenleitung rät also von einem Umzug nach Württemberg ab. So bleibt die angeschlagene Martha von Jan mit ihren Kindern bis zum Ende des Kriegs in der ungeliebten Fremde, ohne ihren Mann, weit weg von ihren Verwandten.

Während Julius von Jan schon Soldat ist, trifft das Sondergericht in Stuttgart im Juli 1943 die offizielle Verfügung, dass ihm der „bedingt ausgesetzte Rest der [...] Gefängnisstrafe" erlassen wird.[330]

An der Ostfront

Im Dezember 1943 verfasst der Kanonier Julius von Jan in einem Lazarett in Thüringen einen „Erlebnisbericht über meinen Fronteinsatz im Jahr 1943", den die Kirchenleitung in Stuttgart eingefordert hat:

„Am 1. Juni 1943 wurde ich [...] in Augsburg als Kanonier eingekleidet und am 10. Juni zum Feldgruppenteil Artillerieregiment.339, Stabsbatterie abge-

---

329 2. Juli 1943, laut Aktenvermerk des Oberkirchenrats vom 3. Juli 1943, LKA PA JvJ B 32
330 13. Juli 1943, Bestand Richard von Jan

stellt. Als die Aufstellung dieser Einheit vollendet war, ging es am 28. Juli in den Mittelabschnitt der Ostfront, nördlich Briansk. Ich war meist im Regimentsgefechtsstand [...] als Gehilfe des Feuerwerkers. Nach 14 Tagen begannen die Kämpfe, in denen die Russen nördlich und südlich von uns vorstießen. In Dörfern und Wäldern wurden auch wir jede Nacht von Fliegern belästigt, die ihre Bomben in unserer Nähe abwarfen. Als Anfang September sich der Ring um uns immer mehr verengte und schließlich ganz schloss, mussten wir fast täglich die Stellung wechseln, erlebten auch manchen Tages-Tiefangriff russischer Flieger und standen zeitweilig unter russischem Artilleriefeuer, wodurch wir Verluste an Mannschaften und Pferden erlitten. Einige Fahrzeuge unseres Trosses fielen [...] durch die Einkreisung den Russen in die Hände. Während des Rückmarsches [...] war ich einige Tage mit einem russischen Traktor, den ein Hilfswilliger lenkte, zur vierten Batterie abkommandiert, um die Geschütze immer wieder in neue Stellungen zu bringen. Unser Weg führte täglich durch brennende Ortschaften, bis unsere eingekreisten Divisionen Ende September mit Hilfe einer von außen angreifenden Panzerdivision wieder freigekämpft waren."[331]

„Als einziger Alter"

Von der Front im Osten schreibt Julius von Jan Ende September der Kirchenleitung über „viel wunderbare Bewahrung", die er bei den Kämpfen erleben durfte. Und er hat ein Anliegen: Er möchte wieder in die alte Heimat, auf seine alte Stelle in Oberlenningen zurück; aber noch gilt für ihn ein Aufenthaltsverbot für Württemberg. „Die Frontbewährung ist ja abgeleistet, nachdem ich seit 10. Juni zum Feldtruppendienst abgestellt bin. Ich sehe auch nicht ein, warum ich als einziger Alter unter den viel Jüngeren viel länger bleiben soll als nötig ist. So bitte ich Sie, jetzt zu versuchen, ob etwas zu erreichen ist. Gelingt's nicht, so haben wir das Unsere getan, und ich nehme dann auch diesen Weg als Gottes Willen."[332]

Eine Gelbsucht kommt ihm zu Hilfe. Im Dezember 1943 berichtet er: „Es erfolgte unsere Verlegung in den Abschnitt nördlich Kiew. Auf dem Transport wurden bei einem nächtlichen Partisanenanschlag die Lokomotive und einige Wagen durch die Minenexplosion umgestürzt und aus den Gleisen geworfen, der Zugführer totgedrückt. Im Kiew-Abschnitt waren dann wieder heftige Kämpfe, in denen wir unter Artilleriefeuer und Fliegerangriffen noch mehr als im Mittelabschnitt zu leiden hatten und häufig die Stellung wechseln mussten. Da erkrankte ich an Gelbsucht und wurde am 12. Oktober von meinem Truppenteil weg

---

331   Bericht vom 11. Dez. 1943, LKA PA JvJ B 35/1 handschriftlich und B 36/1, Abschrift des Begleitbriefs von Julius von Jan an den Oberkirchenrat vom 11. Dez. 1943, LKA PA JvJ B 35/3

332   25. Sept. 1943, LKA PA JvJ B 34/1

Erlebnisbericht über den Fronteinsatz
von Julius von Jan 1943

ins Lazarett gesandt, wo ich nun acht Wochen lag in der Ukraine, in Lemberg und seit 15. November in Thüringen."[333]

Die Erkrankung rettet Julius von Jan vermutlich das Leben. Den Bericht an die Kirchenleitung ergänzt er noch: *„Mein jetziger Fronteinsatz war ja sehr kurz und hat wenig eindrucksvolle Taten aufzuweisen [...], der aber für mich nicht weniger wunderbare Bewahrungen in sich schließt als der erste Weltkrieg. Wie würde ich mich freuen, wenn mir durch Ihre Eingabe der Weg nach Württemberg wieder geöffnet würde!"*[334]

Die Wochen ganz vorn an der umkämpften Ostfront müssen ein Alptraum gewesen sein für den 46-jährigen Julius von Jan. Verwundet im Ersten Weltkrieg, seither mit einem Granatsplitter in den Rippen belastet, schwer verletzt bei den Misshandlungen im November 1938, ist er körperlich gezeichnet, hat eine angeschlagene Gesundheit. Viele Soldaten hat er sterben sehen. Es ist ein schmutziger Krieg, der viele deutsche Soldaten traumatisiert, wenn sie ihn denn überleben, ob sie nun in Gefangenschaft geraten oder gleich heimkehren können.

Zudem macht sich Julius von Jan weiterhin große Sorgen um seine Frau und deren angeschlagene Psyche. Und fragt sich, wie es seinem Sohn und seiner erst im Januar geborenen Tochter geht. Die Sehnsucht wird ihn fast überwältigt haben.

Vergeltung befürchtet

Viele Soldaten an der Ostfront berichten ihren Angehörigen beim kurzen Fronturlaub zu Hause von dem, was sie erlebt und gesehen haben, vor allem von den Massenerschießungen. Aus vielen Briefen der Soldaten ist das Geschehen herauszulesen, auch wenn die drohende Zensur Grenzen setzt. Der Massenmord ist offiziell Geheimsache, doch spricht sich vieles herum; auch Gerüchte über die Vergasungen in den Vernichtungslagern machen schon bald in der Heimat die Runde.

Als das alliierte Bündnis die deutschen Städte immer stärker bombardiert, stellen sich viele Deutsche die Frage, ob das die Strafe sei für das, was Deutschland den Juden angetan habe.[335]

Julius von Jan hat in seiner Bußtagspredigt 1938 die Ausschreitungen in der „Reichspogromnacht" vorausschauend gedeutet:

---

333 Bericht vom 11. Dez. 1943, LKA PA JvJ B 35/1 handschriftlich und B 36/1 Abschrift
334 LKA PA JvJ B 35/3
335 Vgl. Die Deutschen und die Judenvernichtung (Wissenschaftlicher Dienst des Deutschen Bundestages 2006), S. 14

„Und wir als Christen sehen, wie dieses Unrecht unser Volk vor Gott belastet und seine Strafen über Deutschland herbeiziehen muss. Denn es steht geschrieben: Irret euch nicht! Gott lässt seiner nicht spotten. Was der Mensch sät, das wird er auch ernten!

Ja, es ist eine entsetzliche Saat des Hasses, die jetzt wieder ausgesät worden ist. Welche entsetzliche Ernte wird daraus erwachsen, wenn Gott unserem Volk und uns nicht Gnade schenkt zu aufrichtiger Buße."

Von der Kirche kommt weiterhin fast nur Schweigen zur Verfolgung und Ermordung der Juden. Bischof Wurm protestiert in einem mutigen Brief vom 16. Juli 1943 an Hitler gegen dieses Unrecht[336], schweigt dann aber nach einer ernstlichen Verwarnung wieder weitgehend.

Verstecke für verfolgte Juden

Seit 1939 ist Otto Mörike, engster Freund von Julius von Jan, Pfarrer für die Kirchengemeinden Weissach und Flacht im Kreis Leonberg. Im November 1943 trifft das Ehepaar Mörike – schon lange im Visier der Gestapo – eine hochriskante Entscheidung: Die beiden nehmen das jüdische Ehepaar Krakauer bei sich im Flachter Pfarrhaus auf, geben an, es handle sich um Bekannte aus Berlin. Nach vier Wochen ziehen Karoline und Max Krakauer weiter zum nächsten evangelischen Pfarrhaus; sonst hätten sie sich polizeilich anmelden müssen. Im Juni 1944 leben sie nochmals für kurze Zeit bei den Mörikes. Eine Reihe von Pfarrfamilien beteiligt sich an dieser „Pfarrhauskette"; diese Untergrundorganisation rettet einigen untergetauchten Juden das Leben.[337]

Wieder im Kriegseinsatz

Bei einem Tieffliegerangriff stirbt 1944 Gertrud, die ältere Schwester Julius von Jans. Über seine weitere Zeit im Krieg, nachdem er die schwere Gelbsucht endlich überwunden hat, schreibt Julius von Jan 1949 im Bericht für seinen Sohn:

„Im Frühjahr 1944 kam ich hierauf als Landesschütze zur Bewachung französischer Gefangener nach Griesbach, 13 Kilometer von Ortenburg, so dass ich euch oft besuchen konnte. Im September 1944 wurde ich als Infanterist nach Landshut zu neuer Ausbildung kommandiert. Dort habt ihr mich fleißig besucht. Und im Februar 1945 ging's noch einmal hinaus nach Ungarn [...] und zum

336 Vgl. Gott und Welt in Württemberg – Eine Kirchengeschichte (Ehmer u. a. 2009), S. 204 f.

337 Informationen dazu finden sich auch in: Sie halfen Juden. Schwäbische Pfarrhäuser im Widerstand (Haigis 2007)

letzten Rückzug nach Steiermark (Bruck an der Mur). Auch in dieser Episode, die zur Endkatastrophe führte, war Gottes Hand schützend über mir und euch."[338]

Das Ende des Kriegs

Die deutsche Niederlage steht unmittelbar bevor. Doch noch im April 1945 gibt es viele Hinrichtungen durch die Nationalsozialisten – ein sinnloses Morden aus Hass und Rache. Unter den Opfern sind der evangelische Theologe Dietrich Bonhoeffer, der Hitler-Attentäter Georg Elser, weitere Widerstandskämpfer, desertierte Soldaten und Menschen, die tatsächlich oder vermeintlich mit den heranrückenden alliierten Truppen kollaborieren. Pfarrer Martin Niemöller, Frontmann der Bekennenden Kirche und seit 1938 „persönlicher Gefangener" des Führers, hat Glück und überlebt.

Nach der bedingungslosen Kapitulation der deutschen Wehrmacht geht am 8. Mai 1945 in Europa der Zweite Weltkrieg zu Ende. Das „Tausendjährige Reich" der Nationalsozialisten ist schon nach zwölf Jahren vorbei. Die meisten Deutschen sind erleichtert, dass der Krieg endlich aufhört; als eine Befreiung empfinden sie es aber nicht, eher als einen Zusammenbruch.

Die Alliierten decken die Gräueltaten in den Vernichtungslagern und Konzentrationslagern auf. Was zuvor viele Deutsche nur als ein – unglaubliches – Gerücht gehört haben, offenbart sich nun als schreckliche Wahrheit.

Viele Gebiete in Europa sind zerstört. Wohl um die 60 Millionen Soldaten und Zivilisten haben ihr Leben im Krieg verloren, darunter um die sechs Millionen ermordete Juden.

Etwa vier Millionen deutsche Soldaten sind gestorben sowie etwa eineinhalb Millionen deutsche Zivilisten. Die Sowjetunion hat 25 Millionen Tote zu beklagen. Besonders schlimm getroffen hat es Polen: Die sechs Millionen Kriegstoten machen 17 Prozent, rund ein Sechstel der Bevölkerung vor dem Krieg aus.

Rückkehr nach Ortenburg

Julius von Jan schreibt später in seinem Bericht für den Sohn Richard: *„Der 8. Mai 1945, die deutsche Kapitulation, kam; wir setzten uns von den Russen ab und kamen glücklich über die Alpen nach Niederbayern, wo ich von den Amerikanern im Lager Pfarrkirchen, 20 Kilometer von Ortenburg entfernt, inter-*

---

338 Bericht JvJ 1949 für seinen Sohn zur Konfirmation, Bestand Richard von Jan

niert wurde. *Schon am 15. Mai 1945 wurde ich dort von den Amerikanern entlassen und erreichte Ortenburg noch am gleichen Abend voll Dank gegen Gott, dass er auch euch behütet hatte.*" Der zehnjährige Richard erkennt seinen Vater, der im Garten der Haushaltungsschule mit einem Soldaten spricht, und springt ihm jubelnd entgegen.[339]

Die amerikanische Militärpolizei bescheinigt Julius von Jan die Entlassung am 14. Mai, nicht erst am 15.; eine medizinische Untersuchung attestiert ihm einen guten Zustand.[340]

Anfang Juni berichtet Julius von Jan der Kirchenleitung: *„Ich war [...] Soldat vom 1. Juni 1943 bis zum 14. Mai 1945 und empfing während dieser Zeit den Mannschaftssold von 1,- Reichsmark pro Tag bis Ende Mai 1945."*[341] Dies wird ihm von seinem Gehalt abgezogen.

Ende Mai schreibt Julius von Jan auf Englisch an die amerikanische Militärregierung in Vilshofen. Zuerst schildert er seine Verfolgung durch die Nationalsozialisten. Dann äußert er sein Anliegen, nach Oberlenningen zurückzukehren und dafür vorab zur Kirchenleitung nach Stuttgart zu reisen.[342] Doch er muss sich noch gedulden in den Wirren der Nachkriegstage. Nach der nationalsozialistischen Gewaltherrschaft und all der Zerstörung ist es ein Kraftakt für die amerikanischen Befreier und Besatzer, das Alltagsleben wieder geregelt in Gang zu bringen.

Anfang Juni 1945, *„auf der Reise in Württemberg"*, schreibt Julius von Jan erneut an die Kirchenleitung. Nach dem Ende des nationalsozialistischen Regimes sei seine Ausweisung aus Württemberg hinfällig. Er wünscht, in die *„Heimatkirche"* zurückkehren zu dürfen. Pfarrer Herrlinger sei noch nicht in Oberlenningen eingesetzt und eingezogen; sollte dieser auf die Pfarrstelle verzichten, *„wäre es mir ein herzliches Anliegen, mein Pfarramt dort, wo ich am 25. November 1938 gewaltsam weggerissen wurde, wieder aufnehmen zu dürfen".*[343]

Nach dem Ende des Krieges ändern sich die Verhältnisse schnell. In Bayern sind einige Pfarrer aus dem Krieg zurückgekehrt; Julius von Jan wird dort allmählich „überflüssig". Einstweilen leistet er aber weiter pfarramtlichen Dienst als Helfer und Vertreter des kranken Pfarrers in Ortenburg und Umgebung.[344]

339 Bericht JvJ 1949 für seinen Sohn zur Konfirmation, Bestand Richard von Jan

340 Bestand Richard von Jan

341 8. Juni 1945, LKA PA JvJ B 38

342 31. Mai 1945, Bestand Richard von Jan

343 8. Juni 1945, LKA PA JvJ B 39

344 Julius von Jan an das Arbeitsamt Passau, 21. Juni 1945, Bestand Richard von Jan

Die ersten Nachkriegsjahre

„Wie viele zerstörte Städte, wie viele Flüchtlinge, wie viele Verstümmelte, wie viele traurige Menschen, die ihre Angehörigen verloren hatten"

JULIUS VON JAN

Geduldsprobe

Die Wochen vergehen und noch immer ist Julius von Jan im bayerischen Ortenburg. Dieser Ort seiner Verbannung ist seiner Familie und ihm auch ein Stück Heimat geworden. Doch die Sehnsucht nach Oberlenningen ist groß.

Am 11. September 1945 stellt die Kirchenleitung fest, Pfarrer Herrlinger sei wahrscheinlich in russischer Kriegsgefangenschaft und deshalb nicht so schnell zu erwarten.[345] Für den 48-jährigen Julius von Jan geht nun sein Traum in Erfüllung: Die Landeskirche beauftragt ihn kommissarisch, auf seine alte Pfarrstelle in Oberlenningen zurückzukehren; am 3. Oktober kann er dort beginnen.[346]

Rückkehr und Neuanfang

Im Rückblick schreibt Julius von Jan:

„Damit war die Zeit der Verfolgung nach sechseinhalb Jahren für mich beendet, und ich durfte am 25. September 1945 mit meiner Familie in der alten Gemeinde Oberlenningen wieder aufziehen und bezogen: ,Der Herr hat Großes an uns getan, des sind wir fröhlich.' Freilich, wie sah es in unserem schönen Land aus! Wie viele zerstörte Städte, wie viele Flüchtlinge, wie viele Verstümmelte, wie viele traurige Menschen, die ihre Angehörigen verloren hatten, zeugten von dem Gericht, das nicht zum wenigsten die Ermordung von fünfeinhalb Millionen Juden über unsere Heimat gebracht hatte. Jetzt erschraken selbst die Antisemiten darüber, wie fein die Mühlen Gottes mahlen. Heute haben's viele von ihnen schon

---

345 LKA PA JvJ B 41
346 Bestand Richard von Jan

wieder vergessen. Darum dürfen wir nicht aufhören zu verkündigen: ‚O Land, Land, Land, höre des Herrn Wort!'"[347]

1939 hat er selbst noch vom „*verderblichen Einfluss des Judentums auf unser Volk*"[348] gesprochen, er hat die weitverbreiteten Vorurteile seiner Zeit geteilt. Für ihn war aber spätestens mit den Ausschreitungen im November 1938 eine Grenze überschritten, die Gott mit seinen Geboten gezogen hat.

In seinem kurzen „Lebenslauf" von 1960 schreibt er recht knapp über die zweite Zeit in Oberlenningen: „*Dort herzliche Aufnahme und freudiger Neuanfang im alten Amt in der gnädig bewahrten Gemeinde.*"[349] Gesundheitlich ist er bereits schwer angeschlagen.

Nach fast sieben Jahren Verbannung und Exil kehrt er zurück. Doch der Anfang wird nicht leicht. Für ihn muss der sehr beliebte Ruhestandspfarrer Gustav Kletschke weichen, der seit 1943 die Vertretung gemacht hat. Die Menschen in Oberlenningen werden durch seine Rückkehr an die „Reichspogromnacht" und die darauffolgenden Ereignisse von 1938 erinnert. Ungewollt hält Julius von Jan ihnen einen Spiegel vor – er hat gezeigt, dass Widerstand möglich war. Viele haben 1938 seine Sicht der Dinge nicht geteilt und sind noch immer empört über sein damaliges Verhalten. Schließlich ist mit dem Kriegsende die Judenfeindlichkeit nicht über Nacht verschwunden.

Richard von Jan meint in der Rückschau, ein Grund für die Rückkehr sei für seinen Vater gewesen, den Menschen in Oberlenningen deutlich zu machen: Ich trage euch nichts nach; ihr habt nicht mitgemacht bei den Ausschreitungen gegen mich. Über die Geschehnisse von 1938 spricht Julius von Jan aber nicht öffentlich oder privat, auch nicht dem Sohn Richard oder der Tochter Christa gegenüber.

Die ersten Nachkriegsjahre der Familie von Jan
Genug zu essen zu haben ist eine Herausforderung in den Kriegsjahren und in den Jahren danach; der extrem kalte „Hungerwinter" 1946/1947 ist besonders schlimm. Auch Richard hilft mit beim Holzsammeln und beim Sammeln von Beeren und anderem Essbaren. Die Pfarrfamilie von Jan hat es gut im Vergleich zu anderen – sie hat einen großen Pfarrgarten und einen Obstgarten. Es gibt viel Obst und Gemüse. Richard ist zwar oft hungrig, aber er muss nicht hungern, sagt

---

347 Stuttgarter Evangelisches Sonntagsblatt, 1. Sept. 1957
348 Mai/Juni 1939, Bestand Richard von Jan
349 Julius von Jan, Lebenslauf, 1960

er später über diese Zeit. Die schwache Gesundheit von Martha macht es weiterhin erforderlich, dass eine Haushaltshilfe für Entlastung sorgt. Auch der Sohn muss vieles übernehmen.

Viel Zeit hat der fleißige Pfarrer nicht für die Familie, wie sich der Sohn erinnert – oft ist er weg, oft ist er in seinem Arbeitszimmer.

Musik ist die Lieblingsbeschäftigung von Julius von Jan. Mit seiner geliebten Geige gibt es oft Hausmusik mit befreundeten Oberlenningern. Am Sonntagnachmittag macht die Pfarrfamilie Spaziergänge und Ausflüge. Oft geht es hoch auf die Teck oder auf den Hohenneuffen. Viele Besuche gibt es – meist mit dem Fahrrad – bei der verwandten Pfarrfamilie Huppenbauer in Eningen bei Reutlingen. Eine Tochter, 17 Jahre älter als Richard, ist seine Patin; mit ihr versteht er sich gut.

Richard von Jan hat im Rückblick gute Erinnerungen an seinen Vater: „Er war nicht streng. Er war großzügig, tolerant, wohlwollend gegen andere, hat nie über andere geschimpft. Kritisiert, ja, aber nicht geschimpft."

Der Alltag in der Nachkriegszeit

Deutschland liegt am Boden. Vieles liegt in Trümmern. Vielen Menschen fehlt es an allem; sie leiden Hunger und versuchen, sich wieder ein Obdach zu verschaffen. Oft sind die Frauen bei der Aufbauarbeit alleingelassen – Millionen von Männern sind im Krieg gestorben, Millionen von Männern sind in Kriegsgefangenschaft. Millionen von Flüchtlingen und Vertriebenen suchen in Deutschland eine Bleibe. Familien sind auseinandergerissen, gehen auf die Suche nach einander. Die später aus der Kriegsgefangenschaft heimkehrenden Männer sind meist schwer traumatisiert und finden nur schwer wieder in den Alltag, in das Familienleben hinein. Das sind die Lebensverhältnisse der Menschen, denen Julius von Jan als Seelsorger zur Seite steht.

Die Entnazifizierung

Die Siegermächte Sowjetunion, USA, Großbritannien und Frankreich teilen Deutschland in vier Besatzungszonen ein; ihre Militärregierungen treffen die politischen und verwaltungstechnischen Entscheidungen. Im August 1945 gründen die Alliierten einen Internationalen Militärgerichtshof mit Sitz in Nürnberg. Die „Nürnberger Prozesse" beginnen; im Oktober 1946 verurteilt der Gerichtshof zwölf „Hauptkriegsverbrecher" zum Tode und lässt sie hinrichten.

Viele Deutsche müssen sich einem Verfahren zur „Entnazifizierung" stellen. Es werden Spruchkammern eingerichtet; sie urteilen, zu welcher der fünf Gruppen verdächtige Personen gehören: Hauptschuldige, Belastete, Minderbelastete, Mitläufer oder Entlastete. Je nach Gruppe werden angemessene „Sühnemaßnahmen" als Strafen angeordnet.

Die Mehrheit der Deutschen hat kein Interesse daran, das dunkelste Kapitel der deutschen Geschichte aufzuarbeiten. Schweigen, Verdrängen, Vergessen – das scheint der einfachere Weg der Verarbeitung zu sein, das prägt die kommenden Jahre. Darunter leidet besonders Martha von Jan, die spätestens seit dem Überfall auf ihren Mann im November 1938 psychisch angeschlagen ist. Mit fast niemandem kann sie über das Erlebte, über ihre Ängste reden; sie fühlt sich einsam.

Erst die Nachkriegsgeneration wird in den 1960er-Jahren hartnäckig unangenehme Fragen stellen.

Die Kirche ist selbst von der Entnazifizierung betroffen – über ein Viertel der aktiven evangelischen Pfarrer in Württemberg war Mitglied der NSDAP oder einer anderen NS-Organisation.[350] In seinen „Erinnerungen" wird Bischof Wurm 1952 schreiben: „Man mag bei den Deutschen viel Unrecht und Ungeschick feststellen, aber die andern sind ja auch keine Engel, haben auch viel Gewalttat ausgeübt, warum müssen wir schwerer büßen?"[351] Ihm geht die „Siegerjustiz" zu weit. Immer wieder schaltet er sich ein, wenn ihm bekannte Personen aus Staat, Kirche und Gesellschaft aus seiner Sicht zu hart verurteilt werden. 1946 sagt er vor dem Landeskirchentag, die Entnazifizierung führe zu einer „Stärkung der Extremisten zur Linken und zur Rechten", es sei ein „unblutiger Bürgerkrieg" eröffnet worden.[352] Viele Menschen teilen seine Meinung.

All die Jahre hindurch ist die brutale Misshandlung Julius von Jans vom November 1938 ungesühnt geblieben. Im Rahmen der Entnazifizierung nun arbeitet die zuständige Spruchkammer in Kirchheim manche Geschehnisse während der nationalsozialistischen Herrschaft auf und ermittelt gegen Verdächtige. Der dortige „Öffentliche Kläger" bittet Julius von Jan um einen schriftlichen Bericht über seine politische Verfolgung im Zusammenhang mit seiner Bußtagspredigt.

350 333 von 1.197 Pfarrern, siehe: Evangelische Kirche und Entnazifizierung 1945–1949. Die Last der nationalsozialistischen Vergangenheit (Vollnhals 1989), S. 284
351 Erinnerungen aus meinem Leben (Wurm 1953), S. 221
352 26. Nov. 1946, LKA, Verhandlungen der Landeskirchentage 1943–1946

Diesen Bericht legt von Jan im September 1946 vor, schildert seine Erlebnisse seit 1933 in Brettach, in Oberlenningen und danach.[353]

Im Herbst 1945 bittet **Hermann Bäuerle**, der frühere Ortspolizist von Oberlenningen, bei der amerikanischen Militärregierung „um Wiedereinstellung in den Gendarmerie-Dienst". Er sei „nur gezwungener Parteigenosse" gewesen, der erst, „als es nicht mehr anders ging", 1937 in die NSDAP eingetreten sei.[354] Er schildert auch seinen Einsatz für Julius von Jan beim damaligen Überfall. Dass er den Pfarrer nach dessen Bußtagspredigt angezeigt hat, verschweigt er; aus seiner Sicht hat er wohl ohnehin nur seine Pflicht getan.

Vermutlich weiß Julius von Jan nichts von der Anzeige; er gibt auf Wunsch des Polizisten eine positive Stellungnahme ab. „*Dem Herrn Gendarmerie-Meister Hermann Bäuerle bezeuge ich gern, dass er während meines ersten Wirkens hier in den Jahren 1935 bis 1938 allezeit eine kirchenfreundliche Haltung einnahm und sich bei dem Überfall der Nazis auf mich im November 1938 für mich einsetzte, so viel es ihm möglich war.*"[355]

Ernst Walker ist ein führender Parteiarzt, den die SA 1938 mitgenommen hat für ihre Gewalttat gegen Julius von Jan. Die Kirchenleitung hat ihn im Dezember 1938 als einen Wortführer genannt und Strafanzeige erhoben. Im Bericht von 1946 schildert Julius von Jan, dass auch der ihm unbekannte Arzt zu denen gehört habe, die ihn im Rathaus in Oberlenningen angebrüllt und angepöbelt hätten, während die anderen SA-Leute draußen auf den Fenstersimsen gestanden und getobt hätten.

In Nürtingen ermittelt nun die dortige Spruchkammer gegen Walker. Ende Mai 1948 verhandelt sie öffentlich den Fall. Julius von Jan sagt als Zeuge aus. Walker macht geltend, er sei nicht mit in das Pfarrhaus eingedrungen, er sei erst nach der Misshandlung Julius von Jans eingetroffen und habe dann als Arzt versucht, diesen zu schützen. Die Spruchkammer stellt fest: „Soweit der Tatbestand nach dieser langen Zeit – zehn Jahre – rekonstruiert werden konnte, durfte dem Betroffenen hier keine strafbare Handlung zur Last gelegt werden." Dann verhandelt sie noch andere Vorwürfe und hält abschließend fest, Walker habe sich als früherer Ortsgruppenleiter und als angesehener Arzt „in

353   18. Sept. 1946, Staatsarchiv Ludwigsburg EL 900/18 Bü 33

354   Schreiben vom 3. Okt. 1945, handschriftlich von jemandem auf 3. Nov. 1945 geändert; Kreisarchiv Esslingen D1 Bü 611 Nr. 27

355   Stellungnahme vom 13. Okt. 1945, Kreisarchiv Esslingen D1 Bü 611 Nr. 27

den Dienst der Bewegung Hitlers gestellt". Doch sprächen auch viele Tatsachen für ihn. Die Spruchkammer erlässt folgenden „Spruch" als Urteil: „Der Betroffene ist Minderbelasteter." Also nicht nur ein „Mitläufer", aber auch kein „Belasteter". Walker, der 1947 aus französischer Kriegsgefangenschaft heimgekehrt ist, hat Glück: Das Verfahren gegen ihn wird aufgrund einer „Heimkehreramnestie" eingestellt, er kommt ohne Sühnemaßnahmen davon.[356]

Der Anführer der Gewalttat gegen Julius von Jan 1938 ist **Oskar Riegraf,** damals Oberbannführer der Hitlerjugend in Nürtingen. Bis zum Kriegsende und vermutlich darüber hinaus bleibt er ein fanatischer Nationalsozialist. Noch am 21. April 1945 erschießt er mitten im Verhör einen Mann aus Meßstetten, der vor dem vermuteten Einmarsch der Franzosen die weiße Fahne gehisst hat, und er ordnet eine weitere Erschießung an. 1947 kann Riegraf aus dem Gefängnis entkommen und wird trotz jahrelanger Fahndung nicht aufgespürt.[357]

Im November 1939 hat der Richter **Hermann Cuhorst,** Vorsitzender des Sondergerichts in Stuttgart von 1937 bis 1945, Julius von Jan zu einer Gefängnisstrafe verurteilt. Das Sondergericht verhängt unter seinem Vorsitz mindestens 120 Todesurteile. Cuhorst gilt als fanatischer Nationalsozialist; seine aggressive Art, Verhandlungen zu führen, bekommt auch Julius von Jan zu spüren.

Beim Nürnberger Juristenprozess wird Hermann Cuhorst 1947 angeklagt. Der Richter der Alliierten lässt ihn die komplette Bußtagspredigt von Julius von Jan vorlesen. Am Ende wird Cuhorst freigesprochen; nach Protesten wird er erneut verhaftet. Die Spruchkammer stuft ihn im Entnazifizierungsverfahren als einen „Hauptschuldigen" ein; im Revisionsverfahren wird er zu sechs Jahren Haft verurteilt, unter Anrechnung von Kriegsgefangenschaft und Untersuchungshaft. Ende 1950 kommt er frei. Jahrelang kämpft er erfolglos gegen die formelle Schuldzuweisung, sieht sich als ein zu Unrecht politisch Verfolgter. Nach seinem Tod 1991 steht in der Traueranzeige das Wort von Jesus: „Selig sind, die um der Gerechtigkeit willen verfolgt werden, denn ihrer ist das Himmelreich." Die „Vereinigung der Verfolgten

---

356 Verhandlung vom 26. Mai 1948; nach einem Widerspruch wird das Verfahren nochmals aufgerollt, 1950 wird dann der Spruch von 1948 rechtskräftig; Staatsarchiv Ludwigsburg EL 902/17 Bü 11036

357 Vgl. Oskar Riegraf (Werner), https://www.gedenken-nt.de/dokumente/oskar-riegraf, Aufruf 10. Mai 2020

des Naziregimes" protestiert zu Recht – dies sei ein Missbrauch der Bibel.[358]

Julius von Jan als Pfarrer „außer Dienst"

Die erste Nachkriegszeit ist für Julius von Jan auch durch den Tod der Mutter überschattet: Am 21. Februar 1947 stirbt Karolina von Jan mit 79 Jahren in Röthenbach.[359]

Die Pfarrstelle Oberlenningen ist formal seit 1941 an Werner Herrlinger vergeben. Formal bleibt Julius von Jan deshalb auch ab 1945 bei allem Fleiß ein Pfarrer im Ruhestand, der bei der Bezahlung als Zuschlag den Differenzbetrag zum Gehalt eines aktiven Pfarrers bekommt. Im März 1949 beklagt er sich, dass auf seiner Steuerkarte „Pfarrer a.D." steht, Pfarrer „außer Dienst".[360] Die Kirchenleitung antwortet ihm: Herrlinger gilt immer noch als vermisst, deshalb kann Julius von Jan die Pfarrstelle noch immer nicht übertragen bekommen, kann weiterhin quasi nur Vertretung machen. Aber ihm wird versprochen, dass die Bezeichnung „a.D." im Schriftverkehr nicht mehr verwendet wird.

Erst 1950 wird Herrlingers Frau erfahren, dass ihr Mann bereits im Mai 1945 in Jugoslawien ertrunken ist.[361]

Volles Programm

Eine „Liste der bestehenden Gemeindeeinrichtungen" mit Notizen Pfarrer von Jans vom Juli 1949 zeigt, was er – neben vielem anderen – zu tun hat.[362] Ziemlich genau 2000 Menschen leben in Oberlenningen, darunter 1630 Evangelische.

Am Sonntag ist um halb neun die „Christenlehre", im Wechsel zwischen den konfirmierten Mädchen und Jungen. Um halb zehn ist der Predigtgottesdienst, um halb elf die Kinderkirche, am Abend der „weibliche Jugendkreis", den der Pfarrer leitet. Von Dienstag bis Samstag gibt von Jan insgesamt neun Stunden Religionsunterricht.

---

358 Vgl. Stuttgarter Zeitung vom 18. Juli 2005; Hermann Cuhorst und andere Sonderrichter (Endemann, in: Abmayr 2009), S. 340 ff.

359 Traueranzeige in den „Stuttgarter Nachrichten" vom 27. Febr. 1947, von Julius von Jan, LKA Personalakte Albert von Jan Nr. 93

360 LKA PA JvJ B 48

361 Oberkirchenrat am 12. März 1950 zur Besetzung der Pfarrstelle Oberlenningen, LKA A 129 Nr. 182

362 LKA Pfarramt Oberlenningen 99

Am Mittwoch ist nachmittags der Konfirmandenunterricht, abends der „männliche Jugendkreis". Am Donnerstagabend gibt es vom Ersten Advent bis Mitte März eine Bibelstunde. Am Freitagabend bereitet der Pfarrer mit dem Helferkreis die Kinderkirche für den Sonntag vor. Der Pfarrer ist sowohl Vorstand des evangelischen Kindergartens als auch des evangelischen Krankenpflegevereins. Die Pfarrfrau verwaltet das „Evangelische Hilfswerk Oberlenningen".

Zuwachs im Haushalt

Etwa von 1948 bis 1949 lebt Heidi Junk im Haushalt, eine Nichte von Julius von Jan.[363] Sie ist ein Jahr jünger als der Sohn Richard, mit dem sie sich gut versteht und zusammen zur Schule geht. Richard von Jan vermutet im Rückblick, dass Heidis Familie ausgebombt worden ist und sich in der Not der Nachkriegszeit schwertut, schnell wieder eine passende Wohnung zu finden. Richard genießt es, viele Cousinen und Cousins zu haben. Oft besuchen sie sich gegenseitig, übernachten jeweils dort.

Die Konfirmation von Richard

Am 3. April 1949 feiert Richard seine Konfirmation. Über 20 Leute feiern mit. Leider hat die Pfarrfamilie keine Hühner, damit hat seine Mutter auch keine Eier für die Kuchen; sie bettelt sich ein paar zusammen und behilft sich ansonsten irgendwie anders. Am Vorabend der Konfirmation bekommt der Vater von Bauern einen Korb Eier geschenkt, erinnert sich der Sohn.

Sein Vater gibt ihm als Konfirmationsspruch aus der Bibel die Worte Gottes an Josua mit: „Siehe, ich habe dir geboten, dass du getrost und unverzagt seist." Ein starker Zuspruch, von dem sich Richard von Jan Zeit seines Lebens getragen und gestärkt fühlt. Auch schenkt Julius von Jan seinem Sohn ein kleines Buch, in dem er in jugendgerechter Sprache seine Erlebnisse mit den Nationalsozialisten aufgeschrieben hat.[364] Später gibt er ihm auch das andere Büchlein, das er verfasst hat, mit seinen Erinnerungen von 1939.

363 Vgl. Julius von Jan, „Personalien", 1. Juni 1949, LKA PA JvJ B 49/1
364 Bestand Richard von Jan

Die letzte Pfarrstelle

„Eine stark zerstörte Gemeinde, mit zerstörten Kirchen"

Julius von Jan

Die Johanneskirche Zuffenhausen

Die Kirchenleitung bittet Julius von Jan im Frühjahr 1949, eine schwere Aufgabe zu übernehmen, für die sich offensichtlich kein anderer Pfarrer gefunden hat: eine große, kriegszerstörte Gemeinde in Zuffenhausen, einem Stadtteil von Stuttgart, mit einer Kirche, die ebenfalls in Trümmern liegt. Die Familie ist gegen den Wechsel, Julius von Jan grundsätzlich auch, erinnert sich sein Sohn Richard von Jan. Julius von Jan hat eigentlich vor, noch einige Jahre in Oberlenningen zu bleiben und dann erst die Stelle zu wechseln. Aus Pflichtgefühl lässt er sich von der Landeskirche in die Verantwortung nehmen.

Am 1. Juni bewirbt Julius von Jan sich – „einer Aufforderung durch den Evangelischen Oberkirchenrat folgend" – um die Pfarrstelle an der Johanneskirche in Stuttgart-Zuffenhausen. „Da ich finanziell einen Umzug jetzt nicht leisten kann, bitte ich [...], dass mir das Geld für den Umzug im gegebenen Fall vorgestreckt wird. Ich halte mich für Juli bereit."[365]

Dekan Eugen Stöffler bedauert den Weggang von Jans ausdrücklich gegenüber der Kirchenleitung und äußert die Sorge, „ob diese Zuffenhausener Stelle nicht seine Kraft überfordert"[366]. Diese Sorge wird sich als berechtigt herausstellen: Julius von Jan wird dort arbeiten bis zum völligen Zusammenbruch.

Im Juli 1949 tritt er den Dienst in Zuffenhausen an.[367] In seinem knappen Lebenslauf berichtet Julius von Jan 1960 über diese Zeit: „Ab Juli 1949: Pfarrer in Stuttgart-Zuffenhausen in einer stark zerstörten Gemeinde, mit zerstörten Kirchen. Wiederaufbau der dortigen Johanneskirche, an die ich berufen war. Aufreibende Unterrichtsarbeit."[368]

---

365 LKA PA JvJ B 49/2
366 LKA PA JvJ B 49/2
367 13. Juli 1949, LKA PA JvJ B 50
368 Julius von Jan, Lebenslauf, 1960

Evangelische Landeskirche in Württemberg.

Ernennungs-Urkunde

Die Pfarrstelle an der Johanneskirche in Zuffenhausen, Dekanats Cannstatt

ist dem Pfarrer Julius von J a n in Oberlenningen Dekanats Kirch= heim,

übertragen worden, worüber gegenwärtige Urkunde ausgefertigt wird.

Stuttgart, den 16. Juni 1949.

Der Landesbischof

Gottesdienste in der Turnhalle

Beide Kirchen im Ortszentrum, die Johanneskirche und die Pauluskirche, brennen am 10. September 1944, beim sogenannten Brandsonn-
tag von Zuffenhausen, völlig aus. Bis die Pauluskirche ab Pfingsten
1950 wieder voll benutzt werden kann, sind die Gottesdienste in einer
Turnhalle und in der katholischen Kirche. Bis wieder Gottesdienste in
der Johanneskirche möglich sind, wird es noch bis Ende 1952 dauern.

Richard von Jan erinnert sich im Zusammenhang mit der Zeit in
Zuffenhausen an ein „eiskaltes" stattliches Pfarrhaus über vier Stock-
werke, außen mit Efeu berankt. Er ist der „Hausmeister", steht früh

auf, stellt das Wasser an und heizt vier Öfen an, bevor er zur Schule geht.

Richard von Jan und die Theologie

Julius von Jan wünscht sich, dass sein Sohn Richard ebenfalls Pfarrer wird und deshalb bald ins Seminar nach Maulbronn wechselt. Er schlägt ihm vor, an einer Freizeit für daran Interessierte teilzunehmen. Richard lässt sich darauf ein, kommt zurück und sagt seinem Vater, er wolle das nicht machen; er hat schon sehr früh seine Vorliebe entdeckt für Zahlen und Rechenmethoden. Der Vater steckt seine Enttäuschung weg, nickt und akzeptiert die Entscheidung seines Sohnes. Später wird Richard Physik studieren. Er sei „aus der Art geschlagen", sagt er angesichts der vielen Vorfahren mit geistlichen Berufen.

Am Sonntag geht auch Richard oft in den Gottesdienst. Aber meistens nicht zu seinem Vater, sondern in die benachbarte Pauluskirche – dort begeistert ihn der „philosophisch angehauchte" Pfarrer. Sein Vater akzeptiert dieses „Fremdgehen" des Sohnes.

Von den Erlebnissen seines Vaters im Dritten Reich hat Richard von Jan durch dessen schriftlichen Bericht zur Konfirmation 1949 erfahren. Der Sohn hat in der Rückschau den Eindruck, dass der Vater damals diese Zeit eher ausblenden und nicht darüber reden will. Als Richard ab dem Alter von etwa zwanzig die politische Situation der Hitlerzeit besser versteht, bewundert er den Mut seines Vaters und denkt: „So hätte ich nicht sein können." So schildert er es in der Rückschau.

Zuffenhausen als „Kulturschock" für Julius von Jan

Vor dem Zweiten Weltkrieg lebten knapp 20 000 Menschen in Zuffenhausen. Nach dem Krieg siedeln sich viele Menschen an, auch viele Flüchtlinge aus dem Osten. Einige Jahre lang sind Barackenlager erforderlich, um alle Menschen unterzubringen. 1951 umfasst Zuffenhausen schon 32 000 Menschen und durch die Errichtung eines neuen Wohngebiets geht das starke Wachstum weiter. Von 1937 bis 1951 steigt die Zahl der Evangelischen von 14 000 auf über 22 000.

Das Verblassen der Tradition, die immer stärker spürbare Entkirchlichung vieler Kirchenmitglieder, die „innere Hohlheit", die „sittliche Verwilderung" belastet die Pfarrer, so beschreibt es der geschäftsführende Pfarrer Friedrich Herbert Werner 1951 bei der Visitation. Im Kirchenchor lasse der Geist sehr zu wünschen übrig. Doch:

„Dadurch, dass Pfarrer von Jan nunmehr im Chor mitsingt, ist manches
besser geworden."[369]
Der Wechsel vom ländlichen, tra-
ditionell geprägten Oberlenningen in
das immer städtischer werdende Zuffenhausen muss für Julius von Jan ein
„Kulturschock" gewesen sein. Kein
Wunder, dass er in seinem Lebensrückblick von *„aufreibender Unterrichtsarbeit"*[370] schreibt. Mit dem Arbeiter-
milieu tut er sich schwer, es strengt
ihn an, erinnert sich sein Sohn Richard. Er erlebt seinen Vater ohnehin
als geschwächt, schnell ermüdend,
körperlich nicht mehr so belastbar
und wohl auch seelisch belastet.

Die Johanneskirche ist bereits 1951
außen wieder aufgebaut worden und
soll 1952 so renoviert werden, dass

Julius von Jan 1952

auch sie wieder benutzbar ist. Pfarrer von Jan bekommt die Aufgabe
zugewiesen, Spenden für die Renovierung zu sammeln. Das klappt
wohl recht gut: Das Verhalten der Gemeindeglieder ihm gegenüber sei
*„mit wenigen Ausnahmen freundlich. Im Allgemeinen erwarten sie vom Pfarrer
mehr als er leisten kann. Erfreulich war, wie sich in der Frage des Wiederaufbaus
der Johanneskirche eine große Liebe zur alten Kirche und große Opferwilligkeit
zeigte. Es sind gerade in diesem alten Teil von Zuffenhausen, den ich zu betreuen
habe, nicht wenige kirchlich rege Gemeindeglieder, leider allerdings fast nur auf
Frauenseite."*[371]
Als das Kirchenschiff fertig ist, wird die Johanneskirche am ersten
Advent 1952 wieder eingeweiht. Nun sind Gottesdienste möglich; die
Bauarbeiten gehen aber noch weiter.

Julius von Jan bezeichnet 1951 in seinem kurzen Visitationsbericht
seine Gesundheit als gut; er ist schon lange angeschlagen und hat sich
wohl ein Stück weit an diesen Zustand gewöhnt. Seine Frau Martha ist

369 LKA A 29 Nr. 5395
370 Julius von Jan, Lebenslauf, 1960
371 Visitationsbericht 15. Nov. 1951, LKA A 29 Nr. 5395

besonders an der Frauen- und Mütterarbeit beteiligt, die Julius von Jan verantwortet.[372] Zum ohnehin schlechten Zustand von Julius von Jan kommen Kreislaufstörungen mit Schwindelanfällen. Im März 1953 berichtet er der Kirchenleitung, dass er „*Ende Februar 1953 mit starkem Schwindel zusammenbrach*", und bittet um einen Krankheitsurlaub in St. Johann.[373]

Bischof Wurm und Julius von Jan

Im Dezember 1948 hat Theophil Wurm kurz nach seinem achtzigsten Geburtstag sein Amt als Landesbischof in Württemberg aufgegeben und ist in den Ruhestand gegangen. Bis 1949 bleibt er Ratsvorsitzender der Evangelischen Kirche in Deutschland. Neuer Bischof in Württemberg ist seit Ende 1948 Martin Haug.

Bischof Wurm hat sich während der gesamten NS-Zeit nicht hinter die mutige Bußtagspredigt von Julius von Jan gestellt. Nach Kriegsende sagt er in einer Predigt, er werde wohl bis an sein Lebensende nicht damit fertig werden, dass er damals geschwiegen habe.[374]

In seinen Lebenserinnerungen, veröffentlicht kurz vor seinem Tod, ist davon allerdings keine Rede mehr. Zwar kommt der Bußtag 1938 nach dem Pogrom gegen die jüdische Bevölkerung darin vor, auch Julius von Jan. Doch dort schreibt Wurm: „Pfarrer von Jan in Oberlenningen musste eine scharfe Wendung in seiner Predigt mit einer körperlichen Misshandlung durch einen SA-Haufen, durch sofortige Haft in Kirchheim, durch eine Verhandlung vor dem Sondergericht, bei der sich der Senatspräsident Cuhorst unrühmlich hervortat, durch Verurteilung zu anderthalb Jahren Gefängnis und durch Ausweisung aus Württemberg büßen."[375]

Im Januar 1953 stirbt Altbischof Wurm im Alter von 84 Jahren.

Zuffenhausen auf Wachstumskurs

Der Stadtteil Zuffenhausen hat 1955 über 50 000 Einwohner, davon sind 32 000 evangelisch, und das sprunghafte Wachstum hält nach wie vor an. Im Herbst kommt Dekan Gotthilf Weber zur Visitation.

---

372 15. Nov. 1951, LKA A 29 Nr. 5395

373 LKA PA JvJ B 51/2

374 Vgl. Die Evangelische Bekenntnisgemeinschaft in Württemberg 1933–1945 (Dipper 1965), S. 268

375 Erinnerungen aus meinem Leben (Wurm 1953), S. 150 f.

Stark gewachsen ist auch die Arbeitsbelastung für die Pfarrer. Die Johanneskirchengemeinde, in der Julius von Jan arbeitet, zählt nun rund 5000 Mitglieder. Viele, viele Gottesdienste, Bet- und Bibelstunden, Trauungen und Bestattungen hat er zu übernehmen und vier Stunden Religionsunterricht zu leisten. Zu seiner Gesundheit schreibt er, die Erholung 1953 habe ihn von den Kreislaufstörungen geheilt, er befinde sich wohl.[376]

Wegen Geldmangels dauern die Arbeiten in der Johanneskirche noch bis Ende 1955. Der Turm steht seit 1954 wieder; Ende 1956 kann die Kirchengemeinde vier neue Glocken aufhängen. Dekan Weber berichtet: „Besondere Anerkennung verdient die Opferwilligkeit der Johannesgemeinde, die die Wiederherrichtung ihres Gotteshauses zu einem guten Teil aus eigenen freiwilligen Opfern ermöglicht hat, ein Zeichen dafür, wie gut fundiert die Stellung des Pfarrers von Jan dort ist. [...] Der Unterricht von Pfarrer von Jan ist seelsorgerlich gehalten. Die Stoffdarbietung geschieht mit dauerndem Rückgriff auf die Geschichte der Bibel und knüpft so an den Religionsunterricht der Schule an."[377]

Ein Bericht über die Erlebnisse im Dritten Reich

An die mutige Predigt von Julius von Jan am Bußtag 1938 erinnern sich nur noch wenige; viele haben noch nie davon gehört. Schweigen und Verdrängen der Hitlerzeit ist noch immer die Devise vieler Menschen.

Im April 1957 wird Julius von Jan 60 Jahre alt. Er entscheidet sich dafür, über seine Erlebnisse im Dritten Reich im Stuttgarter Evangelischen Sonntagsblatt zu berichten, und begründet dies dort folgendermaßen:

„Schon vor Jahren bin ich gebeten worden, etwas hierüber in einem kirchlichen Blatt zu veröffentlichen. Damals hatte ich nicht die Freiheit dazu.[378] Nun wurde ich neuerdings [...] aufgefordert, zum Gedenktag Israels[379] den Bericht zu schreiben. Diesmal tue ich's, weil ich immer wieder mit Erstaunen erfahre, wie wenig die heutige junge Generation weiß, was die Juden in Deutschland im Drit-

---

376 Pfarrbericht, 20. Sept. 1955, LKA A 29 Nr. 5395

377 „Bericht über die dekanatamtliche Visitation [...] am 23. und 24. Oktober 1955", LKA A 29 Nr. 5395

378 Wie es der Sohn Richard schildert, hat sein Vater Julius von Jan die Geschehnisse selbst wohl einige Jahre ausgeblendet, als vermeintlich einfachere Form der Verarbeitung.

379 Am Israelsonntag, elf Wochen nach Pfingsten, geht es in der evangelischen Kirche um das Verhältnis von Christen und Juden.

ten Reich auszustehen hatten, und welch ein Wagnis es war, sich für ein gerechtes Verhalten gegen die Juden einzusetzen."[380]

Richard von Jan schreibt später über seinen Vater: „Vorbehaltlose Pflichterfüllung und Hingabe auf einem als richtig erkannten Weg waren wohl das Charakteristikum meiner Eltern wie auch für viele Gleichgesinnte ihrer Generation. [...] Vater war und blieb für uns immer ein unnachahmliches Vorbild an konsequentem, fast unerbittlichem Dienst am Glauben – trotz und mit aller Bescheidenheit und Güte, die ihn in jeder Lebenssituation auszeichnete." Gleichzeitig betont er, dass sein Vater „jeglichen Personenkult generell und für sich strikt ablehnte. Alles sollte mehr der Sache als der Person dienen."[381]

Schwere Krankheit und vorzeitiger Ruhestand

Anfang Januar 1958 erleidet Julius von Jan einen Herzinfarkt. Der geschäftsführende Pfarrer in Zuffenhausen schreibt der Kirchenleitung: „Pfarrer von Jan ist leider schwer krank geworden (Herz). Er wird nach dem ärztlichen Befund mindestens vier Wochen völlig still liegen müssen und danach eine längere Erholung brauchen. Es muss voraussichtlich damit gerechnet werden, dass er zehn Wochen keinen Dienst tun kann."[382]

Seine schlimmen Erfahrungen im Dritten Reich haben ihm wohl mehr zugesetzt, als er es sich selbst lange eingesteht. Vieles hat er in sich verschlossen, teilt es höchstens mit seiner treuen Martha. Doch möglicherweise hat es ihm letztlich das Herz gebrochen. Das mag auch der Grund dafür gewesen sein, dass er seine alten Predigten aus der „Kirchenkampfzeit" vernichtet hat[383] – glücklicherweise ist die Bußtagspredigt in Abschriften, die seine Freunde aufbewahrt haben, erhalten geblieben.

Anfang Mai 1958 schreibt der Arzt, bei der ersten Untersuchung im Januar sei der Patient „in einem bedrohlichen Zustand" gewesen. Zur schweren Herzkrankheit – Herzklappenfehler und Vorhofflimmern – kommen „schwere Durchblutungsstörungen, besonders in beiden Unterschenkeln". Von Jan habe einen – bedrohlich hohen – Puls von

---

380 Stuttgarter Evangelisches Sonntagsblatt, 25. Aug. 1957

381 Brief vom 27. Juli 1985 an den Pfarrer in Oberlenningen, LKA Pfarramt Oberlenningen 243/3

382 24. Jan. 1958, LKA PA JvJ B 54

383 Brief von Julius von Jan vom 26. Juli 1963 an Professor Günther Harder in Berlin, Bestand Richard von Jan

156 Schlägen in der Minute. Erst im April sei der Patient so weit wiederhergestellt gewesen, dass man ihn habe nach Tübingen ins Krankenhaus transportieren können. Mit einer Arbeitsfähigkeit sei nicht mehr zu rechnen, die „Invalidierung" wird empfohlen.[384] Julius von Jan, inzwischen 61 Jahre alt, bittet deshalb die Kirchenleitung um seine Pensionierung auf 10. Juli. *„Es kommt dazu, dass ich gerade jetzt eine geeignete Pensionswohnung in Korntal in Aussicht habe, die bereits im Juni frei wird, und von der aus meine Kinder besonders günstig die Technische Hochschule Stuttgart und das Progymnasium Zuffenhausen weiter besuchen können. Auch für meine Frau ist die Putzarbeit in dem riesigen Pfarrhaus nicht länger tragbar, da meist einfach keine Hilfe zu bekommen ist."*[385]

Die Landeskirche bewilligt Anfang Juni den Ruhestand.[386] Landesbischof Haug schreibt ihm:

„Lieber Bruder von Jan!

Anlässlich Ihres krankheitshalber notwendigen Scheidens aus dem Amt spreche ich Ihnen [...] herzliche Segenswünsche für Ihren Ruhestand aus. Dabei gedenke ich mit Dank und Anerkennung der langjährigen hingebenden Arbeit, die Sie – auch während der für Sie ganz besonders harten und leidvollen Zeit des Kirchenkampfes – zum Wohl Ihrer Gemeinden und der Landeskirche in großer Treue vollbracht haben.

Möge Gottes Gnade auch ferner über Ihnen walten, und möge Ihnen ein freundlicher und gesunder Feierabend beschieden sein."[387]

Julius von Jan antwortet ihm:

„Nehmen Sie herzlichen Dank für Ihren brüderlichen Gruß zu meiner Pensionierung, die ich krankheitshalber früher, als mir lieb war, beantragen musste. Aber die Zeichen dafür, dass es Zeit dazu ist, sind mir durch meine Krankheit deutlich gegeben. Und zu den vielen wunderbaren Führungen in meinem Leben kam jetzt hinzu, dass sich mir auf das erste zaghafte Suchen nach Wohnung sofort diese nette Neubau-Wohnung in Korntal bot.

Den Umzug hierher am 10. Juni konnte ich nicht mitmachen aus gesundheitlichen Gründen; aber am 13. durfte auch ich hier einziehen und bin nun dankbar, dass ich wenigstens ein bis zwei Stunden am Tag am Stock hinaushumpeln kann."[388]

384 6. Mai 1958, LKA PA JvJ B 54
385 7. Mai 1958, LKA PA JvJ B 58
386 3. Juni 1958, LKA PA JvJ B 60
387 9. Juni 1958, LKA PA JvJ B 60
388 19. Juni 1958, LKA PA JvJ B 62

Im Ruhestand in Korntal

„Er war in jener entscheidenden schicksalsschwangeren Stunde der einzige wahrhafte ‚Protestant' in unserem Lande"

OTTO MÖRIKE ÜBER JULIUS VON JAN

Krankenbesuche als Kranker

Ab dem 10. Juli 1958 ist Julius von Jan offiziell im Ruhestand und verbringt mit seiner Familie in Korntal seinen Lebensabend. Neben der Brüdergemeinde gibt es dort seit 1955 auch eine „normale" Kirchengemeinde; Hermann Rieß ist ihr erster Pfarrer.

Später berichtet Rieß über den ersten Besuch des Ruheständlers. Julius von Jan humpelt mühsam am Stock ins Zimmer: „Wenn du etwas für mich zu tun hast, sag mir's doch, bitte. Krankenbesuche kann ich auch als Kranker noch machen." Geduldig sitzt er am Bett von Alten und Kranken, hört ihnen zu, tröstet sie und betet mit ihnen. „Ich kann mir kaum einen treueren, demütigeren und hilfreicheren Mitarbeiter in der Seelsorge denken", sagt Pfarrer Rieß später über Julius von Jan. Dieser nimmt auch am Leben der Gemeinde teil, sitzt jeden Sonntag im Gottesdienst.[389]

Wegen seiner schlechten Gesundheit übernimmt er nur noch ganz selten Gottesdienste als Ruhestandspfarrer, nach der Erinnerung seines Sohnes Richard eher gelegentliche Andachten.

Enge Familienbande und Freundschaften

Bereits 1955 hat Hellmut von Jan, ein entfernter Verwandter, ein kleines Buch veröffentlicht über die Vorfahren der von Jans. Im Ruhestand erwacht auch das Interesse von Julius von Jan an der Ahnenforschung und er ergänzt einen vorhandenen Stammbaum um weitere Einträge.

Die von Jans seiner Generation pflegen ohnehin die Familienbande. Alle paar Jahre treffen sich alle Vettern und Basen zu einem Ver-

389 Vgl. Pfarrer, die man nicht vergisst: Julius von Jan (Rieß 1978), S. 758

wandtschaftstreffen. Viele beteiligen sich überdies an einer Art Rundbrief: In ein Heft trägt jede und jeder etwa einmal im Jahr Erfahrungen und Erlebnisse ein und gibt das Heft dann weiter zur nächsten Cousine oder zum nächsten Cousin.

Auch im Ruhestand pflegt Julius von Jan die alten Freundschaften zu Otto Mörike und Erich Schick, denen er seit der gemeinsamen Schulzeit verbunden ist, und zu Erich Eichele, seinem einige Jahre jüngeren Studienfreund, der als Nachfolger von Martin Haug im Februar 1962 von der Landessynode zum neuen Landesbischof gewählt wird. Vor allem die Hochzeiten der Kinder und die Taufen von deren Kindern sorgen für Begegnungen.

Anfang Mai 1963 tauft Julius von Jan „als alter Ruhestandspfarrer", wie er selbst sagt, Michael und Ursula – zwei Kinder von Theo Munz, Marthas Neffen, und dessen Frau Marta. In seiner Taufansprache sagt Julius von Jan: *„Ihr wisst nun aus eigener Erfahrung, welch ein Wunder es ist, wenn so ein Kindlein lebend zur Welt kommen darf, und wenn es gesund am Leben erhalten wird, durch Gottes Freundlichkeit. Denn Leben ist ein Geschenk, das aller Kunst des Menschen spottet, so klug der heutige Mensch auch zu sein glaubt."*[390]

Schweigen – Verdrängen – Vergessen
Am 17. April 1962 wird Julius von Jan 65 Jahre alt. Dies ist dem „Teckboten", der Lokalzeitung der Kirchheimer Region, immerhin am selben Tag eine kurze Meldung für Oberlenningen wert. Der „bei den älteren Gliedern der evangelischen Gemeinde noch in guter Erinnerung stehende Pfarrer [...] kam 1935 nach Oberlenningen [...]. Hier wirkte er bis 1939 [...]."[391] Kein Wort von seiner Bußtagspredigt 1938, und selbst seine zweite Zeit in Oberlenningen fällt unter den Tisch.

Schweigen – Verdrängen – Vergessen. Das ist der Umgang vieler Deutscher mit ihrer Zeit im Dritten Reich.

Dokumentation von Schicksalen jüdischer Mitbürger
Von 1962 bis 1968 gibt es im Staatsarchiv Stuttgart eine „zentrale Dokumentationsstelle zur Erforschung der Judenschicksale 1933–45 in Baden-Württemberg". Im Juli 1963 schreibt der Direktor an Julius von

390 5. Mai 1963, Bestand Richard von Jan
391 Enthalten in LKA Dekanatamt Kirchheim 551 b

Jan und bittet ihn, seine Erlebnisse mit jüdischen Verfolgten zu schildern.[392]

Dieser kommt der Bitte nach. *„Da in meinen Gemeinden Brettach und Oberlenningen keine Juden wohnten, so hatte ich auch persönlich im Dritten Reich keine Beziehungen zu Juden."* Nach *„der sogenannten Reichskristallnacht"* (heute Reichspogromnacht genannt) habe er vom Fall des Arztes Dr. Bär gehört, *„ein getaufter Jude, dessen Frau eine Pfarrerstochter aus Oberlenningen war"* und der danach ins Konzentrationslager gekommen sei. Auch von vielen anderen Gräueltaten habe er Berichte erhalten. Das habe ihn zu seiner Predigt im November 1938 veranlasst; diese schickt er mit. Aber er schreibt auch, dass er *„weder als Häftling noch als Soldat (1943 – 1945) mit Juden in Berührung kam"*. Zum Schluss verweist er auf seine Berichte im Sonntagsblatt von 1957.[393]

Der Direktor bedankt sich für die *„wertvollen Unterlagen"*[394].

„Ich habe schärfere Predigten als diese gehalten"

Ende Juli 1963 schreibt Julius von Jan an den Theologen Professor Günther Harder in Berlin, der zusammen mit Wilhelm Niemöller, einem Bruder von Martin Niemöller, einen Band mit Predigten aus der Zeit des Kirchenkampfs veröffentlichen will[395]:

„Gestern erhielt ich Ihr Schreiben vom Juni 1963 wegen einer Predigt aus der Kirchenkampfzeit. Ich sende Ihnen nun einfach meine Bußtagspredigt von 1938, wegen der ich vom Sondergericht Stuttgart 16 Monate Gefängnis zugeteilt bekam, nachdem ich von fremder SA überfallen und misshandelt worden war. Vielleicht kennen Sie diese Predigt schon und wollten eine andere. Aber ich habe keine mehr aus der Kirchenkampfzeit, weil ich nach meinem Herzinfarkt vor fünf Jahren alle meine alten Predigten vernichtete. Ich habe schärfere Predigten als diese gehalten. Aber diese allein ist durch Freunde erhalten geblieben und wird von mir auch heute noch angesehen als ein besonderes Geschenk des Herrn, dem ich diene."[396]

Es ist ein Verlust, dass seine anderen Predigten, vor allem die besonders *„scharfen"*, nicht erhalten geblieben sind.

---

392 Brief vom 2. Juli 1963, Bestand Richard von Jan

393 Brief vom 3. Juli 1963, Bestand Richard von Jan

394 Brief vom 16. Juli 1963, Bestand Richard von Jan

395 Die Stunde der Versuchung: Gemeinden im Kirchenkampf 1933–1945. Selbstzeugnisse (Harder/Niemöller 1963)

396 Brief vom 26. Juli 1963 an Professor Harder, Bestand Richard von Jan

Julius von Jan um 1960

Sorgen „in ein Gebet verwandeln"

In einem Predigtentwurf für Lektoren zitiert Julius von Jan im August 1963 Jesus mit seinem „*Wort vom Nicht-Sorgen*" aus der Bergpredigt: „*Sorgt nicht um euer Leben, was ihr essen und trinken werdet.*" Es gehe hier um das „*Sorgen, das uns bekümmert, bedrückt, das uns schlaflose Stunden und Nächte bereitet, uns nur in Angst und Spannung leben lässt. – Gewiss, auch ohne dieses Sorgen können wir nicht leben, wir können es nicht einfach abstreifen, und die Parole jenes alten Schlagers ist zu einfach: ,Lasset die Sorgen zu Haus!' Aber der Bergprediger sagt uns ja, dass Gott für uns sorgt, wie er schon längst für uns gesorgt hat [...]. Und statt dass wir uns von den Sorgen quälen und schlaflose Nächte bereiten lassen, sollen wir sie in ein Gebet verwandeln dürfen: ,Herr, ich werde nicht fertig mit meinen Sorgen. Aber du hast für mich gesorgt und wirst auch weiter sorgen für mich, für die Meinen, für mein Volk, und wirst mir Wege zeigen und öffnen, die ich gehen kann.' Ist das nicht eine herrliche Erlaubnis, dass wir das tun dürfen? Und ist es nicht töricht, wenn wir uns das Leben schwerer machen als es sein muss? Warum wollen wir die ganze Verantwortung für morgen und für die weite Zukunft übernehmen, wenn doch Gott uns anbietet, es selber zu tun?*"[397]

397 Lektorendienst [...] 11. August 1963, Bestand Richard von Jan

Es wird spürbar, aus welcher tiefen Quelle Julius von Jan sein Leben lang geschöpft hat in seinen sorgenvollen Zeiten, von denen es viele gegeben hat – im Krieg, vor Gericht, im Gefängnis, im Exil, aber auch in seinen Krankheitszeiten und in der häufigen Sorge um seine körperlich und seelisch angeschlagene Frau Martha.

Am 12. September 1964 heiratet Julius von Jans Patenkind Beate, die Tochter seines Freundes, des Landesbischofs Erich Eichele. Er feiert fröhlich und munter mit[398] und hält eine „Patenrede". Der Mann seiner Patentochter, Winrich Scheffbuch, ist Pfarrer. Sie habe *„irgendwie den Weg in die Diakonie" gesucht. „Du [...] hast den Beruf der Pfarrfrau gewählt, und du hast gut gewählt zu unser aller Freude. Denn der Pfarrfrauenberuf ist wirklich Diakonie. [...]*

Auch euer Dienst wird trotz aller äußeren Ehre, die ihr mitunter zu verspüren bekommen werdet, Diakonie sein, [...] ein aufopfernder Dienst an der Seite der Armen, der Bedrückten, der Rechtlosen, der Schwachen, der Kranken und der Kleinen, ein Dienst mit Wort und Tat."[399]

Mit Zugewandtheit und Menschenliebe hat Julius von Jan sein Pfarrerdasein gelebt. Die Rolle einer Pfarrfrau hat sich seither allerdings grundlegend gewandelt.

Der Tod

Mitte September 1964 erleidet Julius von Jan einen Hirnschlag. Schnell wird deutlich: Er geht dem Tod entgegen. Seine Frau Martha, sein Sohn Richard und seine Tochter Christa, die noch zu Hause lebt, wechseln sich drei Tage lang ab am Sterbebett im Stuttgarter Paulinenhospital. Im Alter von 67 Jahren stirbt Julius von Jan am 21. September, ohne noch einmal zu sich gekommen zu sein.

„Alle, die ihn kannten, wissen, um wen wir trauern", steht in der Traueranzeige der Familie von Jan.[400]

Die Stuttgarter Zeitung würdigt Julius von Jan am 23. September: „Er selbst sprach nie davon, wie es ihm einst ergangen war. Aber nach seinem Tod muss gesagt werden, dass damals einer aufstand und als Christ ein mutiges Bekenntnis ablegte."

---

398 Dies geht hervor aus einem Brief von Oberkirchenrat Paul Lutz an Martha von Jan vom 23. Sept. 1964, LKA PA JvJ B ohne Nr.

399 Bestand Richard von Jan

400 Bestand Richard von Jan

Am Grab Julius von Jans in Korntal am 24. September sagt Dekan Hermann Gölz aus Kirchheim, stellvertretend auch für die Kirchengemeinde Oberlenningen:

„Wir sehen heute deutlicher als damals, wieviel wir dem bedrängten Bruder, dem gemeinsamen Bekenntnis der Kirche, der ‚lebendigen Stimme des Evangeliums' schuldig geblieben sind. Wir danken unserem Bruder über das Grab hinaus, dass er damals ein Zeichen gesetzt hat, das vielen die Augen öffnete. [...]

Es wird uns an diesem Grab zur heiligen Pflicht und zum ernsten Gebetsanliegen, dass wir nicht vergessen, was Leute wie Julius von Jan [...] stellvertretend für viele zaghaftere Herzen bekannt haben, und dass wir uns nicht wiederum verschulden, indem wir schweigen, wo das Gebot Gottes eindeutig mit Füßen getreten wird und wo Gewissen, die sich an das Wort Gottes binden wollen, eingeschläfert werden."[401]

Das Stuttgarter Evangelische Sonntagsblatt veröffentlicht am 15. November vor dem Bußtag nochmals die Predigt von Julius von Jan von 1938 in voller Länge unter der Überschrift „Der Tagesbefehl Gottes" und dem Untertitel „Ein Zeugnis der Wahrheit aus schwerer Zeit". Der Schriftleiter, Pfarrer Fritz Mack, schreibt zur Einführung: „Vor wenigen Wochen ist der schwäbische Pfarrer Julius von Jan in die Ewigkeit abgerufen worden. Pfarrer von Jan ist in weiten Kreisen bekannt geworden als treuer Zeuge des Wortes Gottes durch seine Predigt am Bußtag in Oberlenningen." Das Zeugnis der Predigt „ist auch heute, 26 Jahre später, noch nicht überholt".

Zum Bußtag 1964 schreibt Otto Mörike im Evangelischen Gemeindeblatt für Württemberg über Julius von Jan und den Bußtag 1938: „Ich selbst war Zeuge dieser Predigt und habe vor- und nachher nie in meinem Leben eine gewaltigere Bußpredigt gehört. [...] Er war in jener entscheidenden schicksalsschwangeren Stunde der einzige wahrhafte ‚Protestant' in unserem Lande."

---

401 Evangelium und Kirche, Rundbrief der Evangelischen Bekenntnisgemeinschaft in Württemberg Nr. 3/1964, LKA PA JvJ B 72 sowie LKA Pfarramt Oberlenningen 241/1

„Das Versagen unserer Kirche"

„Ich danke Gott für Julius von Jan"

BISCHOF FRANK OTFRIED JULY

Am Buß- und Bettag am 20. November 2013 ist die Bußtagspredigt von Julius von Jan 75 Jahre her. Der württembergische Landesbischof Frank Otfried July kommt aus diesem Anlass nach Oberlenningen. Er steigt auf die Kanzel, auf der einst Julius von Jan gestanden hat, und predigt zum Bibelvers: „Gerechtigkeit erhöht ein Volk, aber die Sünde ist der Leute Verderben." Der Bischof findet klare Worte über das Verhalten der Kirchenleitung 1938 Julius von Jan gegenüber.

„Die Kirchenleitung in Stuttgart handelte nicht so, wie wir es uns heute wünschen. Sie unterstützte zwar Julius von Jan darin, dass er später eine Pfarrstelle in Bayern bekam. Er wurde im Gefängnis auch von Mitgliedern der Kirchenleitung besucht. Aber in einer Erklärung hieß es, dass Pfarrer von Jan in seiner Polemik zu weit gegangen sei und dass man sich nicht grundsätzlich gegen die Politik des Führers ausspreche. [...]

Julius von Jan war ein bescheidener Kollege, der anfangs nicht über sein Verhalten reden wollte. Er hätte es auch nicht gewollt, dass man ihn zur ‚Ehre des Altars' erhöht. Aber was er gewollt hat: dass wir auf das Wort Gottes schauen, auf Jesus Christus selbst, und von daher Verantwortung für unser Tun und Lassen übernehmen. Das ist manchmal schwierig und dieser Anspruch wird verschieden beantwortet. Ich danke Gott für Julius von Jan und bitte Gott um Vergebung für die Fehler und das Versagen unserer Kirche und ihrer Leitung."[402]

---

402 Die Predigt von Bischof July wird aufbewahrt im Archiv der Evangelischen Julius-von-Jan-Kirchengemeinde Lenningen.

„Ein Gerechter unter den Völkern"

Ein Denkmal und ein Name

1948 gründet sich der Staat Israel. 1953 gründet er in Jerusalem die Gedenkstätte Yad Vashem, um das Gedenken an den Holocaust zu bewahren und dessen Bedeutung den kommenden Generationen zu vermitteln. Der Name geht auf einen Vers des Buchs Jesaja zurück, in dem Gott sagt: „Und ihnen will ich [...] ein Denkmal und einen Namen geben; einen ewigen Namen, der nicht vergehen soll."[403] Ein Denkmal (Yad) und ein Name (Shem).

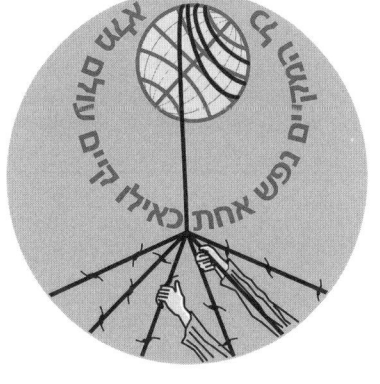

Grafische Darstellung der Medaille „Gerechter unter den Völkern"

Die Gedenkstätte verleiht im Auftrag des Staates Israel und des jüdischen Volkes seit 1963 den Ehrentitel „Gerechter unter den Völkern", der aus der jüdischen Tradition stammt. Ihn erhalten seither Nichtjuden, die ihr Leben aufs Spiel gesetzt haben, um Juden zu retten. So soll sichtbar werden, dass die Menschen auch unter der totalitären Herrschaft ein gewisses Maß an Entscheidungsfreiheit gehabt haben, dass einzelne Menschen ihre Fähigkeit zu Mitgefühl und Anstand nicht verloren haben – so wie eben auch Julius von Jan.

Bis zum Januar 2019 haben weltweit gut 27 000 Menschen diesen Titel erhalten, darunter 627 Deutsche. Gertrud und Otto Mörike erhalten 1970 diese hohe Auszeichnung; 1971 folgen Dorothee Poelchau, Julius von Jans Cousine, und ihr Mann Harald.

Der Ehrentitel

Im Juni 2018 schreibt die Gedenkstätte an Julius von Jans Sohn Richard auf Englisch, nachfolgend in der deutschen Übersetzung:

403 Jesaja 56,5

„Wir freuen uns, bekanntzugeben, dass die Kommission für die Ernennung der Gerechten entschieden hat, den Titel eines Gerechten unter den Völkern an Julius von Jan zu verleihen, für die jüdischen Personen erwiesene Hilfe während der Zeit des Holocaust, sein eigenes Leben aufs Spiel setzend.

Eine Medaille und eine Ehrenurkunde werden an die israelische Botschaft in Berlin gesandt; diese wird zu seinen Ehren eine Feier organisieren. [...]

Der Name des Gerechten wird in der Zukunft in die Ehrenmauer im Garten der Gerechten in Yad Vashem eingraviert werden."[404]

Der Anstoß und der Weg zur Ehrung

Die Wegbereiterin für die späte Ehrung von Julius von Jan war ein junges Mädchen in Amerika.

Otto Preissler aus Oberlenningen schrieb im Juli 2018 an Richard von Jan: Früher „war ich lange Jahre als Kirchenführer und als Bearbeiter für genealogische Anfragen für das Pfarramt Oberlenningen tätig. In dieser Zeit waren viele Anfragen aus den USA zu bearbeiten, so dass anschließend öfters USA-Besuche nach Oberlenningen kamen, es waren die Nachkommen, die nun die wunderschöne Heimat ihrer bekanntgewordenen Vorfahren kennenlernen wollten."[405]

Die in Kalifornien lebende deutsche Familie Christofori half einem Amerikaner bei der Ahnenforschung und kam dabei in Kontakt mit Otto Preissler und seiner Frau Meta, freundete sich an, besuchte sie immer wieder in Oberlenningen, nahm an Führungen in der Oberlenninger Kirche teil. Ulrike Christofori schildert in der Rückschau, was dies später bei ihrer Tochter Yasmene Christofori-Munir ausgelöst hat[406]:

„Alle amerikanischen Kinder müssen bereits in der sechsten Klasse einen Vortrag eines Überlebenden des Holocaust hören. Das ist natürlich sehr schwer zu verkraften, weil dabei auch Bilder gezeigt werden, die man in keinem Alter ohne Schock verdauen kann. Meine Tochter war das einzige Kind mit einer deutschen Familie, was ihre Mitschüler wussten. Es war nicht leicht für sie, auf einmal in diesem Licht gesehen zu werden. [...]

404 24. Juni 2018, Bestand Richard von Jan
405 Brief vom 19. Juli 2018, Bestand Richard von Jan
406 E-Mail vom 17. Mai 2020 an den Verfasser

Schulkinder in den USA schreiben in diesem Alter auch alle einen Aufsatz über das Leben von Menschen, deren kurze Lebensgeschichte im Verzeichnis von Yad Vashem steht. Meistens machen die Kinder das eher lustlos, weil ihnen doch alles sehr fremd und unverständlich ist. Mir kam damals die Idee, dass Yasmene stattdessen einen Aufsatz über Julius von Jan schreiben könnte, weil ihr das etwas sagte und nicht so anonym wie zum Beispiel der Name einer ganz unbekannten Person aus Polen war."

Die Lehrerin erlaubte die Themenwahl. Die zwölf Jahre alte Yasmene recherchierte, unterstützt von ihrer Mutter, und schrieb im Schuljahr 2014/15 einen Aufsatz.[407] Die Lehrerin war davon begeistert und schlug vor, Yad Vashem die Lebensgeschichte von Julius von Jan bekannt zu machen. Die Mutter schrieb an die Gedenkstätte. Dort bekam der aus Deutschland stammende Ehud Loeb, Mitglied der „Kommission zur Ernennung der Gerechten unter den Nationen", den Auftrag, den Fall zu bearbeiten und ein Gutachten zu erstellen.

Die Sache nahm ihren Lauf. Loeb telefonierte lange mit Otto Preissler und erhielt von ihm den Namen von Paul Dieterich, Prälat im Ruhestand, der sich schon viel mit Julius von Jan beschäftigt hatte. Dieterich begann im Sommer 2017 einen Telefon- und Schriftkehr mit Loeb[408] und stellte unter anderem den Kontakt zu Richard von Jan her. Daraus geht auch hervor, dass Loeb überdies von dem Historiker Steffen Seischab Informationen über Julius von Jan erhielt.

Die Kriterien von Yad Vashem für die Anerkennung erfordern eigentlich die aktive Beteiligung an der Rettung von einem oder mehreren Juden vor der Bedrohung durch Tod oder durch Deportation in Todeslager. Doch es kann auch ausreichen, dass jemand wie Julius von Jan sich öffentlich für die jüdische Bevölkerung eingesetzt und sich damit selbst in Gefahr gebracht hat.

Dieterich schickte Loeb eine Stellungnahme und einen Aufsatz über Julius von Jan. Nach einem Gewissenskonflikt wegen der negativen Aussage Julius von Jans von 1939 über den angeblich *„verderblichen Einfluss des Judentums"* fügte er diese Aussage ebenfalls bei. Der Ernennung zum „Gerechten" stand dies nicht im Weg.[409]

407 Ohne genaues Datum, erhalten von Ulrike Christofori
408 Auszug davon (21. Juni bis 4. Juli 2017) von Prälat i. R. Paul Dieterich erhalten
409 Prälat i. R. Paul Dieterich telefonisch am 15. Mai 2020

Als Ulrike Christofori von der Auszeichnung erfuhr, schrieb sie Ehud Loeb eine freudige E-Mail. „Die Antwort kam sofort, aber von seiner Frau, die uns schrieb, dass er gestorben war, dass er auch während der Nachforschungen zu von Jan schon sehr krank war, aber diesen letzten Fall noch annehmen wollte, weil er ihm am Herzen lag."[410]

Im Herbst 2020 ist es so weit: Die israelische Botschaft veranstaltet in Berlin eine Feier zur Ehrung der neu ausgewählten „Gerechten unter den Völkern". Richard von Jan erhält stellvertretend für seinen Vater die Medaille und die Ehrenurkunde; beides schenkt er der Kirchengemeinde Oberlenningen für ihren Gedenkort.

Richard von Jan vor der Gedenktafel für seinen Vater Julius von Jan an der Kirche in Oberlenningen

410 E-Mail vom 17. Mai 2020 an den Verfasser

Epilog

Julius von Jan – was bleibt

Julius von Jan stand nicht nur einmal auf und hielt eine gewagte Predigt, wie es gelegentlich dargestellt wird. Vom Herbst 1933 bis zu seiner Verhaftung im November 1938 bezog er wieder und wieder mutig Stellung gegen die Nationalsozialisten. Auch danach blieb er sich und seinem Gewissen treu, zeigte sich standhaft, vor Gericht und gegenüber seinem Bischof.

Lange Zeit herrschte vielerorts Verdrängung und Schweigen über die dunkle Zeit des Dritten Reiches – und über einen mutigen, Gott gehorsamen Widerstandskämpfer wie Julius von Jan. Erst in den 1980er-Jahren nahm das Interesse an ihm zu.

Besonders präsent ist Julius von Jan in Oberlenningen, dem Ort seiner Predigt 1938, die sein Leben und das seiner Familie für immer veränderte. Am 8. Mai 1985 – genau 40 Jahre nach Kriegsende – gab die Kirchengemeinde Oberlenningen ihrem Gemeindehaus den Namen Julius-von-Jan-Gemeindehaus. Eine Gedenktafel an der Kirche erinnert seit dem Buß- und Bettag 1985 an den Landpfarrer, der den Mund aufmachte, als die anderen schwiegen. Die Kommunalgemeinde Lenningen gab am 16. November 1988 – genau 50 Jahre nach der Bußtagspredigt – dem Platz vor der Kirche in Oberlenningen den Namen Julius-von-Jan-Platz.

Zum 1. Januar 2018 schlossen sich die Kirchengemeinden Brucken, Oberlenningen und Unterlenningen zusammen. Über den Namen herrschte schnell Einigkeit: Die neue Kirchengemeinde heißt Julius-von-Jan-Kirchengemeinde Lenningen. Im Dezember 2019 schlossen sich auch Gutenberg und Schopfloch dieser Kirchengemeinde an.

Der Grabstein auf dem ehemaligen Friedhof neben der Kirche in Oberlenningen

Nach Ablauf der „Grabesruhe" in Korntal fand der Grabstein von Julius von Jan einen neuen Platz auf dem ehemaligen Friedhof direkt neben der Kirche in Oberlenningen, zusammen mit einer Informationstafel. Dieser Gedenkort dient der Erinnerung und der stillen Mahnung. Anlässlich der Ehrung durch Yad Vashem gab es im Oktober 2019 eine Gedenkveranstaltung für Julius von Jan mit Landesbischof Frank Otfried July.

Auf dem Friedhof in Korntal liegt seit Anfang 2020 dafür ein neuer Grabstein und vor der Aussegnungshalle steht eine Stele zur Erinnerung.

Das Vermächtnis von Julius von Jan

Julius von Jan nahm seinen Glauben ernst; sein Gewissen, sein Gehorsam gegen Gott brachte ihn dazu, für die verfolgten Juden einzustehen.

Sein Widerstand gegen das Unrecht der Nationalsozialisten, seine Bußtagspredigt ist ein steter Aufruf an die Kirche und an alle Menschen, die sich christlichen Werten verpflichtet fühlen: Wann ist der Ruf zur Buße, zur Umkehr an der Zeit? Wann gilt es, durch Reden und Handeln sich einzumischen, Zivilcourage zu zeigen, Missstände aufzuzeigen, für andere Menschen einzustehen, dem Rad in die Speichen zu fallen?

Die Feindlichkeit gegenüber jüdischen Mitbürgerinnen und Mitbürgern wächst wieder; viele Jüdinnen und Juden fühlen sich nicht mehr sicher in Deutschland. Ein Armutszeugnis angesichts der deutschen Vergangenheit! Und ein Auftrag für Gesellschaft, Kirche und Politik, hier Farbe zu bekennen und dem Hass entgegenzutreten. Nicht nur dem Antisemitismus, sondern grundsätzlich menschenverachtenden Reden und Taten gegen andere, etwa gegen Menschen mit nichtdeutschem Pass, besonders gegen Flüchtlinge, und gegen Muslime.

Im Dritten Reich konnten viele verfolgte Menschen ihr Leben nur retten, wenn ein anderes Land ihnen Zuflucht gewährte. Deshalb schrieb die Bundesrepublik Deutschland 1949 in ihr Grundgesetz: „Politisch Verfolgte genießen Asylrecht." Dieses Grundrecht als Lehre aus der deutschen Geschichte wird inzwischen mehr und mehr ausgehöhlt. Hier sind Kirche und Gesellschaft gefordert, Druck auf die Politik zu machen für ein Asylrecht, das dem ursprünglichen Anspruch wieder gerecht wird.

Nie wieder Krieg! Das war die Erkenntnis und Forderung nach dem mörderischen Zweiten Weltkrieg. Für viele erst danach geborene Menschen ist der Frieden selbstverständlich geworden. Inzwischen erscheint Krieg auch hierzulande immer häufiger als ein Mittel der Politik. Deutschland liefert Waffen an alle möglichen Länder. Die evangelische Losung für das Jahr 2019 war ein zeitgemäßer Auftrag: „Sucht Frieden, und jagt ihm nach!" (Psalm 34,15).

Im Laufe der Jahrzehnte nach der Gründung der Bundesrepublik ist auch die Demokratie in Deutschland selbstverständlich geworden. Was lange unvorstellbar schien, ist inzwischen traurige Tatsache: Diese Demokratie ist bedroht. Manche erschreckenden Parallelen zu den letzten Jahren der Weimarer Republik zeichnen sich ab. Immer mehr Menschen halten „die Politiker" für unwillig und unfähig, verachten sie. Die Bereitschaft zum Aushandeln von Kompromissen schwindet, der Egoismus von Menschen und Gruppen nimmt zu. Hier ist jeder Mensch aufgefordert, in seinem eigenen Umfeld mit seinen eigenen Möglichkeiten dem entgegentreten und für die Demokratie einzustehen. Sie ist mit allen ihren Schwächen und Vorzügen die beste Staatsform, die es gibt.

Julius von Jan hat uns ein zeitloses Vermächtnis hinterlassen: Als es darauf ankam, spürte er, was Gott von ihm wollte, und folgte seinem Gewissen.

Chronik

17. April 1897
Geboren in Schweindorf bei Neresheim, Ostalb, als Sohn von
Albert und Karolina von Jan und viertes von sieben Kindern;
der Vater ist Pfarrer.

1902
Umzug nach Gerhausen bei Blaubeuren

1902–1905
Besuch der Volksschule in Gerhausen

1905–1911
Besuch der Lateinschule in Blaubeuren

1911–1913
Seminar Maulbronn

1913–1914
Seminar Blaubeuren

7. Aug. 1914–Februar 1915
Kriegsfreiwilliger, Ausbildung in Ulm

Febr. 1915–9. April 1917
Im Krieg: Polen, Russland, Serbien, Belgien, Frankreich,
ab März 1917 im Rang eines Vizewachtmeisters (Unteroffiziersrang)

9. April 1917–25. Okt. 1919
In englischer Gefangenschaft in England

28. Okt. 1919
Heimkehr zur Familie

Nov. 1919–Sommer 1923
Theologiestudium in Tübingen

Ende Aug.–Okt. 1921
Aushilfe als Vikar in Echterdingen und in Gerhausen

10. Aug.–12. Okt. 1922
Praktikant in Bethel

Juli 1923
„erste evangelisch-theologische Dienstprüfung"

Sommer 1923 bis Sommer 1925
Vikariat:
~ 3. Sept. 1923–8. Jan. 1924 Vikar in Weil im Dorf
~ 9. Jan.–8. Okt. 1924 Pfarrverweser in Steinenberg
~ 9. Okt. 1924–4. Juni 1925 Stadtvikar in Neuenbürg
~ 5. Juni–18. Aug. 1925 Pfarrverweser in Deizisau

Mai 1925
„zweite evangelisch-theologische Dienstprüfung"

19. Aug. 1925–13. Nov. 1928
Pfarrverweser in Herrentierbach-Riedbach (damals Dekanat
Langenburg, heute Dekanat Blaufelden)

6. Sept. 1927
Hochzeit mit Martha Munz (geboren 1899)

14. Nov. 1928–Aug. 1935
Pfarrer in Brettach (Dekanat Neuenstadt am Kocher)

13. Sept. 1934
Geburt von Sohn Richard

Aug. 1935–25. Nov. 1938
Pfarrer in Oberlenningen (Dekanat Kirchheim unter Teck)

16. Nov. 1938
Predigt am Bußtag zu den Verbrechen des Novemberpogroms

25. Nov. 1938
Misshandlung durch SA-Leute aus der Nürtinger Gegend

25. Nov. 1938–23. Febr. 1939
Untersuchungshaft in Kirchheim

23. Febr.–27. März 1939
Untersuchungshaft in Stuttgart

27. März–15. Apr. 1939
Von der Gestapo gefangen gehalten

15. Apr. 1939
Ausweisung aus Württemberg und Hohenzollern

15. Apr. 1939–Sept. 1943
Aufenthalt in Bayern

15. Nov. 1939
Verurteilung in Stuttgart durch Sondergericht zu 16 Monaten Haft (bei Anrechnung von vier Monaten Untersuchungshaft)

4. Jan.–28. Mai 1940
Strafhaft im Gefängnis Landsberg/Lech; vorzeitige Entlassung mit dreijähriger Bewährungsfrist

Juni 1940–Mai 1943
Aushilfe als Pfarrer in Bayern (Ortenburg und Umgebung)

16. Jan. 1943
Geburt von Tochter Christa

1. Juni 1943
Einberufung als Degradierter zum Militär in Augsburg

Juli 1943–8. Mai 1945
Im Zweiten Weltkrieg: als Artillerist in Russland und in der Ukraine; wegen Erkrankung an Gelbsucht in Lazaretten (Ukraine, Lemberg, Thüringen); Heimkehr nach Bayern, dort Ausbildung als Schütze; Landesschütze; Infanterist in Landshut an der Isar; an der Front in Ungarn und in der Steiermark (Österreich)

Bis 14. Mai 1945
Flucht über die Alpen bis nach Pfarrkirchen in Niederbayern; dort von
den Amerikanern gefangen genommen und interniert

14. Mai–Sept. 1945
Wieder in Ortenburg bei seiner Familie; Aushilfsdienste als Pfarrer

Okt. 1945–Juni 1949
Wieder als Pfarrer in Oberlenningen tätig

Juli 1949–Juli 1958
Pfarrer in Stuttgart-Zuffenhausen

Jan. 1958
Nierenembolie und Herzinfarkt; nicht mehr arbeitsfähig

10. Juni 1958
Umzug nach Korntal

10. Juli 1958
Offizieller Beginn des Ruhestands

21. Sept. 1964
Tod im Paulinenhospital in Stuttgart im Alter von 67 Jahren

24. Sept. 1964
Beerdigung in Korntal

1975
Tod von Martha von Jan

1979
Tod von Christa von Jan

LITERATUR

Lisa Baisch: Julius von Jan, Zulassungsarbeit an der PH Ludwigsburg (ohne Datum, etwa 1998); LKA Pfarramt Oberlenningen 245.

Yasmene Christofori-Munir: Julius von Jan, unveröffentlichter Aufsatz, Davis (CA) 2014/2015.
Zur Entstehung dieses Aufsatzes siehe das Kapitel „Ein Gerechter unter den Völkern" in diesem Buch.

Theodor Dipper: Die Evangelische Bekenntnisgemeinschaft in Württemberg 1933–1945, Arbeiten zur Geschichte des Kirchenkampfes, Band 17. Vandenhoeck & Ruprecht, Göttingen 1965, S. 262–269.
Auf diesen Seiten findet sich ein Beitrag zu Julius von Jan.

Hermann Ehmer u. a. (Hrsg.): Gott und Welt in Württemberg – Eine Kirchengeschichte. 2. Auflage. Calwer Verlag, Stuttgart 2009.

Fritz Endemann: Hermann Cuhorst und andere Sonderrichter, in: Hermann G. Abmayr (Hrsg.): Stuttgarter NS-Täter. Stuttgart 2009, S. 340 ff.

Norbert Haag: Nationalsozialismus, in: Württembergische Kirchengeschichte online, https://www.wkgo.de/epochen/nationalsozialismus, Aufruf 1. Mai 2020.

Peter Haigis: Sie halfen Juden. Schwäbische Pfarrhäuser im Widerstand. Edition Gemeindeblatt, Evang. Gemeindepresse, Stuttgart 2007.

Günther Harder/Wilhelm Niemöller (Hrsg.): Die Stunde der Versuchung. Gemeinden im Kirchenkampf 1933–1945. Selbstzeugnisse. Verlag Ch. Kaiser, München 1963.

Klaus Harpprecht: Schräges Licht. Fischer-Verlag, Frankfurt am Main 2014, S. 30–40.
Der Publizist (1927–2016), Sohn von Christoph Harpprecht (Dekan in Nürtingen 1935–1945), berichtet in seinen Lebenserinnerungen auch kurz über seinen 30 Jahre älteren Cousin Julius von Jan und das Geschehen von 1938, allerdings mit Ungenauigkeiten im Detail.

Klaus Harpprecht: Harald Poelchau – Ein Leben im Widerstand. Rowohlt-Verlag, Reinbek bei Hamburg 2004, S. 96–97.
Julius von Jan wird hier behandelt, mit Ungenauigkeiten im Detail; Dorothee Poelchau ist seine Cousine.

Hermann Hesse: Unterm Rad. Suhrkamp-Verlag, Berlin 2012.
Der spätere Literaturnobelpreisträger verarbeitet in diesem 1906
erschienenen Buch seine krisenhafte Zeit im Seminar Maulbronn.

Hermann Rieß: Pfarrer, die man nicht vergisst: Julius von Jan, in:
Arbeit und Besinnung 1978, S. 755–759.

Eberhard Röhm/Jörg Thierfelder: Juden – Christen – Deutsche, Band 3:
1938–1941, Teil 1: Ausgestoßen. Calwer Verlag, Stuttgart 1995,
S. 69–92.

Gerhard Schäfer: Die Evangelische Landeskirche in Württemberg und
der Nationalsozialismus. Eine Dokumentation zum Kirchenkampf,
Band V: Babylonische Gefangenschaft 1937–1938. Calwer Verlag,
Stuttgart 1982, S. 915 f.

Joachim Scherrieble: … Du sollst dich nicht vorenthalten – Das Leben
und der Widerstand von Gertrud und Otto Mörike in der Zeit
des Nationalsozialismus, herausgegeben vom Kreisjugendring
Esslingen e. V. 1995.

Clemens Vollnhals: Evangelische Kirche und Entnazifizierung
1945–1949. Die Last der nationalsozialistischen Vergangenheit.
Oldenbourg-Verlag, München 1989.

Manuel Werner: Oskar Riegraf, https://www.gedenken-nt.de/
dokumente/oskar-riegraf, Aufruf 10. Mai 2020.

Hans-Dieter Wille: Julius von Jan, in: Volker Henning Drecoll,
Wolfgang Schöllkopf, Juliane Baur (Hrsg.): Stiftsköpfe.
Mohr Siebeck, Tübingen 2012. S. 366–375.
50 Biografien bedeutender und weniger bekannter Stipendiaten
des berühmten Evangelischen Stifts in Tübingen.

Wissenschaftlicher Dienst des Deutschen Bundestages:
Die Deutschen und die Judenvernichtung. Berlin 2006.

Theophil Wurm: Erinnerungen aus meinem Leben. Quell-Verlag,
Stuttgart 1953, S. 150–151.
Der württembergische Landesbischof von 1929 bis 1948 erwähnt in
seinen Lebenserinnerungen auch kurz Julius von Jan.

QUELLEN UND ANMERKUNGEN

Zu den Hauptquellen über Julius von Jan gehören eigene Texte von ihm, Dokumente in der Obhut seines Sohnes Richard sowie Akten im Landeskirchlichen Archiv (LKA) in Stuttgart.

Texte von Julius von Jan:

~ 1914 bis 1919 Briefe aus dem Ersten Weltkrieg und aus der Kriegsgefangenschaft; im Besitz von Richard von Jan

~ „Im Dienste des Gekreuzigten! Erinnerungen", verfasst im Mai/Juni 1939 und seinem Sohn Richard gewidmet; im Besitz von Richard von Jan

~ 1939, im Sommer oder Herbst (ohne Datum): „Erklärungen des Angeklagten zu einzelnen Punkten der Anklageschrift"; im Besitz von Richard von Jan

~ 1943, am 11. Dezember: „Erlebnisbericht über meinen Kriegsdienst 1914-19", LKA PA JvJ B 35/2 (handschriftlich) und B 36/2 (Abschrift Schreibmaschine) und „Erlebnisbericht über meinen Fronteinsatz im Jahr 1943", LKA PA JvJ B 35/1 (handschriftlich) und B 36/1 (Abschrift Schreibmaschine)

~ 1946, Bericht: „Meine politische Verfolgung im Zusammenhang mit meiner Bußtagspredigt 1938. An den Öffentlichen Kläger bei der Spruchkammer Kirchheim/Teck", vom 18. September 1946 (Staatsarchiv Ludwigsburg, EL 900/18 Bü 33)

~ 1949 zur Konfirmation für seinen Sohn Richard: „Erlebnisse im Dritten Reich"; im Besitz von Richard von Jan

~ 1957 „Stuttgarter Evangelisches Sonntagsblatt": „Meine Erlebnisse in der Zeit des Kampfes gegen den Antisemitismus im Dritten Reich", 25. August und 1. September

~ 1960 ein kurzgefasster Lebenslauf

~ Verschiedene Briefe

Martha von Jan übergab ihrem Sohn Richard vor ihrem Tod 1975 einen Ordner mit Dokumenten, die ihr Mann gesammelt hatte; der Verfasser durfte Kopien machen.

Im Landeskirchlichen Archiv in Stuttgart sind vor allem zwei Akten ergiebig:

~ die Personalakte (PA) der Kirchenleitung über Julius von Jan (JvJ);

~ die Akte des Pfarramts Oberlenningen.

Manches findet sich auch in den Akten des Dekanatamts Kirchheim/Teck und ein wenig auch im Kreisarchiv Esslingen und im Staatsarchiv Ludwigsburg.

Die meisten Abkürzungen in den Originaldokumenten wurden ausgeschrieben für eine bessere Lesbarkeit. Die Rechtschreibung wurde an die heute geltenden Regeln angepasst.

Bei mehreren Zitaten in einem Abschnitt, die aus derselben Quelle stammen, steht die Quellenangabe entweder am Anfang oder am Ende des Abschnitts.

Die Bibelzitate im Rahmen der Handlung entstammen der Lutherübersetzung von 1964 (Altes Testament) und 1984 (Neues Testament). Andere Bibelzitate stammen aus der Gute-Nachricht-Bibel von 1997.

184

EIN DANK / KONTAKT

Zur Entstehung dieser Biografie über Julius von Jan haben viele Menschen beigetragen. Einigen möchte ich besonders danken.

Birte – meine geliebte Ehefrau. Stets hast du mich motiviert, hast viele Lesungen bekommen, meinen Text mehrmals durchgearbeitet und wertvolle Anregungen gegeben.

Das Landeskirchliche Archiv in Stuttgart war eine reiche Fundgrube. Gudrun Dengel und Michael Bing haben mich beim Recherchieren sehr unterstützt.

Richard von Jan, der Sohn von Julius von Jan, hat zu meiner Freude mein Vorhaben sehr gefördert – mit seinen Erinnerungen und mit vielen Fotos und Originaldokumenten.

Peter Ruf, Neffe und Patensohn von Julius von Jan, war mir ebenfalls eine große Hilfe mit persönlichen Berichten und einigen Familienfotos.

Einige Testleserinnen und Testleser gaben hilfreiche Hinweise – Richard von Jan, Peter Ruf, Franciska Bohl, Pfarrer i. R. Helmut Dopffel und Pfarrer Dirk Schmidt von der Julius-von-Jan-Kirchengemeinde Lenningen.

Viele Stunden „Übersetzungsarbeit" leistete Diakonisse Rosemarie Hellenschmidt und entzifferte schwer lesbare Handschriften in Briefen und anderen Dokumenten.

Auch Kirchengemeinden, in denen Julius von Jan lebte und wirkte, haben mich unterstützt. Ein besonderer Dank geht an die Evangelische Julius-von-Jan-Kirchengemeinde in Lenningen.

Lektorin Isolde Bacher hat mit Sprachgefühl und guten Ideen das Werk verbessert.

Cornelia Fritsch hat das Buch sehr ansprechend gestaltet.

Kontakt zum Autor:
Martin.Staehrmann@yahoo.com

DIE BUSSTAGSPREDIGT VOM 16. NOVEMBER 1938

(Handschriftliche Fassung Bestand Richard von Jan, Abschrift in PA JvJ G 12 und G 14/1)

„O Land, Land, Land, höre des Herrn Wort!" Jeremia 22,29

Der Prophet ruft: O Land, Land, höre des Herrn Wort!
‚Wenn wir bloß dieses eine Sätzlein hören, so verstehen wir zunächst noch nicht, was für schwere Kämpfe und Nöte den Jeremia zu diesem Ruf veranlasst haben. Er steht in einem Volk, unter dem sich der Herr in langer Geschichte geoffenbart hat als ein Vater und Erlöser, als ein Führer und Helfer voll Kraft und Gnade und Herrlichkeit. Dieses Volk Israel aber und voran seine Könige und seine Fürsten haben das Gesetz Gottes mit Füßen getreten. Jeremia hat gegen all dieses Unrecht einen zähen Kampf geführt im Namen Gottes und der Gerechtigkeit.

Seit fast 30 Jahren predigt er dem Volk des Herrn Wort. Er widerspricht den Lügenpredigten derer, die in nationaler Schwärmerei Heil und Sieg verkündigen. Aber er wird nicht gehört. Immer einsamer wird der treue Gottesmann. Da kommt die große Stunde, wo Gott seinen Propheten ruft: Gehe hinab in das Haus des Königs selbst und rede dies Wort: „Höre des Herrn Wort, du König Judas, der du auf dem Stuhl Davids sitzest, du und deine Knechte und dein Volk, die zu diesen Toren eingehen. So spricht der Herr: Haltet Recht und Gerechtigkeit und errettet den Beraubten von des Frevlers Hand, und schindet nicht die Fremdlinge, Waisen und Witwen, und tut niemand Gewalt, und vergießt nicht unschuldiges Blut an dieser Stätte. Werdet ihr solches tun, so sollen durch die Tore dieses Hauses einziehen Könige, die auf Davids Stuhl sitzen, zu Wagen und zu Ross, samt ihren Knechten und ihrem Volk. Werdet ihr aber solchem nicht gehorchen, so habe ich bei mir selbst geschworen, spricht der Herr, dies Haus soll zerstört werden. Denn so spricht der Herr von dem Hause des Königs in Juda: Ein Gilead bist du mir, ein Haupt im Libanon. Was gilt's? Ich will dich zur Wüste und die Städte ohne Einwohner machen. Denn ich habe Verderber über dich bestellt, einen jeglichen mit seinen Waffen; die sollen deine auserwählten Zedern umhauen und ins Feuer werfen. So werden viele Heiden vor dieser Stadt vorübergehen und untereinander sagen: Warum hat der Herr mit dieser großen Stadt also gehandelt? Und man wird antworten: Darum, dass sie den Bund des Herrn, ihres Gottes, verlassen und andere Götter angebetet und ihnen gedient haben" (Jeremia 22,2–9). Der König verhärtete sich gegen das Gotteswort und wurde plötzlich vom Feind in Gefangenschaft abgeführt; sein Nachfolger verfolgte den Propheten und starb nach kurzer Herrschaft; und der dritte König war nur drei Monate am Ruder, da fiel er in die Hände der Babylonier! All das erzählt uns unser Kapitel. In kurzer Zeit war die

Herrlichkeit von drei unbußfertigen Königen Jerusalems dahin. In tiefem Schmerz darüber schreit Jeremia in sein Volk hinein: O Land, Land, Land, höre des Herrn Wort!

Warum wirst du dem treuen Gott untreu? Warum achtest du seine Gebote nicht mehr? Siehst du nicht, wie's deinen Königen deshalb ergangen ist? O Land, liebes Heimatland, höre des Herrn Wort! In diesen Tagen geht durch unser Volk ein Fragen: Wo ist in Deutschland der Prophet, der in des Königs Haus geschickt wird, um des Herrn Wort zu sagen?

Wo ist der Mann, der im Namen Gottes und der Gerechtigkeit ruft, wie Jeremia gerufen hat: Haltet Recht und Gerechtigkeit, errettet den Beraubten von des Frevlers Hand! Schindet nicht die Fremdlinge, Waisen und Witwen, und tut niemand Gewalt und vergießt nicht unschuldig Blut?

Gott hat uns solche Männer gesandt! Sie sind heute entweder im Konzentrationslager oder mundtot gemacht. Die aber, die in der Fürsten Häuser kommen und dort noch heilige Handlungen vollziehen können, sind Lügenprediger wie die nationalen Schwärmer zu Jeremias Zeiten und können nur Heil und Sieg rufen, aber nicht des Herrn Wort verkündigen. Die Männer der Vorläufigen Kirchenleitung, von denen die Zeitungen in der letzten Woche berichteten, haben in einer Gottesdienstordnung das Gebot des Herrn klar ausgesprochen und sich wegen der erschreckenden Missachtung der göttlichen Gebote durch unser Volk vor Gott gebeugt für Kirche und Volk. Jedermann weiß, wie sie dafür als Volksschädlinge angeprangert und außer Gehalt gesetzt worden sind – und schmerzlicherweise haben es unsere Bischöfe nicht als ihre Pflicht erkannt, sich auf die Seite derer zu stellen, die des Herrn Wort gesagt haben.

Wenn nun die einen schweigen müssen und die andern nicht reden wollen, dann haben wir heute wahrlich allen Grund, einen Bußtag zu halten, einen Tag der Trauer über unsere und des Volkes Sünden.

Ein Verbrechen ist geschehen in Paris. Der Mörder wird seine gerechte Strafe empfangen, weil er das göttliche Gesetz übertreten hat.
Wir trauern mit unserm Volk um das Opfer dieser verbrecherischen Tat. Aber wer hätte gedacht, dass dieses eine Verbrechen in Paris bei uns in Deutschland so viele Verbrechen zur Folge haben könnte? Hier haben wir die Quittung bekommen auf den großen Abfall von Gott und Christus, auf das organisierte Antichristentum. Die Leidenschaften sind entfesselt, die Gebote Gottes missachtet, Gotteshäuser, die andern heilig waren, sind ungestraft niedergebrannt worden, das Eigentum der Fremden geraubt oder zerstört, Männer, die unserem deutschen Volk treu

gedient haben und ihre Pflicht gewissenhaft erfüllt haben, wurden ins Konzentrationslager geworfen, bloß weil sie einer andern Rasse angehörten! Mag das Unrecht auch von oben nicht zugegeben werden – das gesunde Volksempfinden fühlt es deutlich, auch wo man nicht darüber zu sprechen wagt.

Und wir als Christen sehen, wie dieses Unrecht unser Volk vor Gott belastet und seine Strafen über Deutschland herbeiziehen muss. Denn es steht geschrieben: Irret euch nicht! Gott lässt seiner nicht spotten. Was der Mensch sät, das wird er auch ernten!

Ja, es ist eine entsetzliche Saat des Hasses, die jetzt wieder ausgesät worden ist. Welche entsetzliche Ernte wird daraus erwachsen, wenn Gott unserem Volk und uns nicht Gnade schenkt zu aufrichtiger Buße.

Wenn wir so reden von Gottes Gerichten, so wissen wir wohl, dass manche im Stillen denken: Wie kann man auch heute von Gottes Gerichten und Strafen über Deutschland reden, wo es so sichtbar aufwärts geht und in diesem Jahr zehn Millionen Deutsche mit dem Reich vereinigt worden sind. Da sieht man doch Gottes Segen über unserem Volk! Ja, es waltet eine erstaunliche Geduld und Gnade Gottes über uns. Aber gerade deshalb gilt es: O Land, Land, Land, höre des Herrn Wort! Höre jetzt endlich! Weißt du nicht, dass dich Gottes Güte zur Buße leitet? In unserem Kapitel wird der Prophet beauftragt, von Gott zu sagen: So wahr ich lebe, spricht der Herr, wenn Chonja, der König Judas, ein Siegelring wäre an meiner rechten Hand, so wollte ich ihn doch abreißen und in die Hände geben derer, die nach seinem Leben stehen! Es kann ein Mensch und ein Volk von Gott zu höchsten Ehren erhoben sein – wenn er sein Herz verschließt vor des Herrn Wort, so wird er plötzlich in die Tiefe gestürzt. Äußeres Glück, äußere Erfolge führen uns Menschen nur zu leicht in einen Hochmut hinein, der den ganzen göttlichen Segen verdirbt und deshalb in tiefem Fall endet. Darum ist uns der Bußtag ein Tag der Trauer über unsere und unseres Volkes Sünden, die wir vor Gott bekennen, und ein Tag des Gebets: Herr, schenk uns und unserem Volk ein neues Hören auf dein Wort, ein neues Achten auf deine Gebote! Und fange bei uns an. Wir gehen so gern eigene Wege. Wir tun so vielerlei und nehmen uns so wenig Zeit zu der Stille, in der wir des Herrn Wort vernehmen dürften, sei's im Gottesdienst, sei's im Kämmerlein.

Darum geht so mancher Tag dahin, ohne dass wir Gott unsern Herrn sein ließen, weil wir am Morgen nicht beim Befehlsempfang bei Ihm waren. Ein Christ, der nicht jeden Morgen diese Stille zum Hören sucht, gefährdet sich selbst und schadet der Sache seines Herrn. Denn ohne des Herrn Wort sind wir allen dämonischen Gewalten preisgegeben und allen verführerischen Stimmen der Unterwelt. Wenn ich im Jugendkreis ab und zu frage, wo stehen wir in der täglichen Bibellese, so kann von einem Dutzend einer oder zwei Antwort geben. Die übrigen *gingen ohne Gottes Wort in den Tag hinein. Wie mag's bei uns Erwachsenen sein? Hier liegt gewiss eine große Schuld von uns Christen. Wären wir treuer im Hören des Tagesbefehls unseres Herrn, dann würde auch das unkirchliche Volk öfters ein Zeugnis des Herrn hören und würde vor manchem bösen Schritt bewahrt. Darum, o Land, Land, Land, höre des Herrn Wort!*

Doch wollen wir zum Schluss nicht vergessen, dass für uns Christen des Herrn Wort noch deutlicher und köstlicher ist als für einen Jeremia. Denn es ist erfüllt in Christus, unserem Herrn, der gesagt hat: Tut Buße, das Himmelreich ist nahe herbeigekommen. Durch ihn wird uns der Bußtag auch ein Tag des Dankes. Die Welt spottet so gern über die Buße, weil sie keine Ahnung hat, dass die wahre Buße das Tor zum glücklichsten Leben wird, und zwar nicht erst im Jenseits, sondern schon hier auf Erden. Ich darf erinnern an die Geschichte vom verlorenen Sohn, an seine bußfertige Heimkehr und das reiche Leben, das durch die Freundlichkeit des Vaters daheim nun für ihn anfing. Wer selbst schon durch dieses Tor der Buße heimgekehrt ist zu seinem Herrn, der weiß, wie nahe damit das Himmelreich tatsächlich herbeigekommen ist.

Und wenn wir heute mit unserem Volk in der Buße vor Gott gestanden sind, so ist dies Bekennen der Schuld, von der man nicht sprechen zu dürfen glaubte, wenigstens für mich heute gewesen wie das Abwerfen einer großen Last. Gott Lob! Es ist herausgesprochen vor Gott und in Gottes Namen. Nun mag die Welt mit uns tun, was sie will. Wir stehen in unseres Herren Hand. Gott ist getreu. Du aber, o Land, Land, Land, höre des Herrn Wort! Amen."

PERSONENREGISTER

B
Baden, Prinz Max von 26
Bär, Karl Ernst 67, 164
Barth, Karl 45
Bathseba 138
Bäuerle, Hermann 74, 150
Baumann, Hermann 80
Bismarck, Otto von 50
Breit, Thomas 120

C
Christofori-Munir, Yasmene 170
Christofori, Ulrike 170
Cuhorst, Hermann 94, 101, 115, 117, 120, 121, 151, 158

D
Daumüller, Oskar 125, 126
David 138
Dieterich, Paul 171
Dilger, Alfred 85, 116

E
Ebert, Friedrich 26
Eichele, Beate 166
Eichele, Erich 99, 106, 109, 113, 136, 163

G
Goebbels, Joseph 62
Gölz, Hermann 167
Gölz, Paul 32
Gürtner, Franz 91, 119, 127

H
Harder, Günther 164
Hardte, Adolf 120, 136
Harpprecht, Christoph 81
Harpprecht, Klaus 11
Haug, Martin 158, 161